本书是2013年甘肃省软科学项目（1305ZCRA170）和2016年甘肃省教育厅项目（2016A-032）研究成果

甘肃省人文社科重点研究基地——西部农村发展与社会保障研究中心资助

甘肃省生态型政府模式选择与推进策略研究

吕蕾莉　陈思明　著

Gansusheng Shengtaixing Zhengfu
Moshi Xuanze Yu Tuijin Celüe Yanjiu

中国社会科学出版社

图书在版编目（CIP）数据

甘肃省生态型政府模式选择与推进策略研究/吕蕾莉，陈思明著 . —北京：中国社会科学出版社，2018.11
ISBN 978 - 7 - 5203 - 1560 - 9

Ⅰ . ①甘… Ⅱ . ①吕…②陈… Ⅲ . ①地方政府—行政管理—研究—甘肃 Ⅳ . ①D625.42

中国版本图书馆 CIP 数据核字（2017）第 288460 号

出 版 人	赵剑英	
责任编辑	卢小生	
责任校对	周晓东	
责任印制	王 超	
出 版	中国社会科学出版社	
社 址	北京鼓楼西大街甲 158 号	
邮 编	100720	
网 址	http：//www.csspw.cn	
发 行 部	010 - 84083685	
门 市 部	010 - 84029450	
经 销	新华书店及其他书店	
印 刷	北京明恒达印务有限公司	
装 订	廊坊市广阳区广增装订厂	
版 次	2018 年 11 月第 1 版	
印 次	2018 年 11 月第 1 次印刷	
开 本	710×1000 1/16	
印 张	17	
插 页	2	
字 数	238 千字	
定 价	70.00 元	

凡购买中国社会科学出版社图书，如有质量问题请与本社营销中心联系调换
电话：010 - 84083683

前　言

　　甘肃省作为全国的生态屏障，其经济发展落后，生态环境脆弱，省内黑河是中国第二大内陆河流，是河西地区发展的命脉所在。石羊河是我国内陆地区人口最密集、水资源开发利用程度最高、用水矛盾最突出、生态环境问题最严重的流域之一，已经引起国家的高度重视。甘南是黄河源区降水最充沛的地区，也是青藏高原"中华水塔"的重要涵养地，生态意义重大。陇南是甘肃省唯一属于长江水系并拥有亚热带气候的地区，是甘肃森林覆盖面积最大、树种最多、类型最复杂、经济林资源最丰富、野生动物种类最多的地区。这几个典型地区的生态治理对甘肃省乃至全国都意义重大。省内大部分地区属于限制开发与禁止开发区，生态治理是目前甘肃省最紧迫的问题。本书认为，生态治理不仅仅是局部的、阶段性的进行生态补偿，以政府为主体建立长效的生态管理机制，彻底转变政府的政绩观和传统的经济增长模式，协调好各利益相关者的关系，才是推进生态化建设的根本出路。基于此，我们提出了进行生态型政府建设的命题，生态型政府的建立，对促进当地人与自然的和谐发展，推进主体功能区战略的顺利实施，具有重要作用。

　　本课题研究起始于2013年甘肃省科技厅软科学项目"甘肃省生态型政府的模式选择与推进策略研究"。为了做好实证研究，我们发动学院学生在全省30个县区发放了1200份问卷，对甘肃省重点生态功能区的通渭县、天祝县、民勤县做了实地调研，运用调查研究法，实地考察，用因果分析法、比较分析法、演绎与归纳相结合的方法对各生态区以及国内治理的典型区域进行比较研究，寻找甘肃省生态治理的薄弱环节和政府治理的缺失，为科学决策提供理论论证和政策建议，实现生态型政府建设的科学化。课题于2014年12月结项后，由于后期研究项目的延续，对前期的研究成果进行了补充修改与跟踪调查，在研究的不断深化和完善的基础上形成本书。本书在2017年和2018年由我和陈思明老师带领十余名学生继续对甘肃省黄土高原农业生态区和祁连山生态保护区进行实地调查，了解政府生态规划和当地居民对生态治理的反馈情况。因此，本书的写作在原来六章的基础上增加至八章，本书的主要研究内容包括以下六个方面：

第一，"内生态型政府"概念的提出和阐述。对传统"生态型政府"内涵的比较，本书分析了其理论的有限性，并在对原有概念进行补充和修正的基础上提出了"内生态型政府"的概念，对其理论进行系统化论述。

第二，构建生态型政府的理论和现实依据。本书通过对生态文明建设相关理论，比如，生态学理论、外部性理论、可持续发展理论、公共服务理论、行政生态学理论等理论深入探讨，然后分析了建设"两型"社会的重大意义与生态型政府构建的必要性，说明了生态型政府建设的合理性。

第三，构建生态型政府的指标体系。本书建立了由目标层、准则层和方案层三层组成的评价指标体系，组合使用德尔菲法和灰色关联分析法（GAHP），在充分归纳专家关于甘肃省生态型政府建设的判断的同时，又减少了人为偏好及指标重复产生的误差，保障了指标体系的客观性和科学性；结合甘肃省统计数据以及国家、甘肃省"十三五"规划等发展目标，使用上述指标体系，实证衡量了当前甘肃省生态型政府建设水平和未来经济社会发展目标下生态型政府建设水平监测阈值。

第四，甘肃省生态型政府构建的困境及原因。本书列举了甘肃省生态型政府构建所面临的政府官员价值取向的非生态化、环境法有效性不足以及政府与环保非政府组织难以充分合作三大困境，并从观念因素、制度因素和经济因素三个方面对其产生的原因做了分析。

第五，国外生态型政府构建的经验与启示。本书对美国、德国和日本三个具有典型意义国家的生态型政府构建实践做了简要介绍，总结了这些国家构建生态型政府的经验，并提出了若干对甘肃省生态型政府构建有借鉴作用的启示。

第六，甘肃省生态型政府构建的基本路径。本书先确立了生态型政府构建的原则，在此基础上，结合甘肃省近年来的生态治理现状和不足，从观念引导和法治建设以及政府指标建设方面为甘肃省生态型政府构建路径做出较为详尽的阐释。

本书除我和陈思明两位编者的努力，还有范国华老师、研究生张海培和李金成以及参与调研的学院很多本科生的共同努力，李金成同学对生态型政府指标体系构建部分做了大量的数据分析与统计。本书是凝聚了很多人心血的成果。今后，研究还将继续，希望能对甘肃省的生态治理提供更有效对策建议。

吕蕾莉

2018 年 9 月 18 日

摘　要

　　我国是一个人口众多、人均资源占有量相对不足的发展中国家，长期以来的粗放型经济增长方式使我国人口、资源和环境三者间的矛盾十分突出。虽然我国近年来十分重视生态环境的保护，生态环境治理工作也卓有成效，但总体来看，我国生态环境"局部改善，整体恶化"的基本态势仍未得到根本扭转。甘肃省地处我国东部季风区、西北干旱区和青藏高原三大自然地理区的交会处，包括陇中黄土高原区、陇南山地区、河西走廊荒漠绿洲区和甘南高原区四个生态类型区。作为我国的重要生态功能区，甘肃省担负着重要的水源涵养、防风固沙、土壤保持等生态服务功能。生态环境的持续恶化，一方面会造成省内区域生态环境质量的大幅下降，进而制约甘肃省国民经济和社会的可持续发展；另一方面会成为整个长江中下游地区的生态隐患，从而影响广大中东部地区经济社会和可持续发展。因此，如何有效地保护和改善甘肃省的生态环境，实现生态、资源、经济的可持续发展，是甘肃省在现代化建设过程中必须面对的问题。

　　党的十八大报告中提出："建设生态文明，是关系人民福祉、关乎民族未来的长远大计。面对资源约束趋紧、环境污染严重、生态系统退化的严峻形势，必须树立尊重自然、顺应自然的生态文明理念，把生态文明建设放在突出地位，融入经济建设、政治建设、文化建设、社会建设各方面和全过程，努力建设美丽中国，实现中华民族永续发展。……保护生态环境必须依靠制度。"党的十八大以来，习近平总书记直面我国社会主义生态建设实践中的一系列生态环境问题，以建设美丽中国、实现中华民族永续发展为旨归而提出的以"生态文明观、生态民生观、生态发展观、生态法治观、生态安全观"为主要内容的生态思想观，既有前瞻性、全局性，又有现实性，是深刻思考人与自然关系的结晶。至此，习近平的生态思想通过对生态文明的深入阐释步入了更高理论阶段。生态文明是生态文化的理论提升和战略扩展，这个时期，习近平不仅从经济层面去思考生态责任，话语里体现了更多对人类全面发展和社会文明进步的思考，他指出，"生态兴则文明兴，生态衰则文明衰"，人的命脉与自然环境的命脉互相制约，是一个完整的生命躯体。自然环境中，任何一个"器官"的毁坏都会对人的生命造成威胁。生态就是"绿色银行"，保护好生态就意味着可以保障好人类的可持续发展，我们不能透支子孙后代的"生态本金"。同时，习近平站在统筹全局的战略高度，指出生态文明建设是与经济建设、政治建设、文化建设、社会建设等联系在一起的有机体，对中华民族实现伟大复兴的中国梦具有重要实际意义。"建设生态文明，关乎民族福祉，关乎民族未来"，这是习近平对中国特色社会主义建设规律认识的深化，是对民族发展与人类永续传承的深入思考。习近平指出，只有实行最严格的制度与最严密的法治，才能保证生态建设的顺利进行。可见，生态文明是当前社会发展的关键要素，而政府是生态文面建设的主体，积极有效的生态建设，不仅是制度的建设和局部的执行方案，而且是政府内部结构的生态化建设和管理模式的根本转变。因此，生态型政府的建设是进行生态文明建设的根本出路。

本书采用文献研读法对甘肃省的生态功能区进行研究，运用调查研究法，实地考察，用因果分析法、比较分析法、演绎与归纳相结合的方法，对各生态区及国内治理的典型区域进行比较研究，寻找甘肃省生态治理的薄弱环节和政府治理的缺失，为科学决策提供理论论证和政策建议，实现生态政府建设的科学化。其基本框架以科学为依据，以法律为基础，以政企分开为切入点，以治理污染为重点，形成机构人员网络化、管理职能集合化、政策措施配套化、执法工作经常化、管理方式信息化的有机整体管理架构，并形成统一协调与各负其责结合、建设预防为主与治理能力应急有效结合、中央宏观调控与地方微观管理结合、市场机制为主与适度行政审批结合的工作方式。

关键词：生态型政府　内生态型政府　可持续发展　生态指标体系　模式　推进策略

目　录

第一章　导论

第一节　问题的提出

自人类进入工业化时代，人与自然的和谐被打破了，经济的繁荣发展突出了人的主体地位，形成了近代主体—客体的思维方式。随着全球化的加速，人类改造自然的能力越来越强，自然界的原始平衡越来越差，一系列的全球环境问题摆在人们面前，土地、水、空气质量和环境污染等问题对人类社会的存在和发展提出了严峻的挑战，已经不是某一个或几个国家的问题，而是世界各国共同关注的问题，人类对环境问题的认识也进一步加深。1972 年的斯德哥尔摩会议、1979 年联合国环境规划署所召开的关于资源、环境、人口和发展相互关系学术研讨会、1980 年国际自然保护同盟制定的《世界自然保护大纲》、1992 年的联合国环境与发展大会以及 2002 年的约翰内斯堡地球峰会，都证明了人类对全球生态问题的重视，人们开始认识到全球环境治理，不仅仅是一个自然生态平衡的问题，而且是关系到当今世界各国及国与国之间的政治问题。只有将问题上升到政治领域，人们才能从制度上、权力上规范各国的行为和发展模式，形成系统化、高度协调化的治理机制。然而，由于国家利益的相对独立性，各个国家在面对全球环境问题时拥有他国不能干预的自主权，在国际政治经济旧秩序的影响下，世界各国在全球环境治理问题上出于利己考虑和认识的不一致产生了许多不协调的行为和矛盾。无论各国的政策如何，全球环境问题的治理已经超出了某一个国家的能力范围和主权范围，环境问题的治理已经上升到国家关系层面，客观上要求国家之间进行广泛而深远的合作。主权国家面临着全球环境治理的挑战，应该由原来的"国家中心论"转变为"多中心论"，这并不意味着主权国家作为全球环境治理主体的终结，它仍然会发挥主导作用和扮演核心角色。虽然各国政府的环境主权以及环境政策的自主性必然会受到一定程度的影响与削弱，但全球生态环境优化是世界人民共同的利益，政府作为全球治理大系统中的子系统，其自身的生态化及其生态化程度会直接影响全球环境治理的水平；政府之间环境合作长效机制的建立，直接决定全球环境治理的程度、水平乃至成败。因此，建设生态型政府是大势所趋。

第二节 研究背景及意义

一 甘肃省省域发展现状

（一）省域国土空间开发现状

甘肃省地处我国西北，位于东部季风区、西北干旱区和青藏高原区三大自然区交会处。省域介于东经92°13′—108°46′和北纬32°11′—42°57′，地形呈狭长状。东与陕西毗邻，南与四川、青海相连，西与新疆相接，北与宁夏、内蒙古自治区交界并与蒙古国接壤，处于我国蒙古族、维吾尔族、藏族和回族四大少数民族地区结合部，具有十分重要的战略地位。甘肃省现设有12个省辖市、2个自治州、86个县市区，国土总面积为45.37万平方千米。2016年甘肃省常住人口2609.95万，其中少数民族人口240万，约占全省总人口的9.3%。

（二）自然状况

1.地质地貌

甘肃省处于众多大地构造单元的交接带，主要大地构造单元有北山褶皱带、阿拉善台隆、祁连山褶皱带、鄂尔多斯地带、秦岭褶皱带和布尔汗布达褶皱带等。平均海拔高，大部分地区地势向北倾斜。最高海拔阿尔金山主峰 5798 米，最低海拔文县罐子沟白龙江谷地 550 米，甘肃省平均海拔 1000—3000 米。甘肃省大致可分为陇南山地、陇中陇东黄土高原、甘南高原、河西走廊、祁连山地和北山山地六大地形区。

2. 气候特征

甘肃省以温带大陆性气候特征为主，温差大、无霜期短。甘肃省分为 8 个气候区，陇南南部河谷北亚热带湿润区、陇南北部暖温带湿润区、陇中南部冷温带半湿润区、陇中北部冷温带半干旱区、河西走廊冷温带干旱区、河西西部暖温带干旱区、祁连山高寒半干旱半湿润区和甘南高寒湿润区。甘肃省平均年气温为 7.8℃，各地年平均气温在 0—14.8℃，气温年较差在 20—34℃，日较差在 8—16℃。气候干旱，降水量偏少，甘肃省各地年降水量在 42—757 毫米，大致从东南向西北递减，其中，河西为 157.9 毫米，河东为 481.9 毫米。部分地区多大风，河西走廊年平均风速可达 2.1—4.5 米/秒，局部地区大风日数达 30—70 天。甘肃省地表水分、光热等组合类型多样，地域分异特征明显。

3. 水资源

甘肃省地处黄河、长江和内陆河三大流域，分属 12 个水系。甘肃省多年平均水资源总量为 289.4 亿立方米，其中，地表水资源量 282.1 亿立方米，占水资源总量的 97.4%；纯地下水资源量 7.3 亿立方米，占水资源总量的 2.6%。按流域划分，黄河流域多年平均水资源总量为 127.8 亿立方米，占甘肃省水资源总量的 44.1%；长江流域多年平均水资源总量为 100.4 亿立方米，占甘肃省水资源总量的 34.7%；河西内陆河多年平均水资源总量为 61.3 亿立方米，占甘肃省水资源总量的 21.2%。甘肃省自产水资源量居全国第 29位，人均水资源占有量仅为全国人均占有量的 50%，耕地亩均水资源量占全国的 25%。甘肃省多年平均降水量为 277 毫米，降水量时空分布不均，河西内陆河流域为 130.4 毫米，局部地区仅有 30—50 毫米，黄河流域为 463.0 毫米，长江流域为 599.4 毫米。黄河、长江和内陆河三大流域水资源总量分别占甘肃省水资源总量的 44%、35% 和 21%，土地面积分别占甘肃省的 32%、8% 和 60%，人口分别占甘肃省的 69%、13% 和 18%。甘肃省水资源短缺和空间分布不平衡的矛盾十分突出，2008 年，甘肃省需水量为 136 亿立方米，供需缺口约 13 亿立方米。

4. 土地资源

甘肃省是一个多山地高原、少平原川地的省份。按地形划分，山地约占国土面积的 25.97%，高原约占 29.50%，川地约占 29.61%，戈壁沙漠约占 14.99%。按土地类型划分，耕地约 5.4 万平方千米，约占 12.7%；森林约 6.36 万平方千米，占 14.95%；草原约 14.2 万平方千米，占 33.35%；水域约 0.75 万平方千米，占 1.76%。复杂多样的地形及气候水热组合，形成了不同的土壤类型。甘肃省由东南向西北依次分为北亚热带森林土壤、暖温带森林土壤、森林草原土壤、温带草原土壤、高原土壤以及以祁连山和甘南高原为主的高寒土壤类型区。

5. 矿产资源

甘肃省是全国矿产资源相对富集的省份之一，河西地区以黑色、有色金属及化工非金属矿产为主；中部地区是有色金属及建材矿产的聚集区；陇南地区是有色金属和黄金的富集区。截至 2008 年，全省已发现各类矿产 178 种（含亚矿种），矿产地 1123 处。现已探明储量的矿产有 110 种，其中，镍、钴、铂族、硒矿、铸型用黏土等 10 种矿产储量居全国第一位，32 种居前五位，60 种居前十位。

6. 能源资源

甘肃省能源资源较为丰富，石油资源集中分布在玉门和长庆两个油区，累计探明石油地质储量 12.4 亿吨；煤炭保有储量 120 亿吨，主要集中在陇东及中部地区，少量分布于河西地区。省内水能资源丰富，甘肃省可供开发利用的水能资源 1205 万千瓦，已开发的水电总装机容量为 558 万千瓦。风能资源理论储量 2.37 亿千瓦，技术可开发量 4000 万千瓦。甘肃省年日照时数 1700—3300 小时，太阳总辐射量为 4800—6400 兆焦/平方米，分布趋势自西北向东南逐渐减弱，其中，河西地区是甘肃省太阳能最丰富地区，年太阳总辐射量为 5800—6400 兆焦/平方米，具有开发建设大型风能、太阳能基地的良好条件。

7. 植被分布

甘肃省分属中国—日本森林植物亚区、中国—喜马拉雅森林植物亚区、青藏高原植物亚区和亚洲荒漠植物亚区四个植物亚区，受纬度、气候和地貌等自然因素影响，植被从南到北大部分呈明显的纬度地带性分布。森林植被面积狭小，主要分布于祁连山、陇南山地和甘南高原边缘山地的特定高度层带，林带以下为草原或荒漠草原，林带以上为高山草甸、亚冰雪稀疏植被与高山冰雪带。荒漠植被分布广泛，主要在河西地区、陇中北部和柴达木盆地北部苏干湖流域。

8. 自然灾害

甘肃省以高原性地质地貌为主，自然条件严酷，是我国生态最为脆弱的地区之一。甘南高原水源涵养功能降低，湿地面积减少，草场退化；陇中陇东黄土高原沟壑发育，土地侵蚀，水土流失严重；陇南山地植被退减、自然生态修复功能下降，地质灾害频繁发生，生物多样性保护面临巨大压力；河西内陆河流域祁连山冰川萎缩、雪线上升，地下水位下降，沙漠和沙尘源地扩大。土壤侵蚀严重，据全国第二次土壤侵蚀遥感调查，涉及甘肃省 10 个市州的 61 个县市区，总面积达 11.80 万平方千米。因此，甘肃省也是一个自然灾害多发的省份，灾害种类多，区域性和季节性强，旱灾、暴洪、霜冻、冰雹、大风、沙尘暴、干热风等自然灾害频发，泥石流、滑坡等地质灾害常有发生。气象、地质灾害是影响甘肃省经济社会发展和生态环境的主要自然灾害。甘肃省 80% 以上的国土面积位于Ⅶ度以上地震高烈度区，地震活动分布广、频度高、强度大、震害重。

（三）经济社会发展现状

改革开放以来，甘肃省经济社会取得了长足的发展。1980—2000 年甘肃省经济保持年均9%以上的增长速度，提前四年实现了翻两番的目标。2000 年，国家实施西部大开发战略以来，甘肃省委、省政府坚持以科学发展观统领经济社会发展全局，深入实施西部大开发和工业强省战略，按照"四抓三支撑"总体工作思路，抢抓机遇，真抓实干。基础设施条件得到较大改善，特色优势产业加快发展，生态建设和环境保护取得阶段性成果，城乡面貌发生了重大变化，甘肃省实现总体小康目标，进入加快全面小康社会建设的新阶段。

2000—2008 年，甘肃省生产总值由 1052.9 亿元增长到 3176.1 亿元，年均增长 10.8%，经济总量连续跨上 2000 亿元和 3000 亿元台阶；人均生产总值由 4129 元提高到 12110 元，年均增长 10.6%。工业增加值由 327.6 亿元增长到 1221.7 亿元，年均增长 12.7%。全社会固定资产投资由 441.4 亿元增长到 1735.8 亿元，年均增长 18.3%。地方财政一般预算收入由 61.3 亿元增长到 265 亿元，年均增长 18.3%；财政支出由 188.2 亿元增加到 965.4 亿元，年均增长 23.2%。城镇居民人均可支配收入由 4916.3 元提高到 10969.4 元，年均增长 10.5%；农民人均纯收入由 1428.7 元提高到 2723.8 元，年均增长 7.6%，成为经济社会发展快、改革开放步伐大、人民群众得到实惠多的时期之一。

但是，由于自然、地理、历史等多种因素，甘肃省经济社会发展相对滞后。甘肃省人均耕地 2.65 亩，人均水浇地不足 0.4 亩，低于全国平均水平 21.6%。2009 年，我国农民人均纯收入达到 5153 元，而甘肃农民人均纯收入仅 3050 元。2011 年，甘肃省 GDP 总额 4120.75 亿元，排名全国第 29 位；全国人均是 29992 元（约为 4528.67 美元），甘肃省人均 GDP 为 16113 元（约为 2433 美元），人均 GDP 仅为全国平均水平的 54%，全国倒数第三位；城乡居民人均收入全国倒数第一位，小康进程全国倒数第五位，与发达地区相比，差距更大，2015 年，甘肃省人均可支配收入排全国倒数第二位，为 6258.56 元，小康建设任重而道远。

甘肃省是一个自然资源禀赋条件较差的省份，水资源短缺、可开发利用土地资源有限、生态环境脆弱是长期制约甘肃省经济社会发展的突出矛盾。资源原材料为主的重型工业结构和粗放的增长方式加剧了资源"瓶颈"约束，严峻的生态环境限制着资源的开发利用空间，甘肃省经济社会发展面临资源保障支撑和生态环境约束的双重制约。随着国家西部大开发战略的不断推进，国家宏观调控和基本公共服务均等化等政策的继续实施，交通、能源等基础设施建设步伐加快，农业基础设施条件不断改善，城市化和工业化进程明显加快。同时，甘肃省经济社会发展水平低，同发达地区相比，差距仍在扩大。在国家大力支持和自身努力下，继续加强基础设施和生态环境建设，加快发展特色优势产业，努力提高城乡人民生活水平，促进经济社会又好又快发展，将是甘肃省长期的重大任务。

二 研究意义

为应对自然环境问题而兴起的生态政治运动，促使人们开始反思自然环境和政治之间的关系。我国是世界制造业大国，工业污染严重，水资源贫乏，用世界 1/7 的土地养活了 1/5 的人口，土地承载力日渐下降，正面临着严重的自然生态危机威胁，如何探索一套行之有效的政府治理模式，以应对日渐严重的生态危机和提高可持续发展能力，成为我国政府亟待解决的问题。

作为我国的重要生态功能区，甘肃省担负着重要的水源涵养、防风固沙、土壤保持等生态服务功能。然而，近年来，甘肃省生态环境呈现局部好转、总体恶化的趋势，省内生态环境复杂多样，气候干旱且水热不同步，绝大部分地区年降水量在 400 毫米以下，由于自然条件的差别，自然生态环境水平差异很大，近几十年来，由于人口的急剧增加，使垦荒、樵采活动日渐增加，因为没有采取开发及保护并举，造成天然植被遭到严重破坏，水土流失加剧，土壤失养贫瘠，土地生产力低下，土地向沙化、盐碱化发展。水源涵养林的破坏导致内陆河水系地面补给水量的减少，过量开采而引起地下水位的下降，造成植被死亡，导致沙漠南移，这一切又加重了沙尘暴频发、滑坡泥石流等各种自然灾害的发生。在这种低水平的生态环境中，形成了越垦越穷、越穷越垦的恶性循环，使生态环境系统越来越脆弱。严峻的生态环境问题，不仅影响着甘肃省的可持续发展，更影响着国家的生态安全与战略安全。据有关专家研究，黄河中下游地区因洪灾或断流造成的损失中有20%以上与甘南高原及以上地段的植被破坏有关；黑河、石羊河下游地区是我国沙尘暴的重要沙源地。可以说，甘肃省的生态环境治理成功，不仅本地受益，更惠及长江、黄河中下游地区，乃至全国。生态治理不仅仅是局部的、阶段性的进行生态补偿，以政府为主体建立长效的生态管理机制，彻底转变政府的政绩观和传统的经济增长模式，协调好各利益相关者的关系，才是推进生态化建设的根本出路。基于此，我们提出了进行生态政府建设的命题。

（一）构建生态型政府是呼应生态文明建设的现实需要

随着20世纪70年代以来生态运动的迅速发展，西方"白色文明"或"灰色文明"给人类造成的生态危机兴起了绿色运动，环境问题成为世界人民关注的焦点问题，针对如何把因工业化进程加快所带来的生态环境问题纳入社会发展的总体框架内予以解决，成为生态政治学所要关注的问题。在国际生态政治运动思潮的冲击下，生态文明意识开始在我国觉醒。作为人类文明的一种新形态——生态文明，是对传统文明形态特别是工业文明进行深刻反思的成果，是人类文明发展的一个新的阶段，即工业文明之后的文明形态；生态文明是人类遵循人、自然、社会和谐发展这一客观规律而取得的物质与精神成果的总和；是以人与自然、人与人、人与社会和谐共生、良性循环、全面发展、持续繁荣为基本宗旨的社会形态。[1] 从

---

① 百度百科：《生态文明》，http://baike.baidu.com/view/1206781.htm? fr = word-search。

人与自然和谐的角度，吸收十八大成果的定义是：生态文明是人类为保护和建设美好生态环境而取得的物质成果、精神成果和制度成果的总和，是贯穿于经济建设、政治建设、文化建设、社会建设全过程和各方面的系统工程，反映了一个社会的文明进步状态。因此，生态文明建设将是一项具有长期性和高度复杂性的社会系统工程，需要全社会的共同关注和不懈努力。政府作为公共产品的提供者和社会公共利益的集中代表者，在行政管理活动中的率先垂范作用无疑是生态文明建设最有效的推力。从这个意义上讲，政府的生态文明建设程度在本质上反映着一个社会的公共治理水平，对于经济社会欠发达的甘肃省而言，民众生态意识薄弱，生态环境脆弱，经济增长方式呈粗放型，当务之急是尽快倡导并构建生态型政府，主动变革传统的行政理念和行政方式，构建合理的绩效指标体系，将保护生态环境、倡导生态文明纳入政府的责任与行为之中，从而实现政府在公共治理领域的生态化转型。

（二）构建生态型政府是缓解生态环境危机的迫切要求

无论是在古代中国还是古代西方，人们在思维方式上追求的是和谐、统一的整体性思维，如中国古代的"天人合一"，就认为人是自然界的一部分，人必须顺应自然，按照自然界的规律办事，人与自然是有机的整体。20世纪以来的现代工业社会带来了科技的迅猛发展和经济的繁荣，突出了人的主体地位，形成了近代主体—客体的思维方式。

人类进入21世纪以来，社会迈向后工业社会，恶劣的生态局势迫切要求政府及全社会实行整合、系统的生态行政管理，政府逐渐意识到这个问题的严重性，开始治理与推动"以人为本"的科学发展观，政府部门目标责任制的内容逐渐从关注GDP增长到注重经济社会的平衡发展，更多地关注公共服务和可持续发展，更加注重环境的保护，然而，单一经济为指标的核心特点没有根本改变。这就需要思维方式的进一步创新与整合，即运用生态学的知识和方法去认识和解决当前的问题，建立"人—社会—自然"的生态观和方法论，运用整体性、系统性、有机性、多样性与复杂性等特征。① 现代生态观追求的是人与自然、人与社会、人与人之间的共存与和谐，人类与自然的共同演进和可持续发展。因此，构建生态型政府成为新时期的社会发展趋势，由于生态危机的复杂性，它不可能由单纯的科学技术或市场法则来解决，其综合性与长期性决定了这个问题是整个人类面临的公共问题，必须由政府出面，整合各种资源，设计公共政策，完善公共管理，使政府的治理范式发生根本性转变。生态环境脆弱是西北地区的通病，我们绝不能再走"先污染，再治理"的老路，只有通过发展循环经济，把生态保护和经济发展结合起来，形成生态发展和生态建设良性循环的发展格局，才能更好地发挥西北生态屏障作用。

甘肃省经济发展落后，生态环境脆弱，大部分属于限制开发与禁止开发区，生态型政府的建立对促进当地人与自然的和谐发展，推进主体功能区战略的顺利实施，具有重要的作用。甘肃省黑河流域是中国第二大内陆河流，是河西地区发展的命脉所在，石羊河是我国内陆地区人口最密集、水资源开发利用程度最高的、用水矛盾最突出、生态环境问题最严重的流域之一，已经引起国家的高度重视，甘南是黄河源区降水最充沛的地区，也是青藏高原"中华水塔"的重要涵养地，生态意义重大，陇南是甘肃省唯一属于长江水系并拥有亚热带气候的地区，是甘肃省森林覆盖面积最大、树种最多、类型最复杂、经济林资源最丰富、野生动物种类最多的地区。这几个典型地区的治理对甘肃省乃至全国都意义重大。甘肃省政府应当顺应形势需要，大力推行生态优先的价值理念，建立协同多元的生态治理模式，突破现有治理模式的困境与盲区，恢复与保护重要生态功能区的生态功能，从而实现生态环境的改善，缓解生态危机。

---

① 黄爱宝：《生态思维与伦理思维的契合方式》，《南京社会科学》2003 年第 4 期。

（三）构建生态型政府是推动甘肃省经济社会可持续发展的必由之路

很久以来，人们一直享受着生态系统提供的人类生存所必需的一切资源和环境条件，除实物型生态产品外，还有更多的非实物型生态服务，这些服务为人类带来了巨大的福利，具有重要的经济价值。但是，这些生态服务往往间接地影响着人们的生活，其经济价值并不能通过商业市场显现出来，因此往往容易被忽视，人们把这种生态服务看作是理所当然的，从不考虑大自然的承受能力和人类对大自然应有的回馈。随着人口的剧增和人们经济活动规模及强度的持续加大，自然与人类的平衡被打破，环境和自然资源由于政府的生态观念淡薄而日渐恶劣。甘肃省是一个经济欠发达、结构性工业污染较重、生态脆弱的省份，虽然几年来环境科技工作取得了一定的成绩，但科技基础力量不足，环境科技的发展还不能适应环境、经济、社会发展的需求。如环境科技宏观管理体制和运行机制不够完善，环境科技基础条件滞后，重技术引进，自主创新的力度不够；环境科技投入不足制约了科技创新与发展，科技供给能力低；环境科技人才评价与使用机制不够完善，缺乏一批高层次的科技环境人才、管理人才和学科带头人；环保实用技术研究应用的范围及领域不广，成果转化机制不畅，环境科技成果转化率低，特别是高科技研究成果比较少，环保产业发展比较缓慢。[①] 这些亟待解决的问题不是哪一个部分或者哪一个个体能够做到的，必须依靠政府的宏观管理和集中带动，只有从根本上形成生态治理模式，才能推动甘肃省经济社会可持续发展。

（四）构建生态型政府是提高民主管理水平的重要举措

进入后工业社会以来，"部门"行政的弊端暴露得越来越明显，面对环境治理全球化的大局，就是要打破原来各自为政的经济发展

---

① 王宝禄：《落实科学发展观推进环境科技发展》，《环境科技发展与环境友好和谐社会——甘肃省科学设计研究院三十年研究论文集》，甘肃科学技术出版社 2006 年版。

模式，不断追求更能代表全球公民的共同环境利益，更能建立全球环境民主的信任，更能担当全球环境责任，从而最大限度地实现全球环境正义和环境安全的全球环境治理体系。需要政府从传统的适应向自然界索取资源的行政管理职能转向适应人与自然和谐相处、可持续发展的生态行政管理，即把原来的"部门"生态行政拓展为政府公共管理的全域、全程和系统模式，实现管理体制的全面生态化。这就需要用更加民主的责任模式代替原有的高层责任模式，深入推动生态型政府的民主进步。生态型政府的民主进步就是生态民主或环境民主的发展。环境民主的本质就是要充分尊重与维护广大公民或全社会的环境意愿和环境权益，最大限度地促进社会环境正义，实现社会公共环境利益。它是人类民主价值和理想在环境领域中的追求与实现。[①] 建立生态型政府的环境民主，不仅要树立与弘扬环境民主和环境服务的价值理念，还应该建立清晰的生态环境责任、生态环境信息检测系统、生态环境公民政治参与机制等一系列制度安排与行政执行程序，要在民主内容、民主形式、民主质量、民主范围上都做到与时俱进，改变甘肃省传统的民主环境意识淡漠、环境监测机制不健全、项目审批缺乏环境测算、程序混乱的局面。当地政府民主管理水平的进步对提高政府公共管理能力有非常积极的作用，因此，生态型政府作为当代政府改革创新的一种新理念、新范式和新目标，本质上反映了政府与自然生态环境之间的内在关系和应然状态。

第三节　生态型政府的内涵

人类进入工业社会以来，伴随经济的迅速发展，生态危机日渐严重。为缓解生态环境问题，促进人与自然和谐发展，各级政府应

---

① 黄爱宝：《全球环境治理与生态型政府构建》，《南京农业大学学报》（社会科学版）2008 年第 3 期。

顺应时代要求不断创新，加快转变行政理念，强化生态管理职能，构建生态型政府。要了解生态型政府，首先应正确定位"生态"。自生物学家海克尔首次提出"生态学"一词起，"生态"的概念一直处于变化中，至今学术界仍未形成统一的定义。黄爱宝教授将"生态"的含义归纳为"一种生态和谐的价值观""追求实现人与自然的和谐"和"追求实现任何事物主体与其周围环境和谐的具有哲学普遍性的世界观与方法论"三个层面。笔者认为，可以从两方面来理解"生态"的含义：一是人与自然的和谐；二是与人类有关的各种关系的和谐，既包括人与自然、社会等关系的和谐，也包括政治、经济、文化、社会与自然各种关系的和谐。结合其产生的背景，"生态型政府"一词中的"生态"更倾向于第一种含义，即指人与自然的自然性和谐，这一理解也更符合生态型政府的行政理念和目标。

一　传统的生态型政府研究

生态型政府，也可称为"环保型政府"或"环境友好型政府"。虽然这一提法在国内尚不多见，但它类似于近年来学术界提出的"绿色政府"概念。20 世纪 90 年代以来，英国、美国等发达国家已经开始研究并建设绿色政府，在政策法律领域的研究与实践也逐渐成熟，相比我国生态型政府的研究尚处在起步阶段。国内学术界对生态型政府的研究较少，较有代表性的定义有以下几种：黄爱宝认为，生态型政府是致力于追求实现人与自然的自然性和谐的政府，或者说是以保护与恢复自然生态平衡为根本目标与基本职能的政府；① 张子礼、孙卓华认为，政府应站在保护生态环境的立场，树立生态文明理念，保证生态制度供给和发展生态经济，以求得经济和环境的和谐发展；② 熊小青、朱昌彻从一般意义上认为，政府在经济社会发展中，把生态和环境问题作为当地政府的基本问题或重

---

① 黄爱宝：《"生态型政府"初探》，《南京社会科学》2006 年第 1 期。
② 张子礼、孙卓华：《试绘论生态政府的构建》，《齐鲁学刊》2006 年第 5 期。

要问题来对待，把生态和环境的保护和可持续开发利用与当地经济发展、人民生活水平提高有机结合起来。[①] 高小平曾对生态行政管理有过阐述，所谓生态行政管理，是指政府按照统筹人与自然全面、协调、可持续发展的要求，遵循生态规律与经济社会规律，依法行使对生态环境的管理权力，全面确立政府加强生态建没、维持生态平衡、保护生态安全的职能，并实施综合管理的行为。[②] 黄爱宝教授认为，"生态型政府"，即以实现人与自然的自然性和谐为基本目标，以遵循自然生态规律和促进自然生态平衡为基本职能，并将这种目标与职能贯穿到政府制度、行为、能力和政府文化等诸方面的政府。概括地说，"生态型政府"就是以政府的目标、法律、政策、体制、文化等诸方面的生态化为追求目标。黄爱宝教授对新政府的界定是基于对以往政府职能的扬弃，这并不意味着对历史的全盘否定，经济建设永远都是政府所追求的中心工作，生态型政府的建设同样要遵循经济社会发展规律，在生态市场培育中，通过生态产品的市场供给，督促生态型政府的构建和职能的转变；通过政府对生态市场的参与，提高生态型政府构建的职能效率；通过生态保护目标的市场追求，推动生态型政府构建的发展进程。

总之，国内学者在黄爱宝教授的研究基础上将生态型政府的基本特征归纳为以下五点：

第一，生态优先是政府的根本价值取向。以往，政府在 GDP 崇拜的热潮中盲目追求经济建设，以粗放型经济模式导致了自然资源的衰竭和生态危机的爆发。其实，生态环境效益与人类的代际利益、整体利益、长远利益、持续利益是相契合的，两者并不存在根本矛盾，社会经济的发展和自然环境的保护是可以并行不悖的，只有寻求人与自然和谐发展的政府，才是一个具有远大目光与高度人

---

① 熊小青、朱昌彻：《建立红三角生态政府的一点思考——浅谈红三角经济发展中政府角色定位》，《韶关学院学报》2004 年第 5 期。
② 高小平：《落实科学发展观加强生态行政管理》，《中国行政管理》2004 年第 5 期。

文关怀精神的政府。

第二，生态管理是政府的一项基本职能。生态管理是政府在社会管理中既考虑人类自身的各种需求，又考虑自然生态系统的平衡发展，始终协调人与自然之间的关系，最终实现包括人在内的生态系统的和谐、稳定与健康的管理。

第三，可持续发展能力是政府的一种核心能力。生态型政府的建设最持久、最有效的动力是提升政府可持续发展的能力。因为可持续发展从本质上就是生态的发展理念，区分生态型政府与非生态型政府的关键，就是看政府是否在理念上、行动上、能力上具有可持续发展的能力。

第四，综合协调性是政府生态管理体制的显著特征。生态管理作为一个系统工程，涉及整个生态系统内部、人与自然之间的关系，要追求生态体系中各个元素之间的和谐、平衡，作为社会管理公器的政府管理体制就必须具备系统性、综合性、协调性的管理特征。

第五，生态咨询机构为政府决策机制的必然构成。进入现代管理以来，专家咨询系统作为一个重要机构，在现代政府决策中发挥着越来越重要的参谋和智囊作用。随着现代生态科学在众多学科领域的伸展，政府生态管理体制不是单一的某个部门的工作，需要众多不同类型的政府部门的配合，因此，现代政府的决策机制需要越来越具备一定经验和能力的生态科学家咨询机构来辅助政府的工作，这是生态型政府建设的内在要求。

本课题组将以上研究统归为外生态型政府。纵观这种外生态型政府的研究历程与成果，我们可以发现其以下三个特点：（1）就其"生态"的哲学根源而言，外生态型政府抛弃了"生态"所具有的哲学普遍性的世界观和方法论的大哲学观，而采纳了"生态"的小哲学观：追求实现人与自然的自然性和谐，保护和恢复自然生态的平衡。（2）就其产生的背景而言，外生态型政府是在"不断受到来自西方发达国家'绿色政府'浪潮的冲击"下，为了呼应"绿色政府"的理念和应对生态环境危机而自然而然诞生的。它没有复制行政学三次"范式"转变的背景，只考虑到自然环境对自身产生的影响而忽略了社会环境因素的作用。（3）就其根本目标而言，外生态型政府把生态优先作为政府的根本价值取向，作为政府活动的出发点和落脚点。"生态"是外生态型政府的目的，而"政府"只是实现"生态"目的的手段。

本书认为，生态型政府狭义的功能主义内涵存在以下三个方面的局限性：

第一，外生态型政府易引起政府职能单一化的误解，不利于生态环境保护的实现。具体而言，外生态型政府与以往的经济增长型政府的思维路径如出一辙，经济增长型政府是一个"在价值目标上以经济为中心、在制度上以建立市场经济为核心、在政策上主要实施经济政策的政府"。① 而外生态型政府则是一种在价值目标上以生态为中心，在制度上以建立"生态市场经济"② 为核心，在政策上主要实施加强生态建设、维护生态平衡、保护生态安全政策的政府。它们都没有摆脱"点"的思维困境而实现"面"的思维突破，仍然实现不了政治、经济、文化、社会和生态环境五位一体的协调可持续发展。经济增长型政府的经验已经告诉我们：只关注经济一极的增长，而忽视其他各极的发展，最终经济的发展也将受到限制与阻碍。反观外生态型政府，也将不利于其根本目标——生态环境保护的实现。从现实的角度分析看，外生态型政府不易获得在经济增长型政府时期成长起来的既得利益群体的共识，因为生态优先的根本价值短期内将损害一部分既得利益者的利益。所以，他们可能成为反外生态型政府构建的巨大阻力。

第二，外生态型政府偏离了生态哲学的本质。生态哲学作为生

---

① 曾正滋、庄穆：《从经济增长型政府到生态型政府——以公共治理为路径的探讨》，《甘肃行政学院学报》2008 年第 2 期。

② 高小平：《落实科学发展观加强生态行政管理》，《中国行政管理》2004 年第 5 期。

态世界观是一种后现代世界观。从它的构成来看，主要包括三个方面的内容："一是生态观的研究；二是生态方法的研究；三是人与自然关系的研究。"① 具体而言，生态观的研究表明"生态"意味着一种生态和谐的价值观；生态方法的研究表明"生态"意味着追求实现事物内部各要素及事物与其周围环境和谐的具有哲学普遍性的世界观与方法论；人与自然关系的研究表明"生态"意味着人与自然的和谐。其中，生态哲学的根本在于其世界观与方法论，这种"生态"概念不仅要求人与自然之间的和谐，而且要求人与人之间的和谐。即要求事物内部各要素之间、事物与事物之间实现和谐、稳定和统一。② 而外生态型政府只追求人与自然的和谐发展，其职能过于单一化，忽略了外生态型政府目标实现的现实可能性。所以，这种偏离生态哲学本质的生态型政府的发展必将是不可持续的。

第三，外生态型政府始终未摆脱内生态型政府的价值理念，容易造成自身的逻辑矛盾与目标冲突。本书所倡导的内生态型政府是一种"内生态"建设的政府，不关注外在生态关系的构建，只定位在自身品格重塑的不断完善。换言之，"政府"是生态型政府的核心与目的，而"生态"是改革"政府"的方法与手段。然而，外生态型政府在秉承生态优先的价值理念，追求人与自然和谐相处和可持续发展目标的同时，还认为："'生态型政府'意味着既要实现政府对社会公共事务管理的'生态化'，又要追求政府行政发展的'生态化'。政府应立足公共服务、市场监督，把生态标准纳入政府机关的考核，促进政府政治行为的生态化。深化并细化政府的服务职能，逐步完善政府新型职能体系，遵循市场规律，为社会和公众提供优质生态公共产品；落实部门责任制，加强监督评估，确保生态管理的科学化，将不同的政府部门管理职能有机统一起来，加强

---

① 余谋昌：《生态哲学与可持续发展》，《自然辩证法研究》1999 年第 2 期。
② 钮菊生：《科学发展观视域下生态型政府的统筹职能》，《苏州大学学报》（哲学社会科学版）2010 年第 6 期。

综合性、协调性的生态管理体制建构，尽快制定机关资源消耗定额和考核办法并建立健全资源节约奖惩制度，建设生态型机关。"由此看来，外生态型政府仍然没能摆脱内生态型政府"内生态"构建的目标，因为要想实现外生态型政府所追求的生态环境保护的目标，必须加强政府主体的生态化构建，历史与现实的双重逻辑已经表明，能够承载自然保护与环境治理重任、重塑人与自然之间和谐关系的主导力量只能是政府。至此，我们可以发现，这种"外生态"到"内生态"的构建路径很容易造成逻辑上的矛盾和目标上的冲突。而唯一的解决方式就是把外生态型政府的"外生态"到"内生态"的思维路径转变为内生态型政府的"内生态"到"外生态"的思维路径。这样一来，既有利于政府自身品格的建设，也有利于政府生态环境保护职能的履行。

二 生态型政府内涵的重释：内生态型政府的内涵

在黄爱宝等众多学者从狭义角度阐释生态型政府的同时，也有一些学者独辟蹊径，开始了新的探索。比如，姚志友和刘祖云认为："生态型政府可以界定为，以生态文明为价值取向、以经济发展与环境友好为政府的双重目标，在政府管理价值、管理规则与管理对象三个方面都要转向'生态化'，或遵从'生态化'的政府治理范式。"① 朱和磊、胡赟则把生态型政府定义为："在保护环境的前提下，实现社会经济与自然环境的和谐与可持续发展，就是构建一个职能生态化的政府。"金菊和洪富艳则认为："生态型政府的目标是既要实现政府对社会公共事务管理的生态化，又要实现政府对内部事务管理的生态化以及公务行为的生态化。其构建需要坚持生态平衡的原则、尊重多样性原则、开放原则和协同原则。"② 这些新的探索虽然没有从根本上改变外生态型政府的价值取向，但是，它

---

① 姚志友、刘祖云：《生态型政府：境遇、阐释及其建构》，《南京农业大学学报》（社会科学版）2008 年第 3 期。

② 金菊、洪富艳：《构建生态型政府：理论体系与实践路径研究》，《中国林业经济》2009 年第 3 期。

们已经逐渐由"外生态"建设转向"内生态"建设。

随着改革开放的不断深入，政府面临的问题越来越趋向于多样化、复杂化和网络化。外生态型政府已无力承担解决这些问题的大任，它只能解决好政府面临的问题之一——生态环境的恶化。所以，我们需要构建内生态型政府即真正的生态型政府，需要对外生态型政府进行修正和重释。笔者认为，生态型政府的释义应该顺应政府治理范式变革的需要，应该以建立一个善治政府为生态型政府奋斗的根本目标，而生态环境的保护只是它需要实现的目的之一。因此，借用生态学的理论与方法，把政府系统比拟为自然生态系统，实现政府系统自身品格的重塑，实现政府"五位一体"职能的生态化和可持续发展。不言而喻，所谓内生态型政府，是指政府以制度为保障，以网络治理为根本途径来构建自身内部的生态关系，进而实现政府行政职能、经济职能、文化职能、社会职能和生态环境职能之间的均衡和可持续发展。这一概念表明，均衡和可持续发展就是生态化的最佳内涵。

第二章　构建生态型政府的理论和现实依据

第一节　构建生态型政府的理论依据

一　生态学理论

生态学的定义是 1866 年德国生物学家海克尔（Haeckel）给出的：生态学是研究生物有机体与其周围自然环境（包括非生物环境和生物环境）相互关系的科学。生态学的基本原理通常包括个体生态、种群生态、群落生态和生态系统生态四个方面，生态学理论主要包括种群、生态因子、生态位、适者生存、互利共生和食物网等各种理论，其一般规律大致可以从种群、群落、生态系统和人与环境关系四个方面进行说明。

生态学的基本观点是：自然界的生物与非生物共同构成了一个完整的良性循环系统。系统中，一个生物群落的任何物种都与其他物种存在相互制约、相互依存的共生共存关系，并通过生物化循环有机地联系起来，从而维持自然界各物质之间的生态平衡。生态系统是一个具有整体性的动态平衡系统，具有一定的自我调节能力，系统的各组成部分通过制约、转化、补偿、反馈等作用，在一定时间和空间范围内保持最优化的平衡协调状态，表现为能量物质输入和输出的动态平衡。但是，生态系统也具有一定的脆弱性，如果外部干扰过大，超出了生态系统本身的调节能力，生态平衡就会遭到破坏，就会出现"生态失调"。

近年来，随着研究的不断深入，生态学与其他某些学科的交叉研究趋势日益显著。生态学的研究范围从生物个体、种群和生物群落已扩展到包括人类社会在内的多种类型的复合系统，发展出了农业生态学、工业资源生态学、环境保护生态学、环境生态学和生态信息学等十多个应用性分支学科。从人类活动对环境的影响来看，生态学是自然科学与社会科学的交叉学科。我国著名生态学家马世骏院士创造性地提出了"社会—经济—自然复合生态系统"（SENCE）①的概念，将生态系统的范围从自然系统扩大到包括经济系统、社会系统和自然系统在内的人与自然相互依存、共生共存的复合生态系统。

在过去很长的一段时间内，人们并没有认识到人类系统与自然生态系统之间的交互关系，在经济利益和错误发展观的驱动下，人类对自然进行了掠夺式利用，给生态环境带来了严重的破坏。当前，全球严峻的生态形势已经不允许这种趋势再继续发展下去。因此，要求各国政府审时度势，积极转变发展观念，摒弃"人定胜天"的错误观念，树立生态优先的价值理念，加强生态型政府的建设，实现包括人类社会在内的生态系统平衡和人与自然的协调发展。

二　外部性理论

外部性是指"经济主体之活动，对与该活动无直接关系的他人或社会所产生的影响，而这种影响又不能体现在市场价格中"。它源于1890年马歇尔的《经济学原理》中提出的"外部经济"概念，是由英国福利经济学家庇古最早提出，并由美国新制度经济学家科斯加以丰富和完善的。

外部性的分类很多，常见的分类主要有两类：一是根据外部性的影响效果，将外部性问题分为外部经济和外部不经济；二是根据

---

① 马世骏等：《中国生态学发展战略研究》第1集，中国经济出版社1991年版，第430页。

外部性产生的主体将外部性分为生产的外部性和消费的外部性。从外部经济和外部不经济与生产的外部性和消费的外部性两种分类出发，可以把外部性进一步细分成生产的外部经济性、消费的外部经济性、生产的外部不经济性和消费的外部不经济性四种类型。不论是哪种类型的外部性，它都会导致价格机制失灵，进而导致资源配置的不当。正外部性的存在会导致资源使用不足，而当存在负外部性时，又会出现资源的过量使用，从而使资源配置达不到帕累托最优，影响到整个社会的福利水平。

就人类与自然生态环境的关系而言，外部性导致的资源配置无效率问题使两者之间的关系受到了很大破坏。一方面，当存在外部不经济时，由于人们生产经营活动对环境所产生的负面影响并没有体现在产品价格中，生产的私人成本小于社会成本导致了人们对资源的过度使用和对环境的破坏。如污染企业在生产过程中对环境污染无须支付代价而导致了其对资源的过度开发和使用。另一方面，当存在外部经济时，生产经营活动对环境所产生的积极影响也没有体现在产品价格中，产品提供者没有得到相应的补偿，私人收益要小于社会收益，降低了产品提供者的积极性，进而导致了产品的供给不足，如公益林的建设问题。

解决外部性问题的基本思路是消除私人成本和社会成本以及私人收益和社会收益之间的差异。对如何解决外部性问题，以庇古为代表的新古典经济学和科斯为代表的新制度经济学派提供了两种完全不同的思路：前者主张发挥政府的作用，通过征税和津贴等手段实现外部影响的"内部化"。后者认为，外部性问题的解决无须政府干预，只要财产权是明确的，并且交易成本为零或者很小，则通过有关各方的协商和谈判，就可以实现资源的优化配置，即无须政府干预，仅依靠市场本身就可以使外部性问题得到有效解决。

以上两种方法均有各自的可取和不足之处，市场的交易费用不可能为零，有时甚至很大，政府也同样存在效率低下的问题，因此，在处理人类与资源、环境关系时，应注意扬长避短，在发挥市场资源配置决定性作用的同时，也应该注意发挥政府的调控和引导作用，尤其要适应时代发展需要，加强政府自身改革，树立生态优先的价值理念，积极实现由掠夺式的增长型政府向生态型政府转变。

三　生态政治理论

历史发展进入工业社会以来，为提高工业化水平，加快经济发展速度，人类不惜一切代价，甚至不顾破坏生态的危险，不断扩大和深化干预自然界的规模及强度，导致环境质量恶化、生态平衡失调，生态危机日益严重，人与自然间的关系愈加紧张，威胁人类的生存和发展。应对生态危机，解决环境问题，单纯依靠技术的修补是不够的，还必须要有政治关注，必须被组织在政治框架内，才能得到根本解决。在此背景下，生态政治理论应运而生。作为一种全新的政治思维，它把生态环境问题归于政治问题的类别，使生态环境与政治一体化发展，把生态与政治辩证有机地统一起来。

生态政治理论的产生，不仅影响了西方国家的政治格局，而且推动了全世界发展模式的转变。该理论起源于西方国家，学术界给予了广泛的关注，研究成果颇丰。1962年问世的《寂静的春天》一书是环保运动的里程碑，它首次把环境保护问题提到了各国政府面前。随后的《人口爆炸》《增长的极限》《封闭的循环——自然、人和技术》等著作，也都增强了人们的环保意识，生态政治研究兴起。

西方国家关于生态政治的研究不断深化，基本沿着"深绿"和"浅绿"两个方面展开，并形成了生态学马克思主义、绿党政治和环境安全三种主要理论。三种理论从不同方面完善了生态政治理论，推动了生态政治学的发展，其中，绿党政治方面的研究最为系统，学者从各方面进行了详尽研究，具有鲜明的代表性。尽管研究切入点不同，但三种理论都反映了生态问题的解决离不开政府的支持和参与。为改善人与自然的关系，实现和谐发展，政府应转变传统职能、制度，改变传统的生产生活方式和经济模式，着眼全局利益和长远利益。

我国学者在学习借鉴西方理论的基础上，也深化了对生态政治理论的研究，较为详细地阐释了生态政治及其相关概念。在生态政治理论的引导下，我国生态型政府更加明确了该做什么、不该做什么、该怎么做，更好更快地推进构建进程，积极解决生态环境问题，实现人与自然和谐相处，为我国生态型政府治理模式的构建提供了坚实的理论基础。

四 可持续发展理论

产业革命之后，随着工业化进程的不断推进，人们对大自然的掠夺式利用使人类发展与资源环境之间的矛盾日益尖锐。随着资源环境问题的不断加剧和能源危机问题的逐渐加重，人们开始逐渐认识到把经济、社会与环境割裂开来的发展模式将给地球和人类社会带来毁灭性的灾难。在这种背景下，可持续发展思想在 20 世纪 80 年代逐步形成。1983 年，联合国成立了世界环境与发展委员会。1987 年，在以挪威前首相布伦特兰夫人为首的世界环境与发展委员会成员提交的《我们共同的未来》报告中正式提出了"可持续发展"的概念和模式。布伦特兰夫人在报告中将可持续发展定义为"既满足当代人的需要，又不对后代人满足其需要的能力构成危害的发展"①，这一定义得到广泛接受。从 20 世纪 80 年代开始，世界各国的学者从各自的立场和感兴趣的问题出发，运用生态学、经济学和社会学等理论对可持续发展问题进行了深入系统的研究，并形成了不同的学术流派和理论体系。

虽然不同的学派对于可持续发展问题有自己的独到认识（如生态学者主要围绕人类的可持续生存问题，从生态污染入手，研究可持续发展问题，侧重于研究区域的生态可持续；经济学者围绕人口、能源、资源、环境问题产生的根源，以经济可持续发展为切入点，结合经济学原理，探讨实现可持续发展的经济动力；社会学者

---

① 世界环境与资源委员会：《我们共同的未来》，王之佳、柯金良译，夏堃堡校，吉林人民出版社 1997 年版，第 52 页。

则围绕如何将自然、人类及社会的关系引向可持续发展的轨道，以可持续发展的行为规范等为研究内容，侧重于探讨如何建立一个包括市场、政策、道德准则、科技等因素在内的社会结构体系），但他们的共同点都是关注各种经济活动的生态合理性，强调各国政府在发展过程中要树立生态危机意识，协调好人口、资源、环境、社会及经济发展之间的关系，通过人们观念和自身经济发展方式的转变，实现生态、经济、社会的协调，走可持续发展道路。

五　公共服务理论

20 世纪七八十年代，西方国家经历一个资本主义发展的黄金时期，政府执政的外部环境和所面临各种公共问题都比以前更加复杂，为应对外部环境对政府行政管理职能提出的新挑战，西方国家开展了声势浩大的政府重塑运动——"新公共管理运动"，产生了新公共管理理论。新公共管理理论的核心内容是以政府有限理性和政府官员的"经济人"为假设前提，以追求"3E"为单一价值取向，力图将私营部门和工商企业的管理方法应用于公共部门，以提高政府部门的行政管理效率。由于过分强调市场机制的作用，忽视实践中公共部门与私营部门的差别，新公共管理理论在实践中产生了诸多伦理上和责任上的问题，公平与公正问题日益突出。

新公共服务理论是以美国著名公共管理学家罗伯特·丹哈特等为代表的一批公共管理学者在对新公共管理理论进行反思，特别是在对作为新公共管理理论精髓的企业家政府理论的缺陷进行批判的基础上建立起来的一种新公共管理理论。其核心内容主要包含以下七个方面：政府是服务而非掌舵；公共利益是目标而非副产品；战略地思考，民主地行动；服务于公民而不是顾客；责任并不是单一的；重视人而不止是生产率；超越企业家身份，重视公民权和公共服务。[1] 该理论强调尊重公民权利，呼吁维护公共利益和重新对政

---

① 珍妮特·V. 登哈特、罗伯特·B. 丹哈特：《新公共服务：服务而不是掌舵》，中国人民大学出版社 2004 年版，第 21 页。

府角色进行定位。按照新公共服务理论的要求，政府应当尊重公民权利，对当前公民的生态需求和生态利益诉求做出回应，将生态目标纳入政府的价值取向体系，实现价值取向多元化，同时，要加快生态型政府建设，把生态管理作为政府的基本职能，加大政府对生态环境的保护力度。最后，还要积极吸收公民和企业参与生态公共事务，建立政府、企业与公众相结合的多元生态治理模式，为公众提供良好的公共服务。

六　行政生态学理论

从 18 世纪开始，学科之间相互渗透的趋势日益明显。从这一时期开始，生态学也开始逐步被引入到行政管理领域，开始了与行政管理学科相互交叉渗透的进程。1936 年，美国学者高斯发表了《美国社会与公共行政》一文，第一次系统地提出了行政管理与行政环境之间的关系问题。他将行政生态学明确地定义为："自然以及人类文化环境与公共政策运行之间的相互影响情形。"[1] 强调行政环境的作用，主张进行行政环境调查，弄清环境的生态特点对行政体制发展的影响。具有开创意义的是，高斯用生态学的方法揭示了行政管理活动受生态环境影响的情形，明确地指出了行政环境在行政管理中的重要性。继高斯之后，在行政生态学方面最具代表性的人物就是 F. W. 里格斯。里格斯采用"结构功能分析法"和"物理学光谱分析"等概念，在将社会形态划分为传统农业社会、过渡社会和现代化工业社会基础上，采用比较分析法，通过分析研究了美国、英国、法国、泰国及菲律宾等国社会、经济结构及文化历史与公共行政的相互影响，最终确立了五种要素学说以及与三种社会形态相适应的行政模式，即融合型——农业社会的行政形态、衍射型——工业社会的行政形态和棱柱型——农业社会向工业社会过渡的行政形态。

---

① 约翰·M. 高斯：《公共行政学的思考》，亚拉巴马大学出版社 1958 年版，第 9 页。

　　行政生态学是一门研究行政制度中的行政行为与生态环境之间关系的学科，它认为，行政行为与行政环境之间存在相互影响、相互制约的关系，任何行政行为都要受行政生态环境因素的影响和制约。里格斯在对行政生态进行研究时，将影响公共行政的要素分为经济要素、社会要素、沟通网络、符号系统和政治构架五种。显然，里格斯的这五种要素主要局限在社会领域，并未明确提出自然生态环境对政府行政行为的影响。随着工业化进程不断推进导致的人口、资源、环境之间的矛盾日益突出以及公众生态危机意识的不断提高，自然生态环境也日益成为影响和制约政府行为的一个重要因素。因此，当前将自然生态作为影响政府公共行政管理行为的一个重要因素纳入行政生态学的研究具有十分重要的理论和现实意义。

第二节　甘肃省构建生态型政府的必要性

一　两型社会建设与构建生态型政府的关系

（一）两型社会的基本内涵

　　两型社会指的是"资源节约型、环境友好型社会"。2005年10月11日中共十六届五中全会通过的《中共中央关于制定国民经济和社会发展第十一个五年规划的建议》（以下简称《建议》）首次把建设资源节约型社会和环境友好型社会确定为我国国民经济和社会发展中长期规划的一项战略任务。《建议》明确提出，要把节约资源作为我国的基本国策，加快建设资源节约型、环境友好型社会。资源节约型社会是指要把整个社会经济建立在节约资源的基础上，其核心是节约资源，即在生产、流通、消费等各领域各环节，通过采取技术和管理等综合措施，厉行节约，不断提高资源利用效率，尽可能地减少资源消耗和环境代价，满足人民日益增长的物质文化需求。环境友好型社会是一种人与自然和谐共生的社会形态，其核心内涵是人类的生产和消费活动与自然生态系统的协调可持续发展。虽然两种社会的侧重点有所不同，但实际上是相辅相成、相互补充，构成了一个完整统一的整体。它们都是要通过走一条生产发展、生活富裕、生态良好的文明发展道路，实现经济、社会发展与人口、资源、环境相协调，在人口与资源环境的良性循环中实现经济社会可持续发展。

（二）建设两型社会与构建生态型政府之间的关系

1. 两型社会是构建生态型政府的目标和归宿

建设两型社会的核心就是要统筹人与自然发展，处理好经济建设、人口增长与资源利用、生态环境保护的关系，通过节约资源和提高资源利用效率，尽可能地减少资源消耗和环境破坏，通过构建一个协调可持续的发展体系，建立一个人与自然和谐共生、人与人和谐共处的经济社会发展形态。生态型政府就是致力于追求实现人与自然和谐的政府。或者说，是以保护与恢复自然生态平衡为根本目标与基本职能的政府。[①] 其首要特征是以生态优先作为其根本价值观，在价值取向上，从根本上说是趋于生态效益还是经济效益是区分生态型政府与非生态型政府的一个基本标志。[②] 因此，生态型政府构建的首要任务就是要树立生态优先的根本价值观。而这种价值观就是以生态合理性为核心，以人与自然的和谐发展为中心内容，重视人与自然的和谐统一关系。它要求政府把生态效益摆在第一位，在保持经济、社会平稳发展的前提下，把保护资源和生态环境，寻求人与自然和谐共生、人与人和谐共处的两型社会作为政府自身建设最根本的奋斗目标，实现人口、资源与环境的协调可持续发展，因此两者在理念上是相容的。

2. 构建生态型政府是建设两型社会宏伟蓝图的重要举措

在建设两型社会的过程中，构建生态型政府居于核心地位，这

---

① 黄爱宝：《"生态型政府"初探》，《南京社会科学》2006 年第 1 期。
② 同上。

主要是因为：

首先，两型社会建设是一项具有开放性、系统复合性和广泛参与性的复杂工程，需要充分发挥生态型政府的组织协调作用。人口、资源与环境问题不仅仅是一个与自然相关的问题，同时也是一个涉及经济、政治、社会、文化观念和技术等方方面面的复杂问题。因此，两型社会建设必然是一个涉及经济、政治、社会、文化等方面的系统的全方位的复合性变革，它要求全社会开放合作、改革创新，要求政府、企业、社会组织以及公众的通力合作，广泛参与。因此，它要求政府这个当代社会最为强大的组织和国家公共权力的执掌者摒弃落后的发展观，树立人与自然和谐的发展理念，利用自己手中掌握的经济资源以及在社会政治生活和文化舆论的主导地位，通过建立各种生态导向的体制机制和政策法规，使两型社会建设的各项工作在政府的计划、组织、协调和控制下有条不紊地进行。

其次，两型社会建设中市场在生态产品提供和环境保护方面的缺陷，要求发挥生态型政府的作用。两型社会是要实现经济社会与自然、生态、环境的良性互动，使人民在良好生态环境中生产生活，进而实现经济社会可持续发展。然而，清澈的水源、新鲜的空气和优美的生态环境等公共产品具有很强的非竞争性和非排他性。市场由于外部性的存在使其在这些产品的生产和消费方面存在"失灵"，而以往"增长型政府"又是以破坏环境、追求经济的高速增长为目标，更不可能提供这些产品，因此，两型社会建设需要进行生态型政府建设，以生态优先为价值目标，注重经济社会发展的生态效益，为全社会提供一个良好的自然生态环境。

最后，两型社会建设需要发挥生态型政府的引导和扶持作用。绿色产品升级、资源利用效率的提高以及环境污染的治理最终都离不开环保科技的进步和环保产业的发展。这都需要各级政府部门转变发展观念，以企业为基础，立足于人与自然的和谐，注重经济发展的生态效益，在加大对环保科技研究投入的同时，注意对资源节约型和环境友好型产业的扶持，通过大力发展循环经济建立一个资源消耗少、利用效率高的新型高科技产业体系。

二　甘肃省构建生态型政府的必要性分析

（一）构建生态型政府是缓解甘肃省当前生态环境危机的迫切要求

甘肃省位于黄土高原、内蒙古高原和青藏高原的交会处，以山地和高原为主，地势高，落差大，气候条件十分复杂，属于西北干旱、半干旱区。复杂的地形地貌和恶劣的气候条件使甘肃省的生态环境十分脆弱。近年来，随着经济发展水平和政府重视程度的不断提高，甘肃省的生态环境治理工作取得了一定的成就，但是，随着资源开发程度的提高和经济社会活动的加剧，部分地区的环境仍然存在日益恶化的趋势。比如，地下水水位不断下降，水资源日渐枯竭；天然草地退化严重，草地涵养水分功能降低；内陆湖泊渐渐萎缩，土地沙漠化、土壤盐碱化问题日益严重；植被不断退化，生物系统多样性蜕变；水土流失日趋严重，山体滑坡、冰雹、雪灾、春旱、沙尘暴等自然灾害频繁发生。根据《2012 年甘肃省生态环境质量状况评价报告》，2012 年，甘肃省生态环境状况指数（EI）为28.59。各县（市）生态环境质量仍主要集中在一般及以下级别，全省的市州中没有一个生态环境质量达到优的，生态环境质量为"良"的市州仅甘南藏族自治州 1 个；在参评的 81 个县（市）中，生态环境状况为良的县（市）有 13 个，仅占全省国土面积的12.54%。较差以下的县（市）有 20 个，占全省国土面积的54.59%，生态环境质量较差的金昌、武威、庆阳多为戈壁、沙漠和高寒山区，植被覆盖差，物种较少，严重干旱少雨，存在明显的限制人类生存的因素。这些都说明目前甘肃省的整体生态环境质量处在一般水平，生态形势依然严峻。因此，作为我国西部一道重要的生态屏障，甘肃省当前迫切需要将生态型政府建设提上议事日程，将生态目标纳入政府制度建设中，加强生态环境建设。甘肃省市域生态环境状况指数如表 2 - 1 和图 2 - 1 所示。

表 2 – 1　　　　　　　　甘肃省市域生态环境状况指数

序号	县区名称	生物丰度指数	植被覆盖指数	水网密度指数	土地退化指数	环境质量指数	EI	生态环境状况分级
1	兰州	38.62	50.52	5.14	55.59	92.58	45.79	一般
2	嘉峪关市	11.57	11.62	6.70	-2.96	75.77	17.33	差
3	金昌市	16.64	20.00	5.97	40.08	88.82	30.69	较差
4	白银市	31.20	40.11	4.32	26.84	94.44	36.22	一般
5	天水市	50.57	56.67	17.45	21.53	98.53	46.55	一般
6	武威市	19.24	22.82	5.75	4.61	94.90	25.68	较差
7	张掖市	28.15	32.28	9.90	46.20	95.89	39.10	一般
8	平凉市	43.16	47.07	17.82	6.77	95.49	39.45	一般
9	酒泉市	6.13	7.82	2.75	-13.21	92.08	14.82	差
10	庆阳市	41.74	48.77	10.62	-46.23	98.93	27.91	较差
11	定西市	38.84	45.05	14.38	1.00	98.68	36.60	一般
12	陇南市	55.02	58.32	20.12	47.82	98.20	53.74	一般
13	临夏州	39.04	45.36	16.67	17.60	97.74	40.35	一般
14	甘南州	66.01	75.95	21.87	79.63	99.60	66.94	良好

资料来源:《2012 年甘肃省生态环境质量状况评价报告》。

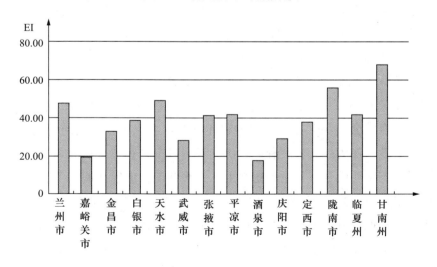

图 2 – 1　甘肃省市域生态环境状况指数

资料来源:《2012 年甘肃省生态环境质量状况评价报告》。

（二）构建生态型政府是当前生态文明建设的现实需要

生态文明，是指人类遵循人、自然、社会和谐发展这一客观规律而取得的物质与精神成果的总和，是指以人与自然、人与人、人与社会和谐共生、良性循环、全面发展、持续繁荣为基本宗旨的文化伦理形态，是一种比农业文明和工业文明更加高级的文明形态。工业文明以人类征服自然为主要特征，以人类对自然资源的掠夺和大量消耗为基础，三百年的工业文明发展已经给大自然造成了极大的破坏，一系列严重的全球性生态危机说明这种文明的发展已达到极致，从工业文明向生态文明升级转化是人类文明发展的一种必然趋势。在新的历史条件下，党和国家审时度势，适时地提出了建设生态文明的历史任务。党的十八大报告将生态文明提升到更高的战略层面，认为"建设生态文明，是关系人民福祉、关乎民族未来的长远大计"，并将中国特色社会主义事业总体布局由经济建设、政治建设、文化建设和社会建设"四位一体"拓展为包括生态文明建设在内的"五位一体"。

任何文明的建设都是一项具有高度复杂性和长期性的社会系统工程，需要包括政府在内的全社会的共同努力，生态文明建设也不例外。甘肃省作为一个西部内陆省份，是我国西部重要的生态屏障。长期以来，与全国其他地区一样，甘肃省一直采用依赖投资和物质投入的粗放型经济增长方式，导致了资源的大量消耗和浪费，同时也给甘肃省的生态环境造成了极大的破坏。面对严峻的生态形势，在全社会民众生态危机意识和环境友好意识比较薄弱的情况下，甘肃省政府作为社会公共利益的代表者应当率先垂范，积极响应国家建设生态文明的号召，主动树立生态文明意识，倡导并加强生态型政府建设，将保护生态环境、倡导生态文明纳入政府的责任与行为之中，为建设美丽中国，实现中华民族永续发展做出自己应有的贡献。

（三）构建生态型政府是推动甘肃省经济社会可持续发展的必由之路

对于贫困落后地区而言，发展经济使本地区人民摆脱贫困落后状态是政府首要任务。甘肃省地处偏远的西北地区，矿产资源丰富，能源种类较多。有各类矿产 179 种，根据《2010 年全国主要矿产资源储量通报》统计，在已查明的矿产中，甘肃省资源储量名列全国第 1 位的矿产有 12 种，居前 5 位的有 29 种，居前 10 位的有 58 种。能源除煤炭、石油、天然气外，太阳能、风能等新能源也十分丰富。自然资源丰富，再加上发展经济、脱贫致富的愿望十分迫切，部分地区在"先发展，后治理"和"边发展，边治理"等落后发展观以及不科学的考核体系的影响下，采取了短期化、粗放型的不可持续的发展方式，对矿产资源和能源的开发及使用毫无规划，生态环境遭到了严重破坏，土地沙化、植被退化和水质恶化等问题日趋严重。由于生态环境治理的长期性和复杂性以及环境变化的不可逆性，寄希望于完全依靠科技进步和市场机制解决环境问题是不现实的。因此，在经济发展过程中，甘肃省要处理好人口、资源与环境之间的关系，实现经济的可持续发展，要审时度势，统筹规划，适时转变发展观念，加快生态型政府建设，把生态环境问题纳入政府各种决策中，引导企业发展绿色经济、低碳经济和循环经济，提高地区经济社会的可持续发展能力。

（四）构建生态型政府是适应时代需要，创新政府治理模式的重要举措

根据行政生态学理论，政府行政管理行为要受到行政生态环境的影响，因而要根据行政生态环境的变化需要适时做出调整。改革开放以来，我国在经济、政治、文化、自然和社会环境等方面都发生了重大变化，与之相适应，我国政府的行政管理正努力实现由"人治型"政府向"法治型"政府、由"管制型"政府向"服务型"政府、由"权能无限型"政府向"权能有限型"政府的重大转变。就行政管理与自然生态环境关系而言，在工业文明下，为应对日益严重的生态问题，政府建立了专门的生态环境管理部门，实施严格的生态行政部门管理，并在某些方面取得了一定的实效，然而，生态环境问题并没有得到根本解决。进入后工业社会以后，自

然生态环境治理工作更具长远性、整体性、综合性和复杂性，其与传统部门行政管理体制的局部性和条块分割性之间的矛盾日益突出，"部门"行政的弊端越来越暴露出来，生态环境问题也日趋严重。因此，政府应当适应外部自然生态环境变化的需要，主动创新治理模式，把生态行政管理作为政府的一项基本职能，建立健全生态管理体制，提高生态服务能力和生态服务效率，积极实现由增长型政府向生态型政府转变。

第三章　甘肃省生态治理的现状分析

第一节　甘肃省生态环境概况

甘肃省地处我国集合版图的中心，辖区内生态环境复杂多样，主要有山地、平川、河谷、沙漠、高原和戈壁六类地形地貌，地势自西南向东北倾斜。辖区内地形区域具体分为陇南山地、甘南高原、祁连山地、陇中黄土高原、河西走廊和河西走廊以北地带六类。因为处于西北内陆，位于内蒙古高原、黄土高原和青藏高原三大高原的交会地带，辖区内各地区气候条件差别很大，生态环境不仅复杂多样，而且极为脆弱，生态恢复和环境治理任务艰巨。

一　自然环境概况

从降雨量来看，甘肃省地处西北内陆，属于典型的大陆性温带季风气候，辖区内大多数地区气候干燥，降雨量少且集中在6—8月，辖区内各地年降雨量仅为36.6—734.9毫米，且呈现东南向西北递减的趋势。从甘肃省年平均气温来看，辖区内年平均气温在0℃—16℃，各地海拔不同，气温差别较大，日照充足，日温差大，冬季寒冷漫长，春夏界限不分明，夏季短促，气温高，秋季降温快。从辖区内地形区无霜期来看，甘肃省无霜期各地差异较大，陇南河谷地带无霜期一般在280天左右，甘南高原无霜期最短，只有140天，祁连山地无霜期约为145天，陇中黄土高原160天左右，河西走廊无霜期在150天左右。从光照状况来看，甘肃省年日照时数达 1700—3300 小时，分区域来看，陇南地区日照时数为 1800—2300 小时，河西走廊年日照时数为 2800—3300 小时，陇中、陇东和甘南为 2100—2700 小时。

二 生态环境概况

（一）土地资源概况

土地资源是保障甘肃省经济发展的重要资源类型，是能够为人类所利用的土地，不仅包括当前自然环境下可利用的土地，而且包括未来能够利用的土地。土地资源是自然属性和经济属性的统一，是经济社会可持续进步的生产资料。甘肃省土地总面积约为 45.44 万平方千米，居全国第 7 位，折合 6.8 亿亩。甘肃省内土地呈现出山地多、平地少的特点，其中山地和丘陵地形类型占全省总土地面积的 78.2%。从甘肃省土地资源的综合利用状况来看，全省土地利用率达 56.93%，尚未被利用的土地有 28681.4 万亩，未被利用的土地类型包括沙漠、戈壁、高寒石山、裸岩、低洼盐碱、沼泽等，约占到全省土地总面积的 42.05%。从土地的总量和使用用途来看，全省土地面积总量约为 4544.02 万多公顷，人均占有量 2 公顷，全省难以直接利用的土地类型包括沙漠、石山岩石、永久积雪、戈壁、冰川、沼泽等土地类型，全省未被用于生产建设的土地面积约有 2731.41 万公顷，占土地总面积的 60.11%。从土地面积的构成来看，有白龙江、洮河、祁连山脉、大夏河等地的成片原始森林林地资源面积 396.65 万公顷，各类草地资源面积 1575.29 万公顷，占土地资源总面积的 34.67%，其中，天然草地 1564.83 万公顷，占草地总面积的 99.34%。①

（二）植被资源概况

覆盖地表植物群落的总称即为植被，陆地表层具有许多类型的植物群落，包括森林、草原、灌丛、荒漠、草甸、沼泽等。甘肃省第七次森林资源清查结果显示，全省林地面积 1042.65 万公顷，森

① 甘肃省政府网站，http://www.gansu.gov.cn/col/col20/index.html。

林面积 507.45 万公顷，森林覆盖率为 11.28%，主要有白龙江、小龙山、洮河、祁连山、关山、子午岭、大夏河、康南、马山、西秦岭 10 个林区。甘肃省草场可利用面积为 427.5 万公顷，占全省利用草场总面积的 23.84%，草场集中分布在祁连山地、崛山、西秦岭、甘南草原、哈思山、关山、马山等地，这些地方海拔一般在 2400—4200 米，气候高寒阴湿，特别是海拔在 3000 米以上的地区牧草生长季节短，枯草期长。甘肃省粮食作物品种形成了以小麦为主体，覆盖春小麦、大麦、冬小麦、乔麦、青稞、玉米、洋芋、水稻、高粱、糜谷、豆类等 20 多种粮食作物，经济作物品种覆盖油料、甜菜、棉花、苏子、大蒜、茶叶、芝麻、蓖麻、啤酒花、烟草、向日葵等十几个种，果树资源类型有 1000 多个品种，其中杏、桃、李、梨、柑橘、枣、柿的品种有 480 个。野生植物主要资源包括纤维和造纸原料植物约百种，淀粉及酿造类植物有 20 多种，油料植物有 100 多种，野生化工原料及栲皮类有 20 多种，野生药材 951 种，特种食用植物 10 多种，野生果类 100 多种等 7 大类。[①]

（三）动物资源概况

甘肃省生态型政府建设不仅是对人类生存环境和基础设施条件的改善，也是对省内主要牲畜、家禽、野生动物资源的生存栖息地的建设和保护。甘肃省目前主要牲畜类型有驴、牛、骡、马、羊、骆驼等牲畜种类，家禽物种有麻鸭、狮头鹅、中国白鹅、北京鸭、灰鹅等水禽物种。野生动物资源物种达 650 多种，其中，两栖动物 24 种，爬行动物 57 种，鸟类 441 种，哺乳动物 137 种[②]，主要分布在成县、武都、文县、康县、两当等地，特别是文县地区，是大熊猫、金丝猴、麝、猞猁、扫雪貂等世界珍贵动物的出产地。

（四）水资源概况

水资源是可供人类生产生活利用的水，水资源包括水量、水域

---

① 甘肃省政府网站，http：//www.gansu.gov.cn/col/col20/index.html。
② 同上。

以及水能，即常见的河道内用水和河道外用水两部分，保护水资源的可持续循环利用是促进生态型政府建设的重要方面，也是实现资源节约型、环境友好型社会的必然选择。甘肃省省内的水资源分属黄河、长江和内陆河 3 个流域、9 个水系，年总地表径流量 174.5 亿立方米，流域面积 27 万平方千米。甘肃省省内自产水资源总量约 294.9 亿立方米，人均 1150 立方米。[①] 从全省工业化城镇化用水状况来看，1995 年以后，甘肃省工业废水排放量逐渐减少，自 1997 年后工业化需氧量排放量也在逐年减少，以 2004 年为例，甘肃省 2004 年废水排放总量为 45171 吨，其中，工业废水排放量为 18293 万吨，生活污水排放量为 26878 吨，废水中的化学需氧量排放总量为 15.85 万吨，氨氮排放总量为 2.60 万吨。[②]

第二节 甘肃省生态环境问题分析

生态环境是包括人在内的生命有机体的环境，是生命有机体赖以生存、发展、繁衍、进化的各种生态因子和生态关系的总和。生态环境是主体与客体之间的相互作用，是生命在有限的时空范围内所依存的各种生态关系的功能性整合，是自然环境和生物两者之间的二维互动关系。[③] 选择甘肃省生态型政府模式，必然要认清楚甘肃省当前的生态环境问题，分析甘肃省自然环境和人文环境的状况，把握生态型政府中生态环境的问题，为构建甘肃省生态型政府绩效评价指标体系提供现实环境基础。

一 环境污染问题

环境污染问题是多种因素造成的结果，包括城市空气污染、水环境污染、声环境污染、固体废弃物与危险物污染以及二氧化硫有

① 甘肃省政府网站，http：//www. gansu. gov. cn/col/col20/index. html。
② 甘肃省统计信息网，http：//www. chinacity. org. cn/csfz/cshj/69635. html。
③ 王如松：《生态环境内涵的回顾与思考》，《科技术语研究》2005 年第 7 期。

害物质造成的化学物质污染。环境污染不仅影响到人类生产生活的整体质量，而且危及人类的可持续循环发展，是制约社会经济持续健康发展和城市公共安全的重要因素之一。因此，解决环境污染问题是选择和推进生态型政府模式的现实要求及必然选择。

（一）城市空气质量问题

根据《环境空气质量标准》（GB3095—1996）二级、三级标准的相关要求，结合甘肃省 14 个市州的二氧化硫、二氧化氮以及可吸入颗粒物等空气污染物的平均值状况，甘肃省市州空气质量的基本情况如表 3 - 1 和表 3 - 2 所示。

表 3 - 1　　　　甘肃省市州空气质量的基本情况

城市	年份	二氧化硫		二氧化氮		可吸入颗粒物		城市空气质量
		平均值	空气质量级别	平均值	空气质量级别	平均值	空气质量级别	
兰　州	2014	0.029	达　标	0.048	达　标	0.126	超二级	三　级
	2013	0.033	达　标	0.035	达　标	0.153	超二级	三　级
嘉峪关	2014	0.032	达　标	0.030	达　标	0.133	超二级	三　级
	2013	0.030	达　标	0.022	达　标	0.093	达　标	二　级
金　昌	2014	0.059	达　标	0.020	达　标	0.118	超二级	三　级
	2013	0.061	超二级	0.025	达　标	0.103	超二级	三　级
白　银	2014	0.055	达　标	0.022	达　标	0.122	超二级	三　级
	2013	0.052	达　标	0.027	达　标	0.124	超二级	三　级
天　水	2014	0.028	达　标	0.032	达　标	0.066	达　标	二　级
	2013	0.026	达　标	0.027	达　标	0.067	达　标	二　级
武　威	2014	0.034	达　标	0.035	达　标	0.120	超二级	三　级
	2013	0.025	达　标	0.025	达　标	0.074	达　标	二　级
张　掖	2014	0.025	达　标	0.019	达　标	0.079	达　标	二　级
	2013	0.024	达　标	0.020	达　标	0.088	达　标	二　级
平　凉	2014	0.028	达　标	0.041	达　标	0.100	达　标	二　级
	2013	0.021	达　标	0.031	达　标	0.079	达　标	二　级

续表

城市	年份	二氧化硫		二氧化氮		可吸入颗粒物		城市空气质量
		平均值	空气质量级别	平均值	空气质量级别	平均值	空气质量级别	
酒 泉	2014	0.018	达 标	0.032	达 标	0.127	超二级	三 级
	2013	0.025	达 标	0.027	达 标	0.141	超二级	三 级
庆 阳	2014	0.032	达 标	0.026	达 标	0.069	达 标	二 级
	2013	0.023	达 标	0.017	达 标	0.075	达 标	二 级
定 西	2014	0.025	达 标	0.031	达 标	0.091	达 标	二 级
	2013	0.024	达 标	0.025	达 标	0.060	达 标	二 级
陇 南	2014	0.015	达 标	0.021	达 标	0.058	达 标	二 级
	2013	0.014	达 标	0.012	达 标	0.067	达 标	二 级
临 夏	2014	0.034	达 标	0.029	达 标	0.094	达 标	二 级
	2013	0.047	达 标	0.040	达 标	0.091	达 标	二 级
合 作	2014	0.013	达 标	0.015	达 标	0.063	达 标	二 级
	2013	0.010	达 标	0.013	达 标	0.065	达 标	二 级
标 准	二 级	0.06		0.08		0.10		
	三 级	0.10		0.08		0.15		

注：污染综合指数是指二氧化硫、二氧化氮和颗粒物三项污染物的综合污染程度。

资料来源：甘肃省环境保护厅：《2014 年甘肃省环境状况公报》。

表 3 - 2   2014 年甘肃省市州空气质量分级统计   单位：天

城市	一级	二级	三级	四级	五级	优良天数		优良天气比上年增减天数
						天数	优良天气比例（%）	
兰州	20	293	47	2	3	313	85.8	14
嘉峪关	24	272	56	2	11	296	81.1	- 34
金昌	53	243	52	3	14	296	81.1	- 24
白银	31	277	43	3	7	308	84.4	- 26
天水	180	163	22	—	—	343	94.0	- 5
武威	7	317	31	4	5	324	88.8	- 26

续表

城市	一级	二级	三级	四级	五级	优良天数		优良天气比上年增减天数
						天数	优良天气比例（%）	
张掖	107	236	18	—	4	343	94.0	−2
平凉	44	281	38	—	2	325	89.0	−30
酒泉	21	284	48	2	10	305	83.6	4
庆阳	121	235	9	—	—	356	97.5	4
定西	49	286	29	—	1	335	91.8	−20
陇南	177	182	3	—	—	359	98.4	6
临夏	110	198	53	2	2	308	84.4	−2
合作	155	184	10	—	—	339	92.9	−17

资料来源：甘肃省环境保护厅：《2014年甘肃省环境状况公报》。

根据表3-1中甘肃省各市州2013年和2014年的年度二氧化硫、二氧化氮以及可吸入颗粒物的平均值和空气质量级别基本情况以及城市空气质量的基本情况，从2013年甘肃省内各市州的基本情况来看，金昌市二氧化硫空气质量级别为超二级，其余各市州二氧化硫空气质量级别符合《环境空气质量标准》（GB3095—1996）二级标准的空气污染物排放平均值要求；省内各市州二氧化氮空气质量级别均符合《环境空气质量标准》（GB3095—1996）二级标准的空气污染物排放平均值要求；可吸入颗粒物空气质量级别达标的市州包括嘉峪关、天水、武威、张掖、平凉、庆阳、定西、陇南、临夏、合作等市州，超二级标准的市州包括兰州、金昌、白银、酒泉等市；城市空气质量二级标准的市州包括嘉峪关、天水、武威、张掖、平凉、庆阳、定西、陇南、临夏、合作等市州，城市空气质量三级标准的市州包括兰州、金昌、白银、酒泉等市。从2014的基本情况来看，省内各市州二氧化硫、二氧化氮空气质量级别均符合《环境空气质量标准》（GB3095—1996）二级标准的空气污染物排放平均值要求；可吸入颗粒物空气质量级别达标的市州包括天水、张掖、平凉、庆阳、定西、陇南、临夏、合作等市州，超二级标准的市州包括兰州、嘉峪关、金昌、白银、武威、酒泉等市；城市空气质量二级标准的市州包括天水、武威、张掖、平凉、庆阳、定西、陇南、临夏、合作等市州，城市空气质量三级标准的市州包括兰州、嘉峪关、金昌、白银、武威、酒泉等市。特别地，兰州、白银、张掖、酒泉、临夏、合作市环境空气污染综合指数比上年分别下降 7.1%、1.2%、5.2%、9.2%、14.6% 和 25.5%；嘉峪关、金昌、天水、武威、平凉、庆阳、定西、陇南市污染综合指数比上年有不同程度上升，其中，嘉峪关、武威、平凉、庆阳、定西市污染综合指数分别上升 31.0%、50.3%、29.4%、14.0% 和 31.3%。可见，甘肃省空气环境呈现局部好转，部分恶化的局面，空气治理有待重视。

（二）水环境问题

1. 水域环境污染状况

根据《地表水环境质量评价办法（试行）》的相关要求，水质类别评价标准为：Ⅰ—Ⅱ类为优，Ⅲ类为良好，Ⅳ类为轻度污染，Ⅴ类为中度污染，劣Ⅴ类为重度污染。水环境是保障人类日常生产生活的重要资源，关乎人类生命健康，结合 2014 年甘肃省发布的环境状况公报结果，甘肃省水域环境基本状况如表 3-3 所示。

表 3-3　　　　　　　　　甘肃省水域环境基本情况

水域类别	河段名称（断面）	水质监测状况		2014 年水质评价	主要污染指标
		2013 年	2014 年		
Ⅱ	黄河兰州段（扶河桥、新城桥）	Ⅱ	Ⅱ	优	—
	黄河甘南段	Ⅱ	Ⅱ	优	
	黄河临夏段	Ⅱ	Ⅱ	优	
	洮河临洮段（玉井）	Ⅱ	Ⅱ	优	
	金昌金川河（北海子）	Ⅱ	Ⅱ	优	
	玉门石油河（豆腐台）	Ⅱ	Ⅱ	优	—

续表

水域类别	河段名称（断面）	水质监测状况		2014年水质评价	主要污染指标
		2013年	2014年		
Ⅲ	黄河兰州段（包兰桥、什川桥）	Ⅲ	Ⅲ	良好	—
	黄河白银段	Ⅲ	Ⅱ	优	—
	大夏河甘南段	Ⅱ	Ⅱ	优	—
	大夏河临夏段	Ⅲ	Ⅲ	良好	—
	洮河临洮段（洮园桥）	Ⅱ	Ⅱ	优	—
	湟水河兰州段	Ⅳ	Ⅳ	轻度污染	化学需氧量、氨氮
	渭河陇西段	Ⅲ	劣Ⅴ	重度污染	氨氮、化学需氧量、
	渭河天水段	劣Ⅴ	Ⅴ	中度污染	生化需氧量
	泾河平凉段	Ⅲ	Ⅲ	良好	氨氮、生化需氧量、总磷
	白龙江武都段	Ⅱ	Ⅱ	优	—
	武威石羊河	Ⅲ	Ⅲ	良好	—
	金昌金川河（迎山坡）	Ⅱ	Ⅱ	优	—
	黑河张掖段	Ⅱ	Ⅱ	优	—
	北大河嘉峪关段	Ⅰ	Ⅱ	优	—
	北大河酒泉段	Ⅲ	劣Ⅴ	重度污染	—
	庆阳蒲河	Ⅲ	Ⅱ	优	氨氮、生化需氧量
Ⅳ	庆阳马莲河	Ⅴ	Ⅴ	中度污染	六价铬、化学需氧量
	张掖山丹河	劣Ⅴ	劣Ⅴ	重度污染	生化需氧量、总磷、
	玉门石油河（西河坝桥）	Ⅳ	Ⅳ	轻度污染	高锰酸盐

资料来源：甘肃省环境保护厅：《2014年甘肃省环境状况公报》。

　　根据表3-3中水域类别河段2013年和2014年水质监测状况、水质评价以及主要污染指标的相关信息可以看出，从Ⅱ类别看，甘肃省黄河兰州段（扶河桥、新城桥）、黄河甘南段、黄河临夏段、洮河临洮段（玉井）、金昌金川河（北海子）、玉门石油河（豆腐台）、大夏河甘南段、洮河临洮段（洮园桥）、白龙江武都段、金昌金川河（迎山坡）、黑河张掖段、北大河嘉峪关段、庆阳蒲河等河段水质状况为优;从Ⅱ类别看,黄河兰州段(包兰桥、什川桥)、大夏河临夏段、泾河平凉段、武威石羊河等河段为良好状况;湟水河兰州段、渭河陇西段、渭河天水段、北大河酒泉段、庆阳马莲河、张掖山丹河、玉门石油河(西河坝桥)等河段水质污染较为明显,水质状况为中度污染、轻度污染和重度污染,水质污染指标包括化学需氧量、氨氮、生化需氧量氨、总磷、六价铬、高锰酸盐等多种污染指标。

2. 水流域污染状况

从表3-4甘肃省2013年和2014年水流域水质基本情况来看,黄河流域黄河河段、大夏河河段、洮河河段、蒲河河段(2014年),内陆河流域金川河河段、黑河河段、北大河(2013年),长江流域白龙江河段水域质量为优;黄河流域渭河河段(2013年)、泾河河段、蒲河河段(2013年),内陆河流域石羊河河段、北大河河段(2014年)水域质量为良好状况;特别地,黄河流域中湟水河河段、渭河河段(2014年)、马莲河河段,内陆河流域石油河河段为轻度污染,内陆河流域山丹河河段为重度污染。整体而言,甘肃省水流域水质状况呈现由污染向良好的方向转变,但是,部分流域河段水质轻度污染和重度污染的问题仍然是地方政府需要密切关注的问题,治理水流域污染问题自然是构建生态型政府必由之路。

表3-4　　　　　　　　　甘肃水流域水质状况

流域	河流	断面数(个)	水质状况	
			2014年	2013年
黄河	黄河	9	优	优
	大夏河	5	优	优
	洮河	2	优	优
	湟水河	1	轻度污染	轻度污染
	渭河	6	轻度污染	良好
	泾河	4	良好	良好
	马莲河	3	轻度污染	轻度污染
	蒲河	2	优	良好

续表

流域	河流	断面数（个）	水质状况	
			2014 年	2013 年
内陆河	石羊河	1	良好	良好
	金川河	2	优	优
	黑河	4	优	优
	山丹河	1	重度污染	重度污染
	北大河	4	良好	优
	石油河	2	轻度污染	轻度污染
长江	白龙江	3	优	优

资料来源：甘肃省环境保护厅：《2014 年甘肃省环境状况公报》。

（三）声环境污染

伴随着工业化和城镇化的迅速发展，城市噪声形成的声环境污染是城市污染的类型之一，声环境污染已经严重影响到城市居民的生活，治理声环境污染，有利于改善人居环境质量，提升城市居民的生活质量。根据《声环境质量标准》（GB3096—2008）和《声环境质量评价方法技术规定》（总站物字〔2003〕52 号）规定，结合四类功能区划分标准：1 类功能区（居民区）、2 类功能区（混合区）、3 类功能区（工业区）和 4 类功能区（交通干线两侧区域），甘肃省城市各类功能区点位声环境达标基本情况如表 3 - 5 所示。

表 3 - 5 2013 年甘肃省城市各类功能区点位声环境达标基本情况

城市名称	1 类功能区		2 类功能区		3 类功能区		4 类功能区	
	昼间	夜间	昼间	夜间	昼间	夜间	昼间	夜间
达标点次	101	84	141	129	60	58	121	55
监测点次	116	116	148	148	60	60	136	136
达标率（％）	87.1	72.4	95.3	87.2	100.0	96.7	89.0	40.4

资料来源：甘肃省环境保护厅：《2014 年甘肃省环境状况公报》。

从甘肃省 2013 年四类功能区昼夜的声环境基本情况来看，居民区昼间达标率 87.1％，夜间达标率 72.4％；混合区昼间达标率

95.3%，夜间达标率87.2%；工业区昼间达标率100%，夜间达标率96.7%；交通干线两侧区域昼间达标率89%，夜间达标率40.4%。综合而言，各类功能区昼间声环境达标率均高于夜间声环境达标率，昼间声环境质量优于夜间声环境质量；特别地，3类功能区昼夜间达标率最高，声环境质量为优；4类功能区夜间达标率最低，夜间声环境污染较为严重。

从甘肃省2014年四类功能区昼夜的声环境基本情况来看（见表3-6），居民区昼间达标率81.9%，夜间达标率81%；混合区昼间达标率91.7%，夜间达标率86.8%；工业区昼间达标率96.9%，夜间达标率92.2%；交通干线两侧区域昼间达标率91.2%，夜间达标率51.5%。综合2014年全省各类功能区声环境基本情况来看，与2013年类似，各类功能区昼间声环境达标率均高于夜间声环境达标率，昼间声环境质量优于夜间声环境质量；特别地，工业区昼夜间达标率最高，声环境质量为优；交通干线两侧区域夜间达标率最低，夜间声环境污染较为严重。

表3-6　　2014年全省城市各类功能区监测点位达标情况

城市名称	1类功能区		2类功能区		3类功能区		4类功能区	
	昼间	夜间	昼间	夜间	昼间	夜间	昼间	夜间
达标点次	95	94	132	125	62	59	124	70
监测点次	116	116	144	144	64	64	136	136
达标率（%）	81.9	81.0	91.7	86.8	96.9	92.2	91.2	51.5

资料来源：甘肃省环境保护厅：《2014年甘肃省环境状况公报》。

因此，从2013年和2014年的四类功能区声环境监测达标率结果来看，甘肃省昼间声环境质量优于夜间声环境质量状况，工业区昼夜声环境质量均优于其他功能区，交通干线两侧区域夜间声环境质量最差。

（四）固体废弃物和危险物

固体废弃物和危险物是城市建设产生的垃圾污染物，是不合理人为因素造成的资源浪费。固体废弃物和危险物的合理开发与使用是实现资源可循环持续利用以及减少资源无效率使用的有效措施，包括固体废弃物的综合利用、分类储存安置和循环再利用，固体废弃物和危险物的合理开发与使用同时也是保障城市公共安全和公共生活健康的合理选择。甘肃省 2013 年和 2014 年固体废弃物和危险物的产生量、综合利用量、储存量以及处置量如表 3 - 7 所示。

表 3 - 7　　　　　甘肃省固体废弃物和危险物污染情况

年份	产生量（万吨）		综合利用量（万吨）		储存量（万吨）		处置量（万吨）	
	固体废弃物	危险物	固体废弃物	危险物	固体废弃物	危险物	固体废弃物	危险物
2013	5907.22	30.72	3299.79	8.49	767.81	10.28	1858.81	13.78
2014	6140.54	35	3086.26	9.81	1013.74	6.37	2044.09	19.83

资料来源：甘肃省环境保护厅：《2014 年甘肃省环境状况公报》。

从表 3 - 7 可以看出，甘肃省 2013 年，固体废弃物产生量 5907.22 万吨，综合利用 3299.79 万吨，综合利用率为 55.86%；储存量 767.81 万吨，储存率 13%；处置量 1858.81 万吨，处置率 31.47%。2014 年，固体废弃物增加了 233.32 万吨，综合利用减少了 213.53 万吨，综合利用率为 50.26%，下降了 5.6 个百分点；储存量增加了 245.93 万吨，储存率为 16.51%，增加了 3.51 个百分点；处置量增加了 185.28 万吨，处置率为 33.29%，增加了 1.82 个百分点。

从危险物的基本情况来看，2013 年，危险物产生量 30.72 万吨，综合利用量 8.49 万吨，综合利用率为 27.64%；储存量 10.28 万吨，储存率 33.46%；处置量 13.78 万吨，处置率 44.86%。2014 年，危险物增加了 4.28 万吨，综合利用增加了 1.32 万吨，综合利用率为 28.03%，增加了 0.39 个百分点；储存量减少了 3.91 万吨，储存率为 18.20%，降低了 15.26 个百分点；处置量增加了 6.05 万吨，处置率为 56.66%，增加了 11.8 个百分点。

二　生态破坏问题

（一）生态环境指数

生态环境指数是在遥感解译数据的基础上，结合上年度生物类型丰富状况、植物覆盖情况、水网密度、土地退化状况、空气环境质量等相关的统计数据资料，通过指数计算的方法评价区域生态环境基本情况的统计指标。根据《生态环境状况评价技术规范》（HJ/J192—2015）的相关要求，生态环境指数分为良好、一般、差和较差四个等级。这一指标综合反映了区域内生物多样性和现有生物资源量、植被资源储量和可再生量、水流域生态环境状况及水质状况、土壤环境污染情况和土地资源整体质量水平，以及空气污染程度和空气污染物质排放达标情况。甘肃省地处内陆地区，自然资源丰富，具有良好的生态环境基础，但是，随着工业化和城镇化的快速推进以及人为的不合理行为，造成自然生态环境受到严重破坏，生态环境质量为较差，构建生态型政府和推进生态型政府新型发展模式任重而道远。甘肃省各市州的生态环境状况指数情况如表3-8和表3-9所示。

表3-8　　　　　　　2013年甘肃省各市州生态环境状况指数

城市	年份	生物丰度指数	植被覆盖指数	水网密度指数	土地退化指数	环境质量指数	生态环境状况指数（EI）	生态环境质量分级
兰州市	2013	38.50	50.37	5.32	55.51	96.03	46.27	一般
	2014	38.62	50.52	5.14	55.59	92.58	45.79	一般
嘉峪关市	2013	11.19	11.68	6.70	-2.96	76.83	17.41	差
	2014	11.57	11.62	6.70	-2.96	75.77	17.33	差
金昌市	2013	16.65	20.02	5.88	40.08	90.23	30.89	较差
	2014	16.64	20.00	5.97	40.08	88.82	30.69	较差
白银市	2013	31.19	40.17	4.34	26.84	96.12	36.49	一般
	2014	31.20	40.11	4.32	26.84	94.44	36.22	一般
天水市	2013	50.53	56.63	20.03	21.53	99.53	47.20	一般
	2014	50.57	56.67	17.45	21.53	98.53	46.55	一般
武威市	2013	19.22	22.84	5.12	4.61	98.55	26.10	较差
	2014	19.24	22.82	5.75	4.61	94.90	25.68	较差
张掖市	2013	27.97	32.35	9.77	46.20	97.52	39.28	一般
	2014	28.15	32.28	9.90	46.20	95.89	39.10	一般

续表

城市	年份	生物丰度指数	植被覆盖指数	水网密度指数	土地退化指数	环境质量指数	生态环境状况指数（EI）	生态环境质量分级
平凉市	2013	43.18	47.16	18.64	6.77	97.68	39.96	一般
	2014	43.16	47.07	17.82	6.77	95.49	39.45	一般
酒泉市	2013	6.14	7.84	2.75	−13.21	96.74	15.52	差
	2014	6.13	7.82	2.75	−13.21	92.08	14.82	差
庆阳市	2013	41.72	48.76	10.86	−46.23	99.81	28.08	较差
	2014	41.74	48.77	10.62	−46.23	98.93	27.91	较差
定西市	2013	38.79	45.00	14.28	0.99	99.43	36.67	一般
	2014	38.84	45.05	14.38	1.00	98.68	36.60	一般
陇南市	2013	55.01	58.31	21.90	47.82	99.72	54.31	一般
	2014	55.02	58.32	20.12	47.82	98.20	53.74	一般
临夏州	2013	39.07	45.37	15.56	17.60	99.05	40.33	一般
	2014	39.04	45.36	16.67	17.60	97.74	40.35	一般
甘南州	2013	65.95	75.97	20.23	79.63	99.95	66.65	良
	2014	66.01	75.95	21.87	79.63	99.60	66.94	良

注：污染综合指数是指二氧化硫、二氧化氮和颗粒物三项污染物的综合污染程度。

资料来源：甘肃省环境中心监测站：《2013 年甘肃省环境质量概要》和《2014 年甘肃省环境质量概要》。

表 3 - 9　　2013—2014 年甘肃省各市州生态环境状况变化情况

序号	名称	生物丰度指数	植被覆盖指数	水网密度指数	土地退化指数	环境质量指数	生态环境状况指数（EI）
1	兰州市	0.12	0.15	−0.18	0.08	−3.45	−0.48
2	嘉峪关市	0.38	−0.06	0	0	−1.06	−0.08
3	金昌市	−0.01	−0.02	0.09	0	−1.41	−0.2
4	白银市	0.01	−0.06	−0.02	0	−1.68	−0.27
5	天水市	0.04	0.04	−2.58	0	−1	−0.65
6	武威市	0.02	−0.02	0.63	0	−3.65	−0.42
7	张掖市	0.18	−0.07	0.13	0	−1.63	−0.18
8	平凉市	−0.02	−0.09	−0.82	0	−2.19	−0.51

续表

序号	名称	生物丰度指数	植被覆盖指数	水网密度指数	土地退化指数	环境质量指数	生态环境状况指数（EI）
9	酒泉市	-0.01	-0.02	0	0	-4.66	-0.7
10	庆阳市	0.02	0.01	-0.24	0	-0.88	-0.17
11	定西市	0.05	0.05	0.1	0.01	-0.75	-0.07
12	陇南市	0.01	0.01	-1.78	0	-1.52	-0.57
13	临夏州	-0.03	-0.01	1.11	0	-1.31	0.02
14	甘南州	0.06	-0.02	1.64	0	-0.35	0.29

资料来源：根据表 3 - 8 计算得到。

综合表 3 - 8 甘肃省 14 个市州 2013 年和 2014 年生物丰度指数、植被覆盖指数、水网密度指数、土地退化指数、环境质量指数以及综合反映区域内整体生态状况的生态环境状况指数，可以看出，只有甘南州生态环境质量分级为"良好"等级；兰州市、白银市、天水市、张掖市、平凉市、定西市、陇南市、临夏州生态环境质量分级为"一般"等级；嘉峪关市、酒泉市生态环境质量分级为"差"等级；金昌市、武威市、庆阳市生态环境质量分级为"较差"等级。具体而言，从 2013 年和 2014 年各市州域生态环境状况的具体数值来看，兰州市 2014 年生态环境指数（EI）较 2013 年下降了0.48，生物丰度指数上升了 0.12，植被覆盖指数增加了 0.15，水网密度指数下降了 0.18，土地退化指数上升了 0.08，环境质量指数下降了 3.45；嘉峪关市 2014 年生态环境状况指数（EI）较 2013 年下降了 0.08，生物丰度指数上升了 0.38，植被覆盖指数下降了 0.06，水网密度指数无变化，土地退化指数无变化，环境质量指数下降了1.06；金昌市 2014 年生态环境状况指数（EI）较 2013 年下降了0.2，生物丰度指数下降了 0.01，植被覆盖指数下降了 0.02，水网密度指数上升了 0.09，土地退化指数无变化，环境质量指数下降了1.41；白银市 2014 年生态环境状况指数（EI）较 2013 年下降了0.27，生物丰度指数上升了 0.01，植被覆盖指数下降了 0.06，水网密度指数下降了 0.02，土地退化指数无变化，环境质量指数下降了 1.68；天水市 2014 年生态环境状况指数（EI）较 2013 年下降了 0.65，生物丰度指数上升了 0.04，植被覆盖指数增加了 0.04，水网密度指数下降了 2.58，土地退化指数无变化，环境质量指数下降了 1；武威市 2014 年生态环境状况指数（EI）较 2013 年下降了 0.42，生物丰度指数上升了 0.02，植被覆盖指数下降了 0.02，水网密度指数上升了 0.63，土地退化指数无变化，环境质量指数下降了 3.65；张掖市 2014 年生态环境状况指数（EI）较 2013 年下降了 0.18，生物丰度指数上升了 0.18，植被覆盖指数下降了 0.07，水网密度指数上升了 0.13，土地退化指数无变化，环境质量指数下降了 1.63；平凉市 2014 年生态环境状况指数（EI）较 2013 年下降了 0.51，生物丰度指数下降了 0.02，植被覆盖指数下降了 0.09，水网密度指数下降了 0.82，土地退化指数无变化，环境质量指数下降了 2.19；酒泉市 2014 年生态环境状况指数（EI）较 2013 年下降了 0.7，生物丰度指数下降了 0.01，植被覆盖指数下降了 0.02，水网密度指数无变化，土地退化指数无变化，环境质量指数下降了 4.66；庆阳市 2014 年生态环境状况指数（EI）较 2013 年下降了 0.17，生物丰度指数上升了 0.02，植被覆盖指数增加了 0.01，水网密度指数下降了 0.24，土地退化指数无变化，环境质量指数下降了 0.88；定西市 2014 年生态环境状况指数（EI）较 2013 年下降了 0.07，生物丰度指数上升了 0.05，植被覆盖指数增加了 0.05，水网密度指数上升了 0.1，土地退化指数上升了 0.01，环境质量指数下降了 0.75；陇南市 2014 年生态环境状况指数（EI）较 2013 年下降了 0.57，生物丰度指数上升了 0.01，植被覆盖指数增加了 0.01，水网密度指数下降了 1.78，土地退化指数无变化，环境质量指数下降了 1.52；临夏州 2014 年生态环境状况指数（EI）较 2013 年下降上升了 0.02，生物丰度指数下降了 0.03，植被覆盖指数下降了 0.01，水网密度指数上升了 1.11，土地退化指数无变化，环境质量指数下降了 1.31；甘南州 2014 年生态环境状况指数（EI）较 2013 年上升了 0.29，生物丰度指数上升了 0.06，植被覆盖指数下降了 0.02，水网密度指数上升了 1.64，土地退化指数无变化，环境质量指数下降了 0.35。总的来说，甘肃省内各地生态环境呈局部好转，整体下降的局势，生态环境亟待治理。

（二）生态环境状况

生态环境是人类和动植物生存繁衍的栖息地，是人类和动植物共有的家园，生态综合治理需要增加林地面积，保护森林植被资源，逐步恢复森林的生态净化功能；实施自然保护区制度，保护野生动植物资源，建立国家级、省级、县级政府三级政府保护机制，完善自然保护区综合治理机制；重视野生高等动植物种类的培育和再种植。从当前生态环境状况来看，甘肃省当前的生态环境状况如表 3 - 10 所示。

表 3 - 10　　　　2013 年和 2014 年甘肃省生态环境基本状况

年份	森林资源				自然保护区						生物多样性
	林地面积/万公顷	森林面积/万公顷	森林覆盖率/%	森林蓄积/万立方米	数量/个			总面积/万公顷			生物种类/种
					国家级	省级	县级	国家级	省级	县级	
2013	1042.65	507.45	11.28	24054.88	19	37	4	753.65	221.23	0.095	6117
2014	1042.65	507.45	11.28	21453.97	20	36	4	687.37	215.71	11.23	6117
变化情况	0	0	0	-2600.91	1	-1	0	-66.28	-5.52	11.135	0

资料来源：甘肃省环境保护厅：《2013 年甘肃省环境状况公报》和《2014 年甘肃省环境状况公报》。

从表 3 - 10 2013 年和 2014 年甘肃省生态环境基本状况来看，甘肃省森林资源面积 507.45 万公顷，占全省林地面积的 48.67%，森林覆盖率为 11.28%，森林蓄积面积 2014 年较 2013 年减少了 2600.91 万公顷；从省内自然保护区的基本情况来看，2014 年省内自然保护区 60 个，较 2013 年相比，2014 年 1 个省级自然保护区升级为国家级自然保护区；2014 年自然保护区总面积 914.31 万公顷，较

2013 年减少 60.655 万公顷；从国家级、省级、县级自然保护区面积的增减变化情况来看，县级自然保护区面积有所增加，国家级和省级自然保护区面积有所减少；野生高等动植物种类数量 2013 年和 2014 年没有发生变化，特别地，从 2014 年甘肃省野生高等动植物种类类别来看，全省野生维管植物（包括野生种、不包括入侵野生种）5160 种，隶属于 219 科、1206 属，其中，蕨类植物 39 科、83 属、294 种，占 6.09%，裸子植物 7 科、18 属、43 种，占 1.02%，被子植物 173 科、1105 属、4790 种，占 92.89%；野生动物共有 957 种和亚种，其中，鱼类 109 种，两栖类 36 种，爬行类 64 种和亚种，鸟类 572 种和亚种，兽类 176 种。

（三）气候和自然灾害

甘肃省地处内陆地区，年均气温在 9℃左右，省内祁连山地区、河西走廊、陇中北部、陇中南部、陇中东部、甘南高原各地区降水量差异显著，辖区内大部分地区降水量较少，干旱自然灾害频发；暴雨集中在夏季，2014 年初夏（6 月 19 日）陇南市武都区出现 1 次暴雨，盛夏（7 月 8 日和 9 日）陇南市徽县、康县和庆阳市正宁县出现暴雨 3 次；区域性冰雹灾害时有发生，对农作物生产造成危害；特别地，甘肃省受沙尘天气影响较为严重，对人民的生活造成影响，甘肃省环境中心监测站发布的甘肃省环境质量概要（2014 年）公报显示，甘肃省 2014 年全年受沙尘天气影响次数达 38 次，主要影响城市涉及民勤、敦煌、酒泉、金昌、武威、张掖、嘉峪关、兰州、白银、临夏、定西、平凉等市州，特别是发生在 2014 年 4 月 23—27 日的沙尘天气，影响兰州等 12 座城市，沙尘天气的发生是人类不合理行为的直接后果，沙尘天气的产生干扰人的出行，降低了生态环境的整体质量。

三　甘肃省生态环境存在问题分析

通过分析甘肃省环境污染和生态问题的基本状况，结合甘肃省自然环境条件及其发展变迁、城镇化与工业化发展历程、人口发展规模和人口结构以及区域开发制度供给机制，甘肃省生态型政府模式的选择和可持续推进战略面临的生态环境问题集中表现为环境污染、植被资源、水土流失严重、土地沙漠化和水资源短缺五个方面的问题。

（一）环境污染

城市污染问题是伴随城市发展而产生的普遍性难题，治理城市污染也是构建生态型政府的必然要求，甘肃省城市化和工业化进程中仍然面临着众多的污染问题，主要表现为固体废弃物及危险物质污染，噪声环境污染，土壤环境污染，废水、废气、废渣污染，水污染以及空气污染。根据甘肃省环境保护厅发布的《2014年甘肃省环境状况公报》的数据，甘肃省黄河流域中黄河干流、大夏河（黄河支流）、洮河、泾河、蒲河水质优良；湟水河、渭河、马莲河水质为轻度污染，内陆河流域中石油河水质为轻度污染，山丹河水质为重度污染，水流域污染问题较为突出。从空气污染物基本情况来看，全省工业废气排放量12290.35亿立方米，二氧化硫排放量57.56万吨；工业二氧化硫排放量47.70万吨，生活二氧化硫排放量9.86万吨；全省氮氧化物排放量41.84万吨，工业氮氧化物排放量27.96万吨，生活氮氧化物排放量1.62万吨，机动车氮氧化物排放量12.26万吨；全省烟（粉）尘排放量34.58万吨，工业烟（粉）尘排放量26.09万吨，生活烟（粉）尘排放量7.64万吨，机动车烟（粉）尘排放量0.85万吨。因此，甘肃省生态环境污染治理面临着较大的挑战。

（二）植被资源

甘肃省林地面积少，2014年，全省林地面积为1042.65万公顷，仅占全省土地总面积的23.18%，森林面积507.45万公顷，森林覆盖率仅为11.28%，森林面积和森林覆盖率较低，且植被分布不均，天然林资源稀少，天然林的面积呈现逐年减少的趋势，植被主要分布在白龙江、小陇山、洮河、祁连山、子午岭、关山、西秦岭、康南、大夏河、马衔山十大林区。此外，人为滥伐开采使植被资源破坏较为严重，有关资料统计显示，陇南20世纪90年代初期森林保存面积与新中国成立时期相比，森林面积共减少52.8万公项，林线普遍后移 10 千米左右；其中，1950—1985 年，全县平均每年毁林开荒 217 公项；礼县累计开荒 2 万公项，扩大耕地 26.1%；白龙江林区采用皆伐方式，不能及时更新，林区群众偷伐滥伐，使天然森林资源遭到严重的破坏，新的水土流失在不断增加。根据甘肃省农业区划资料显示，自新中国成立以来，属甘肃部分的子午岭林区林线后退 12—21 千米，森林损失面积 24.3 万公项；关山林区属平凉市的部分，林线后退 10—15 千米，损失森林面积 2 万公项。

（三）水土流失严重

甘肃省位于西北内陆地区，是典型的温带大陆性气候，辖区内降水量较少，干旱、半干旱的地区面积占全省面积的 57%，辖区内植被覆盖率较低，水土流失问题较为严重，水土流失区域东起子午岭，西至阿尔金山，南抵西秦岭，北接戈壁沙漠面积，主要包括庆阳、平凉、天水、定西、兰州、临夏、陇南、甘南 8 个市州和河西的武威、张掖、酒泉 3 个市的局部地区，水土流失形式包括水力侵蚀、风力侵蚀、重力侵蚀（滑坡、崩塌、泻溜）、泥石流侵蚀、冻融侵蚀等类型。

（四）土地沙漠化

甘肃省土地总面积 453694 平方千米，水土流失面积 38.92 万平方千米，占全省土地面积的 85.78%。其中，水力侵蚀面积 14.81 万平方千米，占全省土地面积的 32.64%；风力侵蚀面积 22.36 万平方千米，占全省土地面积的 49.28%；冻融侵蚀面积 1.75 万平方千米，占全省土地面积的 3.85%。水土流失类型主要有水力侵蚀、风力侵蚀、重力侵蚀（滑坡、崩塌、泻溜、泥石流）、冻融侵蚀等。严重的水土流失直接造成土地沙漠化问题严重，土地沙漠化引发沙尘天气的频发，甘肃省 2014 年辖区内累计发生沙尘天气高达 38 次，较 2013 年增加了 7 次，系统性沙尘天气 10 余次，4 月 23—27 日发生的系统性沙尘天气影响强度最大、范围最广。全年发生沙尘天气次数最多的地区是敦煌、民勤，各发生 22 次，严重干扰着省内人民的基本生活环境。土地沙漠化还会降低土壤的可持续生产能力，危及农业生产，加大土地可持续循环治理的难度。甘肃省土地沙漠化的地区集中在腾格里沙漠、巴丹吉林沙漠、库姆塔格沙漠，河西走廊地区沙漠广布，沙漠总面积30530平方千米，占全省总土地面积的6.7%，荒漠化草地已达38.5%。此外，土地沙漠化趋势还在持续扩大，严重危及人类的生存家园。

（五）水资源短缺

水资源短缺是甘肃省生态环境问题之一，也是甘肃省生态治理的又一大难题。自然条件决定下的干旱半干旱内陆性温带大陆性气候，天然降水稀少，降水时空分布不均且不稳定，部分地区缺水严重。从水流域生态环境来看，甘肃省有黄河、内陆河、长江等三大流域，但是，深居内陆，湖泊数量极少，淡水资源严重匮乏。从目前可利用的水资源总量状况来看，甘肃省水资源可利用总量为611.79亿立方米，其中，黄河流域391.81亿立方米，内陆河流域76.98亿立方米，长江流域143亿立方米。特别地，全省多年平均自产地表水资源为299亿立方米，多年平均入境地表水资源量304亿立方米，地下水资源综合补给量305.28亿立方米，与河川径流不重复计算量为8.79亿立方米，地表自产水资源人均占有量为1200立方米。特别地，部分流域河段水质恶化加剧了水资源的短缺问题，《2014年甘肃省环境状况公报》的数据显示，全省15条河流25个河段的49个河流断面中，水质为轻度污染的2个；水质为中度污染的3个；水质为重度污染的3个，湟水河、渭河、马莲河和石油河水质为轻度污染，山丹河水质为重度污染。水质的污染加大了水资源综合开发应用的难度，造成水资源短缺。

四 甘肃省生态环境问题成因分析

（一）自然因素

甘肃省所处的空间地理位置决定了先天的降水、气候、地形、土壤等自然条件、生态环境问题的产生受到自然环境的制约，从一定意义上讲，甘肃省自然环境的恶化和先天性不足是产生区域生态环境问题的原因之一。具体而言，甘肃省省内地区降水普遍较少，干旱自然灾害常有发生，植被覆盖率较低，夏季高温天气加大了土壤原有水分的快速蒸发，最终导致土质疏松，土地沙漠化，尤其是在初春时期，沙尘暴频发，严重干扰人民的日常出行。从地形气候角度来看，甘肃省深居内陆地区，长期受到蒙古高压气流的强烈控制，东部受到秦岭山脉的影响，是典型的温带大陆性气候，辖区内大陆季风气候显著，表现为昼夜、冬夏温差大。冬季严寒干燥，夏季高温少雨，为土地沙漠化创造了条件；甘肃省平原地形类型较少，山地多、陡峭，水土保持能力差，夏季暴雨季节又容易引发水土流失。

（二）人为因素

人为因素是引发生态环境问题的重要因素，包括人口规模的扩展和人类不合理的生产性活动。近年来，随着人口数量的急剧增加，人口规模持续膨胀，加剧了人口与土地、资源等之间的矛盾，严重超过了土地和资源等的可持续承载能力，人口与土地、资源之间的协调性受到严重破坏。人口的过快增长产生的需求过度高于资源生产供给的速度，自然产生了一系列社会问题，如城市化建设产生的固体废弃物及危险物的污染，人们追求丰富物质生活造成空气环境质量下降，以及工业化产生的废水、废渣和严重的环境污染，这些又反过来威胁着人类的生存环境。人类不合理行为的发生是造成甘肃省生态环境问题的另一类人为因素，包括乱采滥伐、无序开发、过度使用、重复建设，这不仅造成现有资源的浪费，也使资源可再生能力降低，长期以往的结果是引发植被资源减少，草场退化，水资源的枯竭，资源可持续循环利用能力下降。

（三）制度因素

制度性因素是具有规范约束作用的因素类型，经济学中理性经济人的假设表明，人们总是会以最小的成本获取最大的经济收益，而且人们存在"搭便车"的心理倾向，市场配置资源存在市场失灵的缺陷，对于具有公共物品属性的公共环境，市场不能有效率地加以配置，这就需要政府以制度约束的机制规范并引导人们的生产行为。从甘肃省政府生态环境保护的基本制度来看，当前的制度环境还存在明显的"缺位"现象，有待于进一步建立健全，完善各级政府在生态环境建设方面的问责体制机制，加强生态环境污染和破坏的监管机制，完善区域开发的资源补偿机制，规范公共政策行政手段的应用，创新经济手段，推进社会化手段和市场化手段，创新社会治理机制和治理格局，使制度性因素在推进生态型政府建设方面发挥实质性作用。

（四）社会经济因素

社会经济因素是影响生态环境的物质性因素。2015年，甘肃省生产总值（GDP）达到6790.32亿元，全省人均GDP为26209.56元，低于全国平均水平，相当一部分地区人们的思想观念保守落后，社会治理体制机制创新活力不足，社会产业结构不均衡，以资源消耗的工业化为主要发展路径，社会整体可持续发展能力不足，经济发展水平与社会发展水平之间不相适应，这就造成了甘肃省城市化进程中资源的浪费和不可持续利用，引发环境污染和生态破坏，以牺牲资源环境为代价换取经济总量的增长，走了"先污染，后治理"的老路。虽然甘肃省工业化和城镇化的快速发展促进了城市进步和人口市民化，但是，随着工业化和城镇化的快速发展，也带来了不良后果。一是导致省内资源型城市资源枯竭，再度陷入城市贫困格局，脱贫攻坚任务艰巨；二是城镇化和工业化引发的环境污染，二氧化硫、二氧化氮、可吸入颗粒物、酸雨等严重影响空气质量的污染物大量产生，空气质量下降，生态环境质量也在下降。

第三节 甘肃省环境治理历程

一 甘肃省环境保护监督管理

（一）生态环境保护机制

生态环境保护机制建设是为了降低环境污染造成的直接和间接

性经济损失，实现资源可持续规划、有偿开发利用、增进环境效益以及部门协调的政策机制。甘肃省生态环境保护机制建设表现为以下三个方面。

首先，加强环境保护研究，合理布局环保产业空间格局，组织实施了《甘肃省主要城市饮用水源地环境安全问题研究》《甘肃省工业企业环境保护标准化建设暨环境信用评价长效机制研究》等47项科研项目。2014年年底，全省节能环保产业实现总产值391.9亿元，其中，节能产业总产值85.7亿元，环保产业总产值41.6亿元，资源综合利用产业264.6亿元。节能环保企业共有1756户，其中上市公司5家，规模以上的企业236户，占全省规模以上企业总数的13.6%。

其次，实施环境保护项目管理和目标管理制度，综合治理农村，野生动植物生态环境综合保护。

最后，加强环境保护对外交流与合作，开展环境保护工作宣传教育活动，开展环境保护培训工作，强化环境保护队伍建设。

（二）环境污染防控机制

环境污染防控机制包括环境污染预防机制和环境污染控制机制。近年来，为预防环境污染，甘肃省制定了年度节能减排、污染物排放与治理目标，设立了重金属污染防治专项资金以及兰州市空气质量改善专项资金项目，保证环境污染防控的资金投入。从甘肃省环境污染防控的具体政策实践行动来看，首先体现为重点水域污染防治工作。具体措施体现为：狠抓污染减排，推进规划项目建设；突出重点行业，加强工业废水治理；加强水源保护，确保饮水环境安全；加强综合治理，推进流域联防共治。其次是强化空气污染防控工作。制定了《甘肃省大气污染防治行动计划实施情况考核办法（试行）》及《考核办法实施细则》，强化绩效考核责任制，具体措施包括推进产业能源结构优化调整；强化推进工业大气污染治理；实施了燃煤锅炉污染综合治理；推进黄标车和老旧车淘汰措施，做好重污染天气应急处置。再次是加强城乡环境噪声污染防治。省政府落实了国家《关于加强环境噪声污染防治工作改善城乡声环境质量的指导意见》，规范工程管理，加强重大活动期间执法力度，控制噪声源的源起和传播，在特殊地段设置禁止鸣笛标志。最后是污染物排放预防和控制政策行动机制建设。2014 年，甘肃省建立了部门联系会议制度，出台了《甘肃省重金属污染综合防治 2014 年度实施方案》，推进实施重金属规划重点项目，制订了《甘肃省化学品风险防控实施方案》《甘肃省汞污染防治实施方案》和《甘肃省工业企业关停搬迁及原址场地再开发利用污染防治工作方案》，科学管理固体废弃物及化学物品，防止固体废弃物及危险物的环境污染。从节能减排方面来看，甘肃省政府细化工作目标，强化减排防控责任制度，将污染减排任务目标纳入政府年度绩效考核体系，统筹推进环境污染防治资金投入、重点行业和重点领域减排工程建设，强化落实污染物排放许可证制度。

（三）生态环境治理机制

生态环境治理机制是可辨别性的政府治理行动的结构化显现，以最小的环境污染整治成本，获得最大的环境保护收益，降低经济损失，或者是政府部门之间横向、纵向权力和责任的合理配置。从甘肃省生态环境保护治理的具体政策实践过程来看，甘肃省政府根据《中华人民共和国环境保护法》和《甘肃省环境保护条例》等有关法律、法规规定，结合甘肃省自身生态环境基本状况，于 2013 年 8 月出台了《甘肃省环境保护监督管理责任规定》，明确落实环境保护的基本责任，明晰了政府在生态环境保护中环境保护年度规划、执行环境保护政策、组织环境保护综合整治、减轻环境污染经济损失、环境保护应急处理以及环境保护奖惩措施 6 个方面的具体职责；规定了环境保护部门等 19 个政府横向部门的基本职责，涉及环境保护的部门规划、部门政策落实、部门保护和监督、环境保护费用管理、突发环境事件应急处理以及部门联动配置管理等多方面的职责。特别地，2014 年年初，甘肃省为加强生态文明建设，促进全省经济绿色、循环、低碳与可持续发展，省政府加大环境保护治理力

度，加强重点工程建设，推进甘南黄河、石羊河、敦煌河水等生态
功能区的综合治理工作，完善重点区域和重点流域生态综合治理机
制；并强化大气污染和水环境治理工作，强化治理兰州、白银、金
昌等市域的环境污染问题，深入开展黄河干流、泾河以及渭河水域
污染防治工作；改善农村人居环境，建设美丽乡村示范村。自 2015
年以来，甘肃省环境保护选择政府经济工具治理机制，实施第三方
治理政策。2015 年 2 月，甘肃省在兰州市、张掖市临泽县启动环境
污染第三方治理试点工作，并于同年 10 月下发了《甘肃省人民政
府办公厅关于推行环境污染第三方治理的实施意见》，指出引入第
三方开展城镇生活污水和垃圾治理、完善污水和垃圾处理收费政策
以及适当提高收费标准和逐步覆盖全处理成本三方面的治理目标。
第三方治理机制的内容包括：第三方开展城镇生活污水垃圾治理；
将管理水平低、信用差服务公司列入"黑名单"；提高排污费征收
标准，实行差别化收费。

（四）生态环境监督机制

生态环境监督机制建设，既是对政府环境保护法和有关规定执
行的制约，也是对社会公众日常行为的约束，生态环境监督机制的
健全需要完善审查、督查、问责、通报等具体的行政措施。甘肃省
生态环境监督机制建设主要体现为环境监督执法、环境监测以及部
门责任监督管理。从环境监督执法的基本情况来看，2011 年，甘肃
省出动环境执法人员 5 万多人次，检查企业 1.6 万家次，重点排查
涉重金属企业 226 家、畜禽养殖业 790 家、医药制造企业 38 家、化
学品生产企业 115 家、危险废物产生单位（重点监控企业）100 家。
对违反环保法规的 110 家企业进行了立案查处，依法取缔小化工、
小冶炼企业 10 家。对 21 家涉重金属企业进行了重点整治。对存在
突出问题的 4 家污水处理厂和 1 家造纸企业进行了挂牌督办。2014
年，省政府审议并发布了《甘肃省环境保护大检查方案》，开展对
工业园区、建设项目、沙漠地区涉水排放企业等内容的五次督查，
下发反馈意见 42 份，提请省政府下发通报文件 2 份，约谈企业领导

48 次 132 人，依法立案 763 家，罚款 1553. 23 万余元。持续开展了 2014 年打击违法排污企业保障群众健康环保专项行动，全省共出动执法人员 33924 人次，检查企业和建设项目 10721 家次。从环境监测制度来看，省政府积极落实《环境空气质量标准》（GB3095—2012)，推进主要污染物减排监测体系建设，举办甘肃省职工技能大赛"污染减排"监测省级决赛；公开环境质量、监督性监测污染源和环境监管信息。从部门责任监督管理来看，环境保护部门的主要监督职责在于：负责建设和管理环境监测网及环境信息网；负责环境质量监测、生态环境监测、污染源监督性监测和突发事件的应急环境监测；组织发布环境质量报告书、环境年鉴和环境质量公报。监督管理企业事业单位的排污行为，查处环境违法违规行为；组织开展环境保护执法检查活动；依法征收排污费。

二 甘肃省主体功能区的划分与治理

（一）主体功能区划分的背景和要求

1. 划分背景

主体功能区是将一定区域确定为具有一般或者特殊功能的特定地域空间单元，是根据环境可持续发展承载能力以及现有开发密度和在开发潜力的基础上对特定地区确定为特定主体定位类型的一种空间单元。从 2008 年甘肃省主体功能区划的基本情况来看，全省设 12 个省辖市，国土面积为 42. 58 万平方千米，人口数 2628. 12 万，少数民族地区人口约 240 万；全省地质地貌可分为陇南山地、陇中陇东黄土高原、甘南高原、河西走廊、祁连山地以及北山山地等类型；从经济发展状况来看，2000—2008 年，全省经济增长年均增速为 10. 88%，人均生产总值年均增速为 10. 6%，城镇居民人均可支配收入年均增速为 10. 5%，农民人均纯收入年均增速为 7. 6%，工业生产总值增速为 12. 7%，全社会固定资产投资增速为 19. 3%，地方财政一般预算收入年均增速为 23. 2%。综合而言，甘肃省社会经济空间发展格局呈现出以下特点：区位独特，战略位置重要；土地广阔，适宜开发面积少；水资源短缺，时空分布不均；生态脆弱，系统功能退化；类型多样，区域发展不平衡。基于这样的整体环境状况，为解决资源环境约束问题，适应社会经济的持续快速发展，构建合理的空间开发格局，甘肃省划分了重点开发区域、限制开发区域和禁止开发区域三类主体功能区。

2. 划分要求

从甘肃省 2012 年发布的《甘肃省主体功能区规划》来看，此次规划目标年限为 2020 年，规划范围为甘肃省内国土空间，基本要求包括：一是以县级行政区为基本单元，依据资源环境承载能力综合评价，进行不同类型主体功能区划分；二是国家层面四类主体功能区不覆盖全部国土，省级层面主体功能区规划实行省域国土空间全覆盖划分；三是与国家层面主体功能区确定的相同类型区域数量、位置和范围相一致，给合省域实际，划分和确定省级层面不同类型主体功能区；四是通过建立并实施评价和考核机制，依据资源环境承载能力变化，对不同类型主体功能区范围、数量进行动态调整。

（二）主体功能区的划分

1. 主体功能区类别

根据甘肃省空间开发格局现状、社会经济发展水平以及各市州资源分布状况，甘肃省主体功能区划分为三大主体功能区，并根据开发内容、规划层级和提供产品的三个分类标准细分了空间开发的功能。主体功能区的功能类型之间的关系如图 3 - 1 所示。

按开发方式，分为重点开发、限制开发和禁止开发三类区域。

按开发内容，分为城市化地区、农产品主产区和重点生态功能区三类地区。

按规划层级，分为国家重点开发、限制开发和禁止开发区域，省级重点开发、限制开发和禁止开发区域。

按提供产品，重点开发区域以提供工业和服务产品为主，相应地提供农产品和生态产品；限制开发区域的农产品主产区以提供农产品为主，相应地提供生态和服务产品及一定的工业品；限制开发区域的重点生态功能区和禁止开发区域以提供生态产品为主，相应地提供一定的农产品、服务产品和工业品。

主体功能主要是指区域所要承担的重要职能体现，例如，有的区域是重点发展的功能，而有的区域是环境保护的功能。

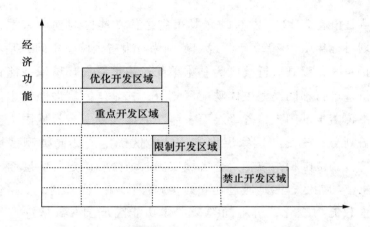

图 3 – 1 主体功能区的功能类型之间的关系

2. 重点开发区域

重点开发区域是指资源环境承载能力较强、经济和人口集聚条件较好的区域。这类区域要充实基础设施，改善投资创业环境，促进产业集群发展，壮大经济规模，加快工业化和城镇化，承接优化开发区域的产业转移，承接限制开发区域和禁止开发区域的人口转移，逐步成为支撑全国经济发展和人口集聚的重要区域。甘肃省重点开发区域包括兰州—西宁区域：兰白（兰州—白银）、关中—天水区域：天成（天水—成县、徽县）、酒嘉（酒泉—嘉峪关）、张掖（甘州—临泽）、金武（金昌—武威）和平庆（平凉—庆阳）6 个开发区，涉及 24 个区（县、州），涉及行政区划面积 4.81 万平方千米，占全省面积的 11.3%，区内开发人口约 925.13 万，2008 年经济总量达 2000.62 亿元，工业总产值约 867.32 亿元，人均产值 1625.29 亿元。甘肃省重点开发区域行政区域、规划范围、规划数量如表 3 - 11 和表 3 - 12 所示。

表 3 - 11　　　　　　　　甘肃省重点开发区域规划范围

行政区域	规划范围	规划数量
兰州—西宁区域：兰白（兰州—白银）	兰州市的城关区、七里河区、安宁区、西固区、红古区、皋兰县、榆中县，白银市的白银区、平川区	9
关中—天水区域：天成（天水—成县、徽县）	天水市的秦州区、麦积区，陇南市的成县、徽县	4
酒嘉（酒泉—嘉峪关）	酒泉市的肃州区、嘉峪关市	2
张掖（甘州—临泽）	张掖市的甘州区、临泽县	2
金武（金昌—武威）	金昌市的金川区、武威市的凉州区	2
平庆（平凉—庆阳）	平凉市的崆峒区、华亭县、泾川县，庆阳市的西峰区、宁县	5

资料来源：甘肃省发展改革委员会规划处：《甘肃省主体功能区规划》。

表 3 - 12　甘肃省重点开发区域规划初期（2008 年）基本情况

地区	土地面积		人口		生产总值		人均生产总值		工业增加值	
	平方千米	占全省比例（%）	万	占全省比例（%）	亿元	占全省比例（%）	元	占全省比例（%）	亿元	占全省比例（%）
全省	425835.7	100	2628.12	100	3176.11	100	12110	100	1221.66	100
兰白	10688.21	2.51	330.34	12.57	973.17	30.64	29459.65	243.27	392.82	32.16
天成	10234.83	2.40	167.31	6.36	184.78	5.82	11044.17	91.20	60.20	4.93
酒嘉	4577.20	1.08	57.29	2.18	221.79	6.98	38713.56	319.68	125.75	10.29
张掖	6390.74	1.50	65.10	2.48	100.57	3.16	15448.54	127.57	27.17	2.22
金武	7967.37	1.87	121.33	4.62	309.85	9.76	25537.79	210.88	174.29	14.27
平庆	8244.41	1.94	183.76	6.99	210.46	6.63	11452.98	94.57	87.09	7.13
合计	48102.76	11.30	925.13	35.20	2000.62	62.99	21625.29	178.57	867.32	71.00

资料来源：甘肃省发展改革委员会规划处：《甘肃省主体功能区规划》。

3. 限制开发区域

限制开发区域，是指资源承载能力较弱、大规模集聚经济和人口条件不够好，关系农产品供给安全和较大范围生态安全的区域。要坚持保护优先、适度开发、点状发展，因地制宜地发展资源环境可承载的特色产业，加强生态修复和环境保护，引导超载人口有序转移，逐步成为全国或区域性的重要生态功能区。根据甘肃省农业产业发展空间格局和生态功能区分布状况，省内限制开发区域划分为 4 个农产品主产区和 7 个重点生态功能区，限制开发区域总面积 37.77 万平方千米，覆盖 63 个市县区，2008 年总人口约为 1702.99 万，经济总产值 1175.49 亿元，占全省经济总量的 25.86%。限制开发区域农产品主产区包括沿黄农业产业带、河西农产品主产区、陇东农产品主产区和中部重点旱作农业区，涉及 26 个市县区，区域总面积 11.01 万平方千米，2008 年限制开发农产品区域范围内总人口约 819.81 万，人均地区生产总值为 6583.96 元，占全省人均地区生产总值的 54.37%，粮食产量 287.55 万吨，占全省粮食总产量的 32.36%。甘肃省 4 个农产品主产区如表 3 – 13 和表 3 – 14 所示。

表 3 – 13　　　　甘肃省限制开发区域（农产品主产区范围）

限制开发类型	规划范围	规划数量
沿黄农业产业带	临夏州的临夏市、永靖县，白银市的景泰县、靖远县	4
河西农产品主产区	张掖市的高台县、肃南县北部区块，酒泉市的金塔县、玉门市、瓜州县	4
陇东农产品主产区	庆阳市的合水县、正宁县，平凉市的灵台县、崇信县	4
中部重点旱作农业区	定西市的安定区、临洮县、陇西县、渭源县、漳县、岷县，天水市的甘谷县、武山县、秦安县、清水县，陇南市的西和县、礼县，临夏州的广河县、东乡县	14

资料来源：甘肃省发展改革委员会规划处：《甘肃省主体功能区规划》。

表 3 - 14　　甘肃省限制开发区域规划初期（2008 年）基本情况（农产品主产区）

地区	土地面积		人口		生产总值		人均生产总值		工业增加值		粮食产量	
	平方公里	占全省比例（%）	万人	占全省比例（%）	亿元	占全省比例（%）	元	占全省比例（%）	亿元	占全省比例（%）	万吨	占全省比例（%）
全省	425835.7	100	2628.12	100	3176.11	100	12110	100	1221.66	100	888.5	100
沿黄农业产业带	13091	3.07	111.37	4.24	101.71	3.2	9132.62	75.41	27.06	2.21	41.89	4.71
河西农产品主产区	57897.81	13.6	60.68	2.31	162.57	5.12	26791.36	221.23	73.03	5.98	25.34	2.85
陇东农产品主产区	7089.22	1.67	71.75	2.73	49.26	1.55	6865.51	56.69	9.64	0.79	38.31	4.31
中部重旱作农业区	32034.96	7.52	576.01	21.91	226.22	7.12	3927.36	32.43	32.31	2.64	182.01	20.49
合计	110113	25.86	819.81	31.19	539.76	16.99	6583.96	54.37	142.04	11.62	287.55	32.36

资料来源：甘肃省发展改革委员会规划处：《甘肃省主体功能区规划》。

　　限制开发区域重点生态功能区包括甘南黄河重要水源补给生态
功能区、长江上游"两江一水"流域水土保持与生物多样性生态功
能区、祁连山冰川与水源涵养生态功能区、石羊河下游生态保护治
理区、敦煌生态环境和文化遗产保护区、陇东黄土高原丘陵沟壑水
土保持生态功能区、肃北北部荒漠生态保护区 7 个区域,覆盖 37 个
县市区和 1 个镇,面积 26.76 万平方千米,约占全省总面积的
62.84%。限制开发重点生态功能区 2008 年人口 883.18 万,约占全
省总人口的 33.61%;经济总量 635.73 亿元,约占全省生产总值的
20.02%;人均生产总值 7198.19 元,为全省人均水平的 59.44%。
甘肃省 7 个重点生态功能区限制开发区域规划范围如表 3 – 15 所示。

表 3 – 15　　　　甘肃省限制开发区域（重点生态功能区范围）

限制开发类型	规划范围	规划数量
甘南黄河重要水源补给生态功能区	甘南州的合作市、夏河县、碌曲县、玛曲县、卓尼县、临潭县,临夏州的临夏县、和政县、康乐县、积石山县	10
长江上游"两江一水"流域水土保持与生物多样性生态功能区	陇南市的武都区、宕昌县、文县、康县、两当县,甘南州的迭部县、舟曲县	7
祁连山冰川与水源涵养生态功能区	酒泉市的阿克塞县、肃北县（不包括北部区块）,张掖市的肃南县（不包括北部区块）、民乐县、山丹县,金昌市的永昌县,武威市的古浪县、天祝县,兰州市的永登县和中牧山丹马场特别区	9
石羊河下游生态保护治理区	武威市的民勤县	1
敦煌生态环境和文化遗产保护区	酒泉市的敦煌市	1
陇东黄土高原丘陵沟壑水土保持生态功能区	庆阳市的庆城县、镇原县、环县、华池县,平凉市的庄浪县、静宁县,白银市的会宁县,定西市的通渭县,天水市的张家川县	9
肃北北部荒漠生态保护区	肃北县北部马鬃山镇	1

　　资料来源:甘肃省发展改革委员会规划处:《甘肃省主体功能区规划》。

表3-16　甘肃省限制开发区域规划初期（2008年）基本情况（重点生态功能区）

地区	土地面积		人口		生产总值		人均生产总值		工业增加值	
	平方公里	占全省（%）	万人	占全省（%）	亿元	占全省（%）	元	占全省（%）	亿元	占全省（%）
全省	425835.7	100	2628.12	100	3176.11	100	12110	100	1221.66	100
甘南黄河重要水源补给生态功能区	33031.24	7.76	154.1	5.86	65.66	2.07	4260.87	35.18	10.15	0.83
长江上游"两江一水"流域水土保持与生物多样性生态功能区	25060.01	5.88	145.35	5.53	62.61	1.97	4307.53	35.57	7.69	0.63
祁连山冰川与水源涵养生态功能区	107352.84	25.21	184.05	7	210.89	6.64	11458.30	94.62	74.58	6.11
石羊河下游生态保护治理区	15835.15	3.72	30.2	1.15	28.79	0.91	9533.11	78.72	5.04	0.41
敦煌生态环境和文化遗产保护区	26718.15	6.27	18.29	0.7	36.39	1.14	19896.12	164.29	4.58	0.38
陇东黄土高原丘陵沟壑水土保持生态功能区	32722.56	7.68	350.97	13.36	230.53	7.26	6568.37	54.24	110	9
肃北部荒漠生态保护区	26900	6.32	0.22	0.01	0.86	0.03	39090.91	322.80	0.26	0.02
合计	267619.95	62.84	883.18	33.61	635.73	20.02	7198.19	59.44	212.3	17.38

资料来源：甘肃省发展改革委员会规划处：《甘肃省主体功能区规划》。

　　点状开发的城镇是限制开发区域的重要内容，也是体现县级城市主体功能类别的重要标志。对于限制开发区域范围内的县级政府所在地，将依据城镇建设的基本空间格局、人口聚集程度和适宜发展的产业类型，进行据点式开发和布局。甘肃省限制开发区域基本情况（点状功能区）如表3－17所示。

表3－17　　甘肃省限制开发区域基本情况（点状功能区）

所在行政区	县城所在地城区规划区	数量	重点建制镇	数量
兰州市	永登县	1	永登县连城镇	1
金昌市	永昌县	1	永昌县河西堡镇、朱王堡镇	1
白银市	靖远县、景泰县、会宁县	3	靖远县北湾镇、景泰县喜泉	3
天水市	甘谷县、秦安县、武山县、清水县、张家川县	5	县洛武山门镇、秦安县西川镇	2
武威市	民勤县、古浪县、天祝县	3	民勤县红沙岗镇、古浪县土门镇、大靖镇、天祝县打柴沟镇	4
张掖市	山丹县、肃南县、民乐县、高台县	4	高台县南华镇、山丹县位奇镇、民乐县六坝镇	3
酒泉市	玉门市、金塔县、瓜州县、肃北县、阿克塞县、敦煌市	6	金塔县东坝镇、瓜州县柳园镇、敦煌市七里镇、玉门市老市区	4
平凉市	灵台县、崇信县、静宁县、庄浪县	4	庄浪县南湖镇、崇信县新窑镇、静宁县威戎镇、灵台县什字镇	4
庆阳市	庆城县、环县、华池县、合水县、正宁县、镇原县	6	庆城县驿马镇、环县曲子镇、镇远县孟坝镇	3
定西市	安定区、临洮县、陇西县、通渭县、渭源县、漳县、岷县	7	安定区巉口镇、陇西县文峰镇、通渭县马营镇、渭源县会川镇、临洮县中铺镇	5
陇南市	武都区、宕昌县、康县、文县、西和县、礼县、两当县	7	武都区安化镇、文县碧口镇、礼县盐官镇、宕昌县哈达铺镇、康县阳坝镇	5

续表

所在行政区	县城所在地城区规划区	数量	重点建制镇	数量
临夏州	临夏市、永靖县、临夏县、康乐县、广河县、和政县、东乡县、积石山县	8	临夏市折桥镇、临夏县新集镇、广河县三甲集镇、和政县松鸣镇	4
甘南州	合作市、临潭县、卓尼县、舟曲县、迭部县、玛曲县、碌曲县、夏河县	8	临潭县冶力关镇、碌曲县郎木寺镇	2
合计		63		42

资料来源：甘肃省发展改革委员会规划处：《甘肃省主体功能区规划》。

4. 禁止开发区域

禁止开发区域，是指依法设立的各级各类自然文化资源保护区，以及其他禁止进行工业化城镇化开发、需要特殊保护的重点生态功能区。国家层面的禁止开发区域，包括国家级自然保护区、世界文化自然遗产、国家级风景名胜区、国家森林公园和国家地质公园。省级层面的禁止开发区域，包括各级各类自然文化资源保护区域、基本农田以及其他省级人民政府根据需要确定的禁止开发区。要依据法律法规规定和相关规划实行强制性保护，控制人为因素对自然生态干扰，严禁不符合主体功能定位的开发活动。甘肃省禁止开放区域涉及自然保护区、世界文化自然遗产、风景名胜区、森林公园、地质公园、湿地和湿地公园和基本农田7种类别，禁止开发区域共计191处，总面积为7.58万平方千米，占全省国土总面积的17.81%，2008年该区域人口数量74.6万，地区生产总值181.63亿元，这一区域也是甘肃省野生动植物的栖息地，是甘肃省自然生态资源保护的重点区域。根据国家主体功能区规划，甘肃省进入国家禁止开发区域名录共计47处，面积约53903.7平方千米。其中，国家级自然保护区15处，面积47874.01平方千米；世界文化自然遗产2处，面积459.7平方千米；国家级风景名胜区3处，面积

679.3 平方千米；国家森林公园 21 处，面积 4344.02 平方千米；国家地质公园 4 处，面积 546.6 平方千米。甘肃省禁止开发区域的具体情况如表 3-18 所示。

表 3-18 甘肃省禁止开发区域

禁止开发区类型	国家级（个）	省级（个）	总计（个）
合计	47	144	191
自然保护区	15	39	54
世界文化自然遗产	2	—	2
风景名胜区	3	20	23
森林公园	21	61	82
地质公园	4	17	21
湿地和湿地公园	2	7	9
基本农田	38570 平方千米（5785.5 万亩）		

资料来源：甘肃省发展改革委员会规划处：《甘肃省主体功能区规划》。

结合表 3-18，甘肃省禁止开发区域涉及自然保护区 54 个，其中，国家级 15 个，省级 39 个；国家级世界自然文化遗产 2 处；风景名胜区 23 处，其中国家级 3 个，省级 20 个；森林公园 82 个，其中国家级 21 个，省级 61 个；地质公园 21 个，其中国家级 4 个，省级 17 个；湿地和湿地公园 9 个，其中国家级 2 个，省级 7 个；涉及基本农田面积 38570 平方千米，约合 5785.5 万亩。

（三）主体功能区的治理

1. 资源开发利用治理格局

甘肃省主体功能区的治理首先要科学规划资源开发利用的空间格局，优化资源配置结合，提高资源利用效率。主体功能区资源开发利用空间格局设置需要坚持符合主体功能定位，促进合理开发利用，引导产业集聚发展，完善区域协调机制的基本原则。根据全省水资源短缺和全省水资源时空分布不均的基本特征，合理调整和优化河西内陆河流域、中部沿黄地区、陇东地区、黄河长江上游地区水资源空间结构；能源资源治理格局需要强化河西新能源基地建设，加快建设陇东能源基地，加强输配电网建设；矿产资源开发格局坚持依托区域资源优势，治理地区包括省内河西地区、中部地区、陇东地区、南部地区。

2. 治理政策体系

主体功能区的治理政策措施是保障主体功能发挥特定功能，推进区域可持续发展进步的保障性措施。具体包括支持、引导、规范产业发展的区域产业发展政策；以融资、投资、信贷为基本功能的投资政策；实现城乡、人地协调发展的土地政策；以转移支付为补助性的财政政策；实现节能减排目标的环境政策；针对不同开发区域实施相应的绩效评价和利益补偿机制，以及推进人口可持续发展的人口政策措施。以上七类政策措施将有效地保障甘肃省主体功能区基本功能的发挥，为推进区域可持续发展奠定政策基础。

3. 治理基本责任

甘肃省主体功能的基本治理责任包括省级人民政府、市州、县市区人民政府的职责，省级人民政府主要职责为：负责全省主体功能区规划的实施，调整和完善主体功能规划中的不足和缺陷，落实各项主体功能区投融资体制机制建设，协调省级横向各部门之间的责任分工。市州、县市区一级政府的基本职责为：负责监督和落实辖区内主体功能区的基本规划，反馈主体功能区基本规划出现的政策不足，加强本辖区内城乡整体规划、土地资源利用规划与主体功能区整体规划的有效衔接。各级政府要责任明晰，不能推诿扯皮。

（四）主体功能区治理的挑战

从甘肃省主体功能区规划的基本现状和主体功能区治理的成效来看，甘肃省主体功能区治理面临的挑战主要表现为资源约束性与资源低效利用的矛盾、社会经济发展的可持续动能转换、空间开发结构的优化调整的压力。

1. 资源约束性与资源低效利用的矛盾

甘肃省是一个自然资源禀赋条件较差的省份，水资源短缺、可开发利用土地资源有限、生态环境脆弱是长期制约甘肃省经济社会发展的突出矛盾。以原材料为主的重型工业结构和粗放的增长方式加剧了资源"瓶颈"约束，严峻的生态环境限制着资源的开发利用空间，全省经济社会发展面临资源保障支撑和生态环境约束的双重制约。

2. 社会经济快速发展的可持续动能转换

随着国家西部大开发战略的持续推进，国家宏观调控和基本公共服务均等化等政策的积极实施，加快了交通、能源等基础设施建设，改善了农业基础设施条件，加快了城市化和工业化进程。但是，甘肃省经济社会发展水平低，城市化水平低，城乡收入差距拉大，同发达地区相比，差距仍在扩大。在国家大力支持和自身努力下，继续加强基础设施和生态环境建设，加快发展特色优势产业，努力提高城乡人民生活水平，促进经济社会又好又快发展，将是甘肃省长期面临的重大任务。

3. 空间开发结构优化调整的压力

甘肃省正在加快推进全面小康社会建设，未来 5—10 年，全省城乡居民消费结构将进入快速升级的阶段。随着人口的增加、城乡居民消费水平的提高、城市化和工业化进程的加快，在改善居民生活条件、保障农产品供给、产业发展、加强生态建设和环境保护等方面都提出了新的需求，要求合理扩大城市空间，增大生态用地，优化农业和农村用地结构，进一步加快城市基础设施建设，改善城乡居民居住环境，促进并形成合理的空间开发格局。

（五）甘肃省主体功能区建设的主要目标

甘肃省主体功能区规划到 2020 年的主要目标是：

——主体功能区布局基本形成。以重点开发区域为主体和限制开发区域节点城市为补充的城市化布局基本形成，以限制开发区域为主体的农产品主产区和重点生态功能区基本形成，禁止开发区域和基本农田得到切实保护。

——国土空间结构进一步优化。农村居民点占地面积减少到

4260 平方千米，工矿建设空间适度增加，耕地保有量不低于 46460 平方千米（6969 万亩），基本农田保持在 38167 平方千米（5725 万亩）以上。[①] 绿色生态空间扩大，湿地得到有效保护，林地面积扩大到 102204 平方千米，森林覆盖率提高到 18% 以上。

——空间利用效率明显提高。人口集中度和经济集聚度进一步提高，城市化地区空间人口密度达到 4500 人/平方千米，城市空间单位面积产出大幅提升。单位耕地面积粮食和主要经济作物产量提高 12% 以上。单位绿色生态空间蓄积的林木、涵养的水源等数量增加。

——城乡及区域发展差距不断缩小。各类主体功能区域间居民人均可支配收入差距缩小到 3 倍左右，基本实现城乡之间和地区之间医疗、教育、文化和社会保障等基本公共服务均等化。

——可持续发展能力进一步增强。生态系统稳定性明显提高，森林资源持续稳定增长，草原退化、沙漠化、耕地盐碱化、湿地退化等得到遏制，水、空气、土壤等生态环境质量明显改善，生物多样性得到切实保护，主要污染物排放得到有效控制，万元生产总值能耗和二氧化碳排放达到国家要求，重点城市空气质量达到二级标准的天数超过 85%，主要河流控断面好于 Ⅲ 类的比例达到 80% 以上，自然灾害防御水平进一步提高（见表 3-9）。

为实现全省主体功能区规划的目标，要按照全面建成小康社会和可持续发展的要求，遵遁不同主体功能区的空间自然属性，积极构建省域国土空间开发"三大战略格局"。

——构建"一横两纵六区"为主体的城市化战略格局。以西陇海兰新经济带为横贯全省的横轴，以呼包银—兰西拉经济带、庆（阳）—平（凉）—天（水）—成（县）徽（县）—武都经济带为两条纵轴，加速推进形成兰白（兰州—白银）、酒嘉（酒泉—嘉峪关）、张掖（甘州—临泽）、金武（金昌—武威）、天成（天水—陇南成县、徽县）、平庆（平凉—庆阳）六大组团式城市化发展格局。

---

① 依据国务院批准的《甘肃省土地利用总体规划（2006—2020 年）》。

表 3－19   甘肃省国土空间开发规划预期目标

指标	2008 年	2020 年
人口（万人）	2628.12	2850
城镇化率（%）	32.15	50 以上
空间开发强度（%）	2.29	2.50
城市空间（平方千米）	1350	1940
农村居民点（平方千米）	4303	4260
耕地保有量（平方千米）	46237	46460
基本农田（平方千米）	38570	38167
林地面积（平方千米）	98900	102204
森林覆盖率（%）	13.42	18 以上
森林蓄积量（万立方米）	21993	26189

——构建"一带三区"为主体的农业战略格局。围绕提高农业综合生产能力，发展高效节水农业、旱作农业和现代农业，推进沿黄农业产业带发展的新跨越，实现河西地区和陇东地区现代农业发展的新突破，促进中部地区重点旱作农业区特色农业新发展，提高农产品供给和粮食安全保障能力。

——构建"三屏四区"为主体的生态安全战略格局。"三大屏障"是：以甘南黄河重要水源补给生态功能区为重点，构建黄河上游生态屏障；以"两江一水"流域水土保持与生物多样性生态功能区为重点，构建长江上游生态屏障；以祁连山冰川与水源涵养生态功能区为重点，构建河西内陆河流域生态屏障。"四大区域"是：以敦煌生态环境和文化遗产保护区、石羊河下游生态保护治理区、陇东黄土高原丘陵沟壑水土保持生态功能区、肃北北部荒漠生态保护区为重点，加大生态建设和环境保护。以"三屏四区"生态保护区为重点，构建生态安全战略格局，保障区域和国家的生态安全。

展望未来，到 2020 年，甘肃省主体功能区基本形成之时，省域国土空间功能更加清晰，经济和人口布局更加合理。"一横两纵六区"为主体的城市化格局初步形成，产业集聚发展，人口集中居住，资源环境更加集约高效，城市整体功能和竞争力进一步提升。以"一带三区"为主体的特色农业得到巩固和加强，以"三屏四区"为主的生态安全和保护进一步增强，农业和生态功能区人口进一步向城市化地区有序转移，初步实现城乡一体化发展。生态地区水源涵养、防风固沙、水土保持、维护生物多样性、保护自然资源的功能大大提升，生态环境明显改善，呈现人与自然和谐发展的良好局面。

第四节　甘肃省生态环境治理成效分析

一　水环境治理效果

首先，甘肃省为致力于提升水环境质量，省政府出台了《关于进一步加强全省城镇污水处理设施建设和运营监管工作的意见》，将污染减排作为重点流域水污染防治的重要手段，通过狠抓污染减排，推进规划项目建设，并组织省政府督查室、环保、建设等有关部门，对全省污水处理设施建设及运行情况进行了联合督查。全省已累计建成城镇生活污水处理厂 90 个，设计污水处理能力 173.08万吨/日，实现了县建成污水处理厂的目标。不断加强农业污染源治理，累计完成 1134 个规模化畜禽养殖场和养殖小区减排项目，提前实现了国家规定的"80%规划化畜禽养殖场建成废弃物污染治理设施"的目标要求。

其次，甘肃省水环境治理突出重点行业，加强工业废水治理，通过不断加大石化、化工、食品加工、造纸和淀粉等重点涉水行业的污染治理和对淀粉行业、洗毛制革行业工业废水治理问题的专题调研，先后在定西、临夏州召开了现场会，研究提出了加强淀粉、洗毛行业废水治理的具体意见和措施。2014 年共安排省级环保专项资金 6050 万元，支持实施了 44 个重点水污染治理工程，从源头上避免有毒、有害工业废水对流域水体的污染。

再次，甘肃省通过加强水源保护，确保饮水环境安全，已累计完成127个县级以上和914个乡镇级集中式饮用水水源保护区的划分，建立了省、市、县三级水源地环境管理档案，为水源地环境管理奠定了基础。甘肃省政府印发了《关于进一步加强饮用水安全保障工作的通知》，进一步明确了部门责任和监管要求，省环保、建设和卫生部门也相继出台了保障饮用水安全的具体措施。

最后，甘肃省通过加强综合治理，推进流域联防共治，结合国家提出逐步消灭劣质水体的总体部署，省环保厅会同省财政厅制定出台了《渭河源头至桦林段2015年度水污染综合治理方案》，定西、天水和平凉市分别制订了渭河、泾河流域水污染防治综合治理方案，针对渝河甘宁段、湟水河甘青段跨界污染问题，在环保部、水利部以及环保部西北督查中心的指导下，开展了跨界流域污染排查。

通过上述四方面的治理措施，从甘肃省河流（段）水质治理成效来看，甘肃省15条河流25个河段的49个河流断面中，水质为优的26个；水质为良好的15个；水质为轻度污染的2个；黄河、大夏河、洮河、蒲河、金川河、黑河和白龙江水质为优，泾河、石羊河和北大河水质为良好。从甘肃省饮用水水源地水质、治理成效来看，天水市甘谷县、秦安县总硬度、硫酸盐超标，其他市、县城市集中式饮用水水源地水质达标。从甘肃省水库水质治理成效来看，17座水库水质均达到水质功能类别要求，崆峒、巴家嘴、解放村、双塔水库水质优于功能类别。从甘肃省出境断面水质治理成效来看，黄河、渭河、白龙江、泾河、黑河和马莲河省界出境断面水质均达标。五佛寺、固水子村、六坝桥断面水质为Ⅱ类，宁县桥头断面水质为Ⅲ类，均优于功能类别。

二 空气环境治理效果

为加强空气治理力度，提升空气质量，甘肃省依据《甘肃省人民政府关于贯彻落实国务院大气污染防治行动计划的实施意见》，通过制定并实施《甘肃省大气污染防治行动计划实施情况考核办法

（试行）》及《考核办法实施细则》，将工作责任落实至各相关部门，强化绩效考核责任制，有力地支撑了甘肃省为全面推进大气污染治理的重点任务。

首先，甘肃省持续推进产业能源优化调整，根据《国务院关于有效化解产能过剩矛盾的通知》的相关要求，成立了甘肃省化解产能严重过剩矛盾工作领导小组，完成了违规在建项目 17 项的清除。截至 2014 年年底，甘肃省已完成或超额完成国家下达炼钢、炼铁等 17 个行业的淘汰落后产能任务，年度淘汰铁合金 2.36 万吨、电石 10 万吨、水泥 80 万吨、造纸 4.4 万吨、玻璃 53 万重量箱、稀土 0.65 万吨；依据发改委《甘肃省老工业基地调整改造规划》，指导兰州市完成了兰石集团、兰驼集团、青岛啤酒等大型企业的新区搬迁工作。截至 2014 年年底，兰州市共有 107 户企业启动实施"出城入园"工作；全省关停小煤矿 76 处，总产能 271 万吨，非石化能源消费比重已上升至 18%。

其次，甘肃推进工业大气污染治理，新建成 16 台 355 万千瓦机组脱硫和 4 台 132 万千瓦火电机组脱硫增容改造工程、5 台共 753 平方米烧结机脱硫工程、全面完成了钢铁企业焦炉煤气脱硫工程；新建成 33 台 700 万千瓦机组、28 条 1794.9 万吨水泥（熟料）脱硝工程，全省新型干法水泥生产线已全部建成脱硝设施；全省火电、水泥、钢铁（含铁合金）等行业有 40 家企业完成了现有除尘设施升级改造；完成了 756 座加油站、13 座储油库、452 辆油罐车的油气回收改造工作，全省已实现供应符合国家第四阶段标准的车用汽、柴油。

最后，甘肃省实施了燃煤锅炉污染综合治理，通过采取连片集中供热、清洁能源改造、淘汰燃煤小锅炉等措施，全省各地完成一批燃煤锅炉整治任务。2014 年，共淘汰各类燃煤锅炉 1653 台计 5914.43 蒸吨，占国家下达 2014 年度淘汰 1500 台任务的 110%。特别地，甘肃省在未来将加强重污染天气应急处置综合治理，出台了《甘肃省重污染天气应急预案》，各市州相继出台了重污染天气应急预案，确保在发生重污染天气情况下，及时采取健康防护措施和污染减排措施，最大限度地减少污染危害。

综合上述空气环境治理措施，甘肃省 14 个城市 2014 年均未出现酸性降水，PH 年均值范围在 6.44（兰州）—8.18（陇南）；列入国家"二氧化硫控制区"的 4 个城市二氧化硫均达到国家 II 级标准，兰州、白银、张掖、酒泉、临夏、合作市污染综合指数有所下降，空气质量有所改善；依据《环境空气质量标准》（GB3095—1996）和《环境空气质量标准》（GB3095—2012）的评价结果，从主要城市空气质量监测结果来看，兰州市 2014 年空气质量综合评价为 III 级，城市空气质量有所好转，污染综合指数为 2.34，比 2013 年下降 7.1%，空气质量 I 级、II 级天数共 313 天，占总天数的 85.8%，比 2013 年增加 14 天；空气质量综合指数为 6.56，首要污染物为可吸入颗粒物，全年优良天数为 250 天，占总天数的 68.5%，空气质量达到国家 II 级标准。

三 环境保护效果

环境保护涉及环境科学研究和环保产业规划发展、产业规划清洁性生产、环境保护投资规划以及环境综合性治理。甘肃省为加强环境保护效果，组织并实施了《甘肃省主要城市饮用水源地环境安全问题研究》和《甘肃省工业企业环境保护标准化建设暨环境信用评价长效机制研究》等 47 项科研项目，积极开展科研项目推荐和科研成果登记。全省节能环保产业实现总产值 391.9 亿元，其中，节能产业总产值 85.7 亿元，环保产业总产值 41.6 亿元，资源综合利用产业 264.6 亿元；节能环保企业共有 1756 户，其中上市公司 5 家，规模以上的企业 236 户，占全省规模以上企业总数的 13.6%；产业从业人员超过 2.7 万人。

从甘肃省环境保护清洁生产和环境保护投资状况来看，2014 年，甘肃省公布强制性清洁生产企业开展审核和验收工作，完成了 83 家重点企业清洁生产的审核评估，完成了 74 家企业的验收。从环境保护投资状况来看，2014 年，全省各级环境保护部门共审批建设项目环境影响评价文件 4304 个，省级审批建设项目环境影响评价文件 134 个，项目总投资约 533.71 亿元，环保投资约 17.96 亿元，共完成建设项目环保验收 80 个，共审查环境评价项目 5 个。特别地，甘肃省完成了《甘肃省国家环境保护"十二五"规划》中期自评估工作，全面启动甘肃省"十三五"环境保护规划编制工作，重点投资污染减排、大气污染防治、重金属污染防治、农村环境综合整治、江河湖泊治理保护、生物多样性保护、环境监测空气网建设等项目，落实中央及省级各类环保专项资金 98148 万元。

从甘肃省生态环境保护工作来看，甘肃省启动了全省自然保护区环境污染和生态保护专项检查工作，秦州珍稀水生野生动物保护区成功晋升为国家级自然保护区，使甘肃省国家级自然保护区数量达到 20 个。经省政府批准，调整了阿夏、玉门南山和裕河 3 个省级自然保护区，提出了裕河和多儿晋升国家级自然保护区的意见。指导推进庆阳、张掖、平凉、敦煌市和两当县国家级生态文明建设示范区创建工作。完成了全省生态环境十年（2000—2010 年）遥感调查评估工作，开展了甘肃省黄河流域玛曲段生态健康评估试点工作。

从环境保护综合性治理措施机制及效果来看，一是强化环境应急管理机制。甘肃省政府办公厅印发了《甘肃省重污染天气应急预案》，全省基本形成了以各级政府及企事业单位环境应急预案组成的全省环境应急预案网络体系；进一步深化与交通、安监、消防、气象等部门之间的应急联动机制，积极推进市州联动机制建设；全面安排部署好全省节假日、敏感期间及汛期环境应急管理工作；对全省重点环境风险源企业开展了现场督查和环境风险评估试点工作；开展了全省饮用水水源专项检查行动；妥善处置各类突发环境事件 22 起。二是加强环境监督执法。2014 年开展环境保护大检查工作，甘肃省政府第 60 次常务会议审议通过并印发了《甘肃省环境保护大检查方案》，紧密围绕刘伟平致信指出问题、安排部署、工业园区、建设项目、沙漠地区涉水排放企业等内容开展了五次督查，下发反馈意见 42 份，提请省政府下发通报文件 2 份，约谈企业领导 48 次 132 人，依法立案 763 家，罚款 1553.23 万余元；持续开展了 2014 年打击违法排污企业保障群众健康环保专项行动，全省共出动执法人员 33924 人次，检查企业和建设项目 10721 家次。三是完善环境保护法律法规。颁布实施《甘肃省辐射污染防治条例》（2015 年 1 月 1 日实施）；对拟制、修订的《甘肃敦煌阳关国家级自然保护区管理条例》和《甘肃省石油勘探开发生态环境保护条例》草案文本进行了调研论证；向省政府上报了《甘肃安西极旱荒漠国家级自然保护区生态补偿办法（送审稿）》和《甘肃省废弃电器电子产品回收处理管理办法（送审稿）》，待审议通过后颁布实施。四是强化环保目标责任。根据省政府《关于分解落实 2014 年全省经济社会发展主要指标和重点工作任务的通知》的要求，制定全省环境保护目标责任考核办法；通过半年督查、年终考评，庆阳、兰州、张掖等市较好地完成了环保目标任务。五是加强环保队伍建设。大力开展干部教育培训，强化行政管理、环保执法和环境监测人员培训，全年参训人员达 4100 余人次；全面开展新修订《环境保护法》宣贯工作，协调省委组织部调训市县政府分管环保工作领导、环保部门主要负责人和重点企业负责人 300 余人进行了《环境保护法》专题培训；加大干部培养力度，继续选派干部到环保部和环保部西北督查中心挂职（学习）锻炼。六是加强政风行风建设。构建实施党风廉政建设主体责任体系，制定了《关于加强党风廉政建设和反腐败工作的实施意见》和《贯彻落实〈甘肃省委关于落实党风廉政建设主体责任意见〉实施办法》，编印了《省环保厅廉政风险防控机制文件制度汇编》，梳理权力事项 133 项，查找廉政风险点 325 个，制定风险防范措施 473 条；深入开展效能风暴行动，围绕改进工作作风、转变政府职能、优化政务环境、规范行政执法、落实重大责任"五大攻坚战"，安排部署 22 项重点任务，切实提升行政效能；组织参加省广电总台"阳光在线"广播直播节目，现场受理群众反映问题 21 件，当场答复 10 件，线下转办 11 件；组织召开民评代表座谈会和民评工作质询会，民评工作现场测评满意率100%；全面落实中央"八项规定"和省委"双十条"规定精神，严格"三公"经费预算管理，2014年厅系统"三公"经费较2013年同期下降29%。

四　农村环境治理效果

农村生态环境是构建生态文明建设的重要组成部分，是美丽乡村文明建设的重要载体。甘肃省农村生态治理效果主要体现为农村环境综合整治、生态乡镇创建、土壤污染防治、畜禽养殖污染防治与秸秆禁烧、污染物排放状况和主要污染物减排等几个方面。

从农村环境综合整治来看，甘肃省积极落实国家和省委省政府改善农村人居环境的战略部署，共安排改善农村人居环境示范村30个，安排平凉市农村环境综合整治项目村35个，省主要双联村32个；2011—2014年，甘肃省农村连片（综合）整治共涉及14个市州，85个县（区、市），安排1752个行政村，占全省行政村总数的10.86%，受益人口348万余人。

从生态乡镇创建来看，2014年年底，甘肃省共有71个乡镇被命名为国家级生态乡镇，397个乡镇被命名为省级生态乡镇。

从土壤污染防治来看，对甘肃省14个市州41个县（区、市）涉及重金属污染、持久性有机物污染、石油开采场地污染、农药化肥污染、农膜污染、工矿企业周边疑似污染等典型地块进行了实地调查、样品采集、检测分析和有关数据比对核实，编制了《甘肃省土壤环境保护和综合治理方案》。

从畜禽养殖污染防治与秸秆禁烧来看，甘肃省完成畜禽养殖场减排项目402个，涉及项目资金4020万元，贯彻落实环保部有关加强秸秆禁烧工作要求，细化职责分工，加强执法检查，明确了禁烧工作和报告制度，营造了农民群众积极参与、相互约束的禁烧氛围。

五　节能减排效果

工业化和城市化的快速发展产生了大量的废弃物及污染物，对废水、废气、废渣的综合整治也成为生态建设的重要任务。从甘肃省节能减排的措施和行动效果来看，甘肃省节能减排工作主要表现为六个方面：

一是细化工作目标。编制并由省政府印发了《甘肃省"十二五"后半期主要污染物总量减排行动计划》和《甘肃省 2014 年主要污染物减排计划》，会同省发改委编制并由省政府印发了《甘肃省 2014—2015 年节能减排低碳发展实施方案》，分地区、分行业、分企业安排部署了 2014 年及"十二五"后半期污染减排工作任务，明确了减排重点，强化了工作措施，细化了工作任务。

二是强化减排责任。继续坚持将污染减排任务和重点减排项目纳入省政府年度环保目标责任书考核重要内容与市（州）领导班子和领导干部政绩考核范围，编制并由省政府印发了《甘肃省"十二五"主要污染物总量减排考核办法》，进一步强化了减排责任，为做好全省污染减排工作提供了强有力的组织保障。

三是加大资金投入。会同省财政厅安排省级环保专项资金1.418 亿元，对 465 个重点污染减排项目给予了资金补助。

四是强力推进重点行业和重点领域减排工程建设。组织召开了全省污染减排工作推进会，继续坚持将加快推动"六厂（场）一车"减排工程建设，年内建成投运 33 台 700.1 万千瓦机组脱硝工程、16 台 355 万千瓦机组脱硫工程、4 台 132 万千瓦现役机组脱硫增容改造工程、28 条新型干法水泥生产线脱硝工程、5 台钢铁烧结机脱硫工程、2 套 240 万吨重油催化裂化装置脱硫工程，以及白银有色集团股份有限公司第三冶炼厂制酸尾气深度治理工程、甘肃厂坝有色金属责任公司成州锌冶炼厂硫酸尾气深度治理工程等一批大气重点减排工程；建成投运、试运行和基本建成的县级城镇污水处理工程 39 个；建成投运 44 个石化、化工、食品加工、造纸和淀粉等涉水企业水污染物重点减排工程；建成投运 414 个规模化畜禽养殖场和养殖小区减排工程，以及 12 家畜禽粪便有机肥集中处置工程；关停 1 台 58 平方米钢铁烧结机，全年淘汰各类燃煤锅炉 1653

台共 5914.43 蒸吨，淘汰老旧机动车和黄标车 76405 辆。

五是强化排污许可管理。印发 2014 年度全省排污许可工作安排和排污许可证核发计划，组织召开了全省排污许可工作推进会，完成 1158 家企业排污许可证核发工作，进一步加强了企业排污许可证年度审验、日常监管和信息公开工作。

六是强化督查考核。对 14 个市州和甘肃矿区 2013 年和 2014 年上半年污染减排任务完成情况进行了考核，结合半年和年度全省环保目标责任书考核、全省污染减排项目专项督查、全省环境保护大检查等工作，对各地污染减排工作和年度重点减排项目进展情况进行了检查，提请省政府召开了全省污染减排工作促进会，对上半年未完成相关减排预期指标的部分市州和 59 个重点减排项目，实施了预警监控和限期整改措施，督促相关企业整改存在的问题。

第四章　生态型政府评价指标体系的
建立和实证分析

　　建立指标体系的方法有很多，主要方法有两种：一是专家主观评定和比较判定；二是数据统计分析，也可以综合应用多种方法来筛选指标和建立指标体系。本书用德尔菲法和层次分析法（包括灰色层析分析法、灰色局势决策法和灰色聚类法），建立相对科学、独立、客观和简洁的指标体系。

第一节　指标体系建立的方法

一　德尔菲法

　　德尔菲法是在 20 世纪 40 年代由赫尔姆和达尔克首创。1946年，美国兰德公司为避免集体讨论存在的屈从于权威或盲目服从多数的陷阱，首次采用德尔菲法进行定性预测，后来该方法被迅速广泛采用。此外，它还可用来进行评价、决策和规划工作，在长远规划者和决策者心目中享有很高的可信度。20 世纪 80 年代以来，我国不少单位也采用德尔菲法进行预测、决策分析和编制规划工作。

　　德尔菲法的关键是组织具有科学代表性的权威专家对评价指标进行测评，以及对测定结果采用统计方法进行定量处理。该方法的优点是：在选择评价指标时可以将一些难以用数字模型定量化或收集的数据不足但又对生态环境质量评价非常重要的指标也考虑在内，最终根据评分来确定生态环境质量的排序。通过评价提出各种可供选择的方案，决策者可从备选选方案中选出最优方案。缺点是：在具体实施评价过程中，可操作性相对较差，并存在人为因素的干扰，从而使评价指标定量化排序时其结果的可靠性降低。

德尔菲法是依据多个专家的知识经验和个人价值观对指标体系进行分析、判断并主观赋值的一种多次调查方法。当专家意见分歧程度局限在一时则停止调查。该方法的优点是：适用范围广，不受样本是否有数据的限制；缺点是：受专家知识、经验等主观因素的影响，过程较烦琐，适用于不宜直接量化的一些模糊性指标。

从具体操作来看，德尔菲法是组织若干具有科学代表性的权威专家，根据评价因素对生态环境质量影响的重要程度以及生态环境质量的状况，对评价因素进行排序。经典的德尔菲法一般经过四轮，但有一系列实验证明，两轮专家意见即可确定评价指标得分。就现有经验来看，一般采用三轮较适宜。其流程主要如下：评价指标的算术平均值→评价指标的标准差→加权平均计算最终确定综合值。

二 灰色层次分析法

灰色层次分析法（The Analytic Hierarchy Process，AHP）是20世纪70年代由美国运筹学家萨蒂（T. L. Saaty）提出的一种定性与定量结合的多目标决策分析法，它能够反复统一处理决策中的定量与定性的问题，直到接近客观要求，在处理复杂系统的评价中有独特的优点。这种方法的基本原理是：将一个复杂的问题分解成各个组成部分；将这些组成部分（或称为元素）整理成树状递阶层次结构；对同一层次的各元素相对于上一层中某准则的重要性进行两两比较，并采用1—9标度法进行数值化；然后综合这些判断以决定哪个元素有着最大的权重和如何影响问题的最终结果。

目前已有的层次分析法忽略了人对信息认知的灰色性，因而在构造判断矩阵时，不能确定地认为一个元素完全属于某个标度，而不属于其他标度。但是，由于个人对于决策信息已有一定的认识，因而可以指定一个大概范围，即给定一个标度的区间，也就是区间灰数，然后在这些区间灰数的基础上，对该决策进行再认识，对区间灰数进行白热化处理。本书就是将区间灰数的白热化处理方法与已有的层次分析法结合起来，形成灰色层次分析法，使其更加符合人的认知规律，从而也更加符合客观实际。

灰色层次分析法，不仅没有破坏原有层次分析方法的可操作性，而且使模型建立的基础更加符合认知规律，也使整个模型更加符合客观实际。

灰色层次分析法可以检验并减少主观因素的影响，使分析评价工作更加客观和科学，因而逐步在生态环境质量评价中得到运用。

灰色层次分析法主要有五个步骤，具体阐述如下：

第一步：构建递阶层次结构。这是运用系统分析方法对复杂问题进行系统分解，把复杂问题分解成不同的层次，同一层次又分解成不同方面，形成一个多层次诸方面的树型层次结构（见图4-1）。以同一层次的元素作为准则，对下一层的某些元素起支配作用，同时它又受到上一层元素的支配。这些层次大体上可以分为目标层、中间层和最底层三类，最简单的层次结构分为三层。

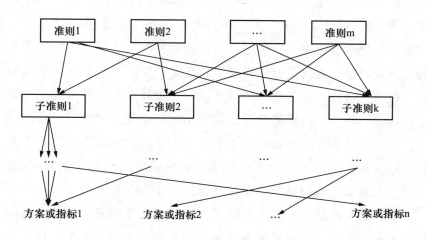

图4-1 递阶层次结构示意

第二步：构造判断矩阵。灰色层次分析法规定的标度是通过每两个系统或因子比较判断相对优劣程度给出的，判断矩阵中的标度值依据萨蒂提出的1—9比较标准法得到：

$$A = \begin{bmatrix} a_{11} & \cdots & a_{1n} \\ \vdots & \ddots & \vdots \\ a_{n1} & \cdots & a_{nn} \end{bmatrix}$$

其中，a_{ij}必须满足：

$$a_{ij} = \frac{1}{a_{ji}} (i \neq j)$$

$$a_{ij} = 1 (i = j) \quad (i, j = 1, 2, \cdots, n)$$

A矩阵具有正值、互反性、基本一致性。

判断矩阵元素 a_{ij} 的标度方法如表4–1所示。

表4–1　　　　　　判断矩阵元素 a_{ij} 的标度方法及含义

a_{ij}标度值	基本含义
1	表示两个因素相比，具有同样重要性
3	表示两个因素相比，一个因素比另一个因素稍微重要
5	表示两个因素相比，一个因素比另一个因素明显重要
7	表示两个因素相比，一个因素比另一个因素强烈重要
9	表示两个因素相比，一个因素比另一个因素极端重要
2、4、6、8	上述两相邻判断的中值
倒数值	两因素评分值为 a_{ij}，则 $a_{ij} = 1/a_{ji}$

第三步：判断矩阵的一致性检验。判断矩阵建立在每两个要素比较评分的基础上，如果两两评分具有客观上的一致性，那么判断矩阵必具有完全的一致性。但是，实际上由于客观事物的复杂性与人认识的多样性，人们在判断各单元层次之间的倍数关系时，容易做到 $b_{ij} = 1$ 和 $1/b_{ij} = b_{ji}$，但要做到 $b_{ij} = b_{ik}b_{kj}$ 却不容易。所以，灰色层次分析法并不要求判断矩阵具有完全的一致性，但是，满足大体的一致性是必需的。

（1）计算判断矩阵的最大特征根。

低阶的判断矩阵可以采用以下公式计算特征根：

$$\lambda_{max} = \frac{1}{n} \sum_{j=1}^{n} \frac{(AW)_j}{W_j}$$

高阶矩阵的特征根可以使用专门的计算机软件 Matlab 来计算。

（2）一致性检验。

①层次单排序中的一次性检验。判断矩阵的不一致性，可由特征根 λ_{max} 对 n 的偏差表现出来。其计算公式为：

$$CI = \frac{\lambda_{max} - n}{n - 1}$$

$$CR = \frac{CI}{RI}$$

其中，CI（Consistence Index）为一致性指标；CR（Consistency Ratio）为一致性指标（一致性比值）；RI（Random Index）为平均随机一致性指标，根据 n 查取。表 4 - 1 所示的是 1—15 阶正互反矩阵计算 1000 次得到的平均随机一致性指标数值。

表 4 - 2　　　　　　　　萨蒂随机一致性指标 RI 参数值

n	1	2	3	4	5	6	7	8
RI	0.00	0.00	0.52	0.89	1.12	1.26	1.36	1.41
n	9	10	11	12	13	14	15	—
RI	1.46	1.49	1.52	1.54	1.56	1.58	1.59	—

若 CR < 0.1，说明判断矩阵满足一致性要求，否则就需要对判断矩阵进行调整，直到满足一致性要求为止。

②整体一致性的检验。与综合权重的计算方式相似，整体一致性的检验也应自下到上逐层进行，具体计算公式为：

$$CI^* = \{(CI)_1, (CI)_2, \cdots, (CI)_m\} 1 \cdot m \cdot W_{m \cdot l}$$

$$RI^* = \{(RI)_1, (RI)_2, \cdots, (RI)_m\} 1 \cdot m \cdot W_{m \cdot l}$$

$$CR^* = \frac{CI^*}{RI^*}$$

图 4 - 2 中已求得 B 层上以元素 B_m 为准则的一致性指标

（CI）$_m$、平均随机一致性指标（RI）$_m$ 以及一致性比例（CR）$_m$，且有 B 层元素对应于总目标 A 的权重向量 W =（ω$_1$，ω$_2$，…，ω$_m$）T$_{m×1}$，那么 B 层的综合一致性检验指标应为：

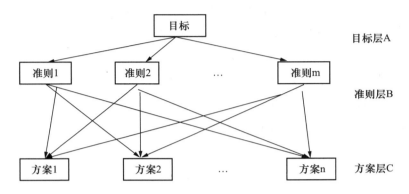

图 4 - 2　层次结构模型

当 CR* < 0.1 时，说明递阶层次结构在 B 层水平以上的所有判断具有整体满意的一致性。但是，必须要强调的是：只有当递阶层次结构的整体及局部都有较好的一致性时，才能为决策者提供有力的依据。

第四步：权重计算与排序。

（1）方根法计算因子权重。这是根据判断矩阵求出同一层次的各元素相对于上一层某一准则的相对权重 W$_1$，W$_2$，W$_3$，…，W$_n$。

各层次结构中的相对权重，采用方根法求解 A 的归一化特征向量和特征值，直到满足一致性检验为止，特征向量即各因子的权重计算公式为：

$$M_i = \prod_{j=1}^{n} a_{ij} \quad (i,j = 1,2,\cdots,n)$$

$$\overline{W_i} = \sqrt[n]{M_i}$$

$$W_i = \frac{\overline{W_i}}{\sum_{j=1}^{n} \overline{W_i}}$$

（2）层次总排序及综合权重。上一步计算得到的仅仅是某一层元素对于其上一层元素的权重向量，在此基础上，还需要进行系统"综合权重"的计算，得到各元素对于总目标的相对权重，特别是要得到最底层各指标对于总目标的相对权重。所以，需要将最底层的权重与各中间层权重合成以形成对总目标的权重。

k 层指标项相对于第一层元素的组合权重，即：

$$\overline{\omega}^{(k)} = \omega^{(k)} \times \omega^{(k-1)} \times \cdots \times \omega^{(2)}$$

图 4 - 2 中，假定已经计算出 B 层上 m 个元素相对于总目标 A 的权重向量 $\omega = (\omega_1, \omega_2, \cdots, \omega_m) T_{m \times 1}$，C 层上 n 个元素对于上层中任意元素 B_m 的权重向量为 $P = (P_{1m}, P_{2m}, \cdots, P_{nm})^T$，其中，不受 B_m 支配的元素的权重为 0。

$$令 P = \begin{bmatrix} P_{11} & P_{12} & P_{13} & \cdots & P_{11} \\ P_{11} & P_{11} & P_{11} & \cdots & P_{11} \\ \vdots & \vdots & \vdots & \vdots & \vdots \\ \vdots & \vdots & \vdots & \vdots & \vdots \\ P_{11} & P_{11} & P_{11} & \cdots & P_{n \times m} \end{bmatrix}$$

矩阵中，P_{nm} 表示 C 层第 n 个元素对 B 层第 m 个元素的权重，那么 C 层上的 n 个元素对于总目标 A 的权重的计算公式为：

$$W^* = P_{n \times m} \times W_{m \times 1}$$

式中，W^* 为 C 层元素于 A 层目标的相对权重，同时，所得的列向量与 C 层上 n 个元素对于总目标 A 的具体权重相对应。

第五步：指数合成。在用层次分析法得到了各项指标的权重后，剩下的工作就是把指标值与权重一起合成综合指数。在多指标综合评价中，合成是指通过一定的算式将多个指标对事物不同方面的评价值综合在一起，以得到一个整体性的评价。但是，需要解决以下两个问题：指标的无量纲化和合成方法的选择。

无量纲化也叫数据的标准化，是通过数学变化来消除原始指标单位及量纲的影响。本书采用以下公式进行指标的无量纲化。

χ 为正指标时：$\chi_i = \dfrac{\chi}{\chi_0}$

χ 为负指标时：$\chi_i = \dfrac{\chi_0}{\chi}$

式中，χ 为指标实际值；χ_0 为设定的指标值；χ_i 为第 i 项指标的相对标准值，是经过指标实际值的无量纲化处理后得到的。

另外，指标合成的方法有很多，常用的有线性加权合成法、乘法合成法、加乘混合合成法等，其中，最为常用的是线性加权合成法，本书采用此法。其计算公式为：

$$y = \sum_{i=1}^{n} \omega_i y_i$$

式中，y 表示合成指数；y_i 为指标进行标准化之后的值；ω_i 为权重。也就是说，线性加权合成法就是指标体系中各项指标标准值与权重的乘积。

三　灰色聚类法

灰色聚类法是指使用数学定量来确定聚类对象间的亲疏关系而进行分类的一种多元分析方法。灰色聚类法是在普通聚类方法中引进灰色理论的白化函数生成而形成的，是根据聚类对象对不同聚类指标所拥有的白化函数，按照几个灰类进行归纳，提出了以灰数的白化函数生成为基础的新聚类方法。

灰色聚类法以灰色关联度为基础。灰色关联度是一种因素比较分析法，它通过对灰色系统内有限数据序列的分析，寻求系统内部诸因素之间的关系，找出影响目标函数值的主要因素，进而分析各因素之间的关联程度。它通过确定参考数列和若干比较数列几何形状的相似程度，判断灰色过程发展态势的关联程度。灰色关联分析应用广泛，是通过确定所设计对象功能的权重，并将它应用到设计方案的优选中。

每个样本对每个环境质量等级（灰类）都有一个相应的聚类系数。在聚类系数中，一般灰色聚类法按照系数最大对应确定样本所属的等级。

设有分析系统 S_i（$i = 1, 2, \cdots, m$）其特征参考序列为 X_i。

$$X_i = (X_{i1}, X_{i2}, \cdots, X_{in})$$

又有基准特征参量序列 X_o:

$$X_o = (X_{o1}, X_{o2}, \cdots, X_{on})$$

则有实数 $\varepsilon_i(k)$ 为:

$$\varepsilon_i(k) = \frac{\rho \max_i \max_k |X_{ok} - X_{ik}|}{|X_{ok} - X_{ik} + \rho \max_i \max_k X_{ok} - X_{ik}}$$

式中,$\varepsilon_i(k)$ 为 X_i 对于 X_o 在第 k 点的关联系数;$\rho \in [0, 1]$,是给定的数,一般取 0.5。在关联系数基础上,可以计算序列之间的关联度,具体计算公式为:

$$\gamma_i = \frac{1}{n}\left[\sum_{j=1}^{n} \varepsilon_i(k)\right]$$

式中,γ_i 为 X_i 对于 X_o 的关联度,而且全集 γ_i 值构成关联度集 $RR = (r_r, r_2, \cdots, r_m)$。

四 灰色局势决策法

灰色局势决策是指对含有灰元的决策,对于环境系统的环境质量评价来说,可以把评价对象或者评价因子视为灰元,把环境系统视为事件,不同环境质量等级视为决策,通过决策分析来确定最优局势,它对应的环境等级便是评价结果。灰色局势决策与步骤简述如下:第一,构造局势与局势矩阵;第二,求目标效果测度;第三,多目标决策;第四,决策过程,即根据各项目标的效果,挑选最大测度元,并根据最大测度来确定最优局势。

第二节 甘肃省生态型政府评价指标和考核指标体系的建立

一 甘肃省生态型政府指标的筛选

结合国内外生态型政府指标体系研究成果内容,比如,可持续发展指标体系、生态示范区考核指标体系、环保模范城市考核指标体系等，这些指标体系涵盖了国家、省级、市级（地级市）、县级等层级的生态型政府建设的侧重点和建设模式，同时还包括生态村、社区一级的相关指标和变量。特别地，生态型政府模式的选择与推进需要引进和借鉴量化指标与定性指标，例如，绿色 GDP 考核指标、公众参与水平。通过梳理已有研究成果，结合本课题研究现状以及研究占有的数据资料，研究有选择性地收集了约 70 个初级指标和变量。根据生态型政府的理论和指导思想，采用灰色层次分析法（GAHP）的定性方法，将生态型政府指标体系逐步简化为生态经济管理水平、生态保障管理水平、客观生态承载力、生态环境控制水平和生态发展引导能力五个方面，最后每个方面进一步分解，如此层次递进。

指标体系变量太大会增加实际使用难度，部分指标仍存在重叠现象，且指标公众接受性也较差。另外，有些指标如绿色 GDP（GGDP）理论上很先进，其设计原理很符合衡量生态型政府建设的某些特征，但目前还处于研究阶段，由于认识上的原因和实际计算的困难，实践中有很多关键问题没有得到解决，如对一些环境资源（如大气、水等）的定价无法解决，所以，要开展 GGDP 的核算，暂时舍弃了这方面的指标。从国外经验看，英国、美国等国家政府绩效评价指标体系普遍遵循的设计原则概括为"SMART"，即具体性、可衡量性、易实现性、现实性和时限性原则。综合考虑，我们在指标选取上，遵循了以下原则：一是系统全面原则。构建了多维度、多层次的指标设计。二是客观公正原则。数据的选取，尽量以统计报表制度和会计制度为基础，尽量使用易获得、易操作的指标。三是可行性原则。要求指标具有可测性、可解释性，评价过程具有现实可行性。四是动态性原则。指标设计能有利于进行纵向、横向比较。五是代表性原则。尽量避免指标之间的交叉重叠，确保有限的指标具有最广泛的代表性。

甘肃省生态型政府指标体系设计要具有完整的系统性，就需要一个严密的设计逻辑框架，本书设计的指标体系，综合考量了国家大政方针政策的基本要求，从甘肃省实际情况出发，按照以下逻辑框架设计了五个一级指标：一是生态经济管理水平指标。经济是基础，生态保护与发展并不矛盾，要建设生态型政府，需要有较好的地方经济发展做根基，这符合国家"以经济建设为中心"的基本战略。二是生态保障管理水平指标。这符合我国政府服务型政府的改革方向，符合"社会政策要托底"的政府保障管理要求。三是客观生态承受能力指标。这反映了"一切从实际出发"以及国家生态保护红线的基本政策要求，也是确保我们经济社会可持续发展的基础。四是生态环境控制水平指标。这是从"结果管理"的角度考核地方政府的行政执行力的必不可少的可量化的指标。五是生态发展引导能力指标。这是通过全民参与、教育、宣传等引导全社会参与生态环境治理的路径要求，从政府管理到政府治理的"国家治理"理念的要求。五个指标之间既有各自的侧重点，也相互关联，构成了一个完整的体系。

参考国内外理论和实践经验，基于以上指标设计原则和设计逻辑，本书确定的甘肃省生态型政府指标体系的变量为 38 个。选取的这 38 个变量基本符合功能明确、适合研究对象的特点，同时也符合数据可得性较好、含义广泛、条款精简的原则。本书最初共提供了下列近 70 个相关指标：

第一，生态经济管理水平。生态经济管理水平是构建和推进生态型政府模式的基础性保障能力，是经济总量持续增长和经济结构优化组合的客观反映，同时也是资源优化、可持续开发利用的有效途径。正因如此，生态型政府模式构建中生态经济管理水平的测度主要从经济水平、产业结构和循环经济三个层面进行筛选和考核，具体指标选择有人均 GDP、地区生产总值增长率、单位土地面积 GDP 产值、旅游产值占 GDP 比重、工业产值占 GDP 比重、工业用水重复利用率、工业固体废弃物利用率、城市生活垃圾无害化处理率等一系列涉及生态经济管理水平的指标内容。

第二，生态保障管理水平。生态保障管理水平反映了政府在实现生态文明建设方面所具有的能够为生态型政府模式推进和可持续发展进步的综合能力，是政府在服务民生建设过程中的人民生活状况以及社会可持续发展的基础性保障设施建设以及保障公共利益的社会公共安全等的综合反映。因此，生态型政府的生态保障管理水平需要从人民生活、生态管理等方面反映人民生活质量、社会和谐及制度供给与需求的有效衔接与有效匹配，具体而言，生态型政府的生态保障管理水平的具体现实指标包括城市化水平，居民平均预期寿命，社会保险覆盖率，贫困人口比率，环境管理能力标准化建设达标率和国控、省控、市控监测站总数等。

　　第三，客观生态承载力。客观生态承载力是地区经济社会可持续发展进步的基础性后续力量，既反映了满足当前生态型政府建设所需要的资源供给能力，又反映了满足生态型政府可持续建设和区域社会永续发展的动力源泉。客观生态承载力包含两个层面：一是反映了人类生态生活过程中所需要的资源总量以及人均资源占有状况，反映了资源储量能够实现的发展的最大限度；二是反映了资源利用过程中的资源损耗与资源利用效率状况，反映了资源为实现社会经济发展进行配置的效率状态。从而生态型政府的客观生态承载力需要从人口资源占有量、资源消耗、污染排放、资源利用效率等方面反映生态与资源承载力状况，具体的可操作性指标包括人口自然增长率、人均水资源量、人均耕地面积、单位 GDP 能耗、单位 GDP 水耗、水污染物排放强度和大气污染物排放强度、人均生态足迹、清洁能源使用率、农村秸秆综合利用率、节水灌溉面积占有效灌溉面积比重等。

　　第四，生态环境控制水平。生态环境控制水平是生态型政府模式建设和推进的又一重要层面，体现政府的生态治理能力。这个层面需要结合资源优势、生态质量、生态保育等方面反映生态环境及环境保护状况。具体的指标类型包括天然气基础储量占全国比重、煤炭基础储量占全国比重、可开采水能资源总量占全国比重、省会城市全年 API 优良率、农村卫生厕所普及率、集中式饮用水水源水质达标率、旅游区环境达标率、森林覆盖率、自然保护区占辖区面积比重、水土流失治理率等。

第五，生态发展引导能力。生态发展引导能力是生态持续发展和基于生态承载力的科学规划发展的综合统一，生态文明建设和生态危机的频繁发生，以及政府自身职能健全和政府职能创新要求建立生态型政府模式以适应市场经济，生态发展引导水平是生态行政管理的重要体现，也就是由适应计划经济向适应市场经济转变，形成以服务为主代替以管制为主，建设服务型政府，实现人与自然和谐相处的可持续生态行政的生态型政府模式。这一层面需要从生态教育、生态投资、生态参与等方面反映生态型政府发展的潜力及公共文化的状况，具体的指标类型包括九年义务教育普及率、生态型政府宣传教育普及率、研发支出占 GDP 比重、环保投资占 GDP 比重、公众对环境保护的满意度等。

二　甘肃省生态型政府建设指标分析

（一）构建递阶层次结构

生态型政府系统是由社会、经济、资源与环境组成的多因素系统。本书采用主观分析和灰色层次法相结合的方法，在尽可能反映主要特征的前提下，将甘肃省生态型政府系统划分为四层模型结构构成的目标集，如图 4－3 所示。

本书在指标体系构建过程中，充分发挥了多学科的优势，对指标进行了多次讨论、修订、增删和测算，确定了 39 个指标来反映生态经济、生态保障、生态承载力、生态环境和生态发展五方面内容。

根据层次分析法的基本原理和基本思想，生态型政府评价基本内容和考评体系，构建出如图 4－3 所示的甘肃省生态型政府评价指标和考核指标体系递阶层次结构模型。该结构模型包括目标层、准则层、方案层、子方案层（指标层）四个层次类型。其中，总目标层（A）为建立甘肃省生态型政府模式的评价目标；准则层（B）包括生态经济管理水平（B1）、客观生态承载力（B2）、生态保障

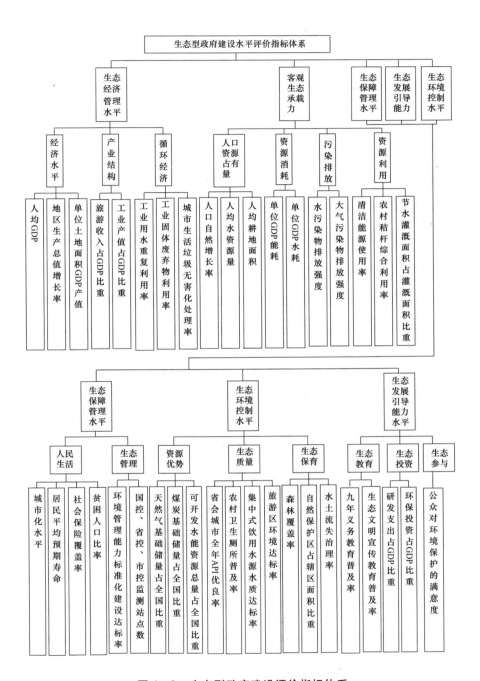

图 4 - 3 生态型政府建设评价指标体系

管理水平（B3）、生态发展引导能力（B4）和生态环境控制水平（B5）；C 层方案层包括经济水平、产业结构、循环经济、人口资源占有量、资源消耗、污染排放、资源利用、人民生活、生态管理、资源优势、生态质量、生态保育、生态教育、生态投资和生态参与 15 个准则层次；D 层子方案层（指标层）根据目标层（A）、准则层（B）、方案层（C）的基本内容确定了包括人均 GDP 等 39 个具体指标，用以反映目标层、准则层和方案层。

（二）构建判断矩阵

1. B 层判断矩阵

B 层判断矩阵是表示本层所有层次内容针对 A 层目标层某一个元素的相对重要性。判断矩阵在于使定性评价的结果更加具有说服力，是根据一致矩阵法综合判断得出的关于 B 层因素对于 A 层因素的专家型定性评价，其中，一致性比较法：不把所有因素放在一起比较，而是两两相互比较；对此时采用相对尺度，以尽可能减少性质不同的诸因素相互比较的困难，以提高准确度。正因如此，利用德尔菲法两两比较 B 层指标，确定高层指标的权重，列成表 4 - 3。

表 4 - 3   B 层判断矩阵

生态型政府建设指标体系（A）	生态经济（B1）	生态保障（B2）	生态承载力（B3）	生态环境（B4）	生态发展（B5）
生态经济	1	3	1/2	3	1
生态保障	1/3	1	2	5	4
生态承载力	2	1/2	1	6	1/3
生态环境	1/3	1/5	1/6	1	2
生态发展	1	1/4	3	1/2	1

注：生态经济是生态经济管理水平的简称，生态保障是生态保障管理水平的简称，生态承载力是客观生态承载力的简称，生态环境是生态环境控制水平的简称，生态发展是生态发展引导能力的简称。下同。

结合表 4 - 1 的 a_{ij} 标度方法和基本含义，从 B 层判断矩阵两两指标因素对比的基本标度值来看，对于总目标层而言，生态经济和生态发展两两比较得到的专家型定性评价值为 1，也就是说，生态经济和生态发展对于生态型政府建设具有同等的重要性；生态经济与生态保障的专家型定性评价值为 3，即与生态保障相比较，生态经济较生态保障具有稍微重要性；生态经济与生态承载力的专家型定性评价值为 1/2，也就是说，生态经济比生态承载力具有稍微重要性；生态经济与生态环境的专家型定性评价值为 3，也就是说，生态经济比生态环境具有稍微重要性；生态保障与生态承载力的专家型定性评价值为 2，也就是说，生态保障比生态承载力具有稍微重要性；生态保障与生态环境的专家型定性评价值为 5，也就是说，生态保障比生态承载力具有明显重要性；生态保障与生态发展的专家型定性评价值为 4，也就是说，生态保障比生态承载力具有明显重要性；生态承载力与生态环境的专家型定性评价值为 6，也就是说，生态承载力比生态环境具有明显重要性；生态承载力与生态发展的专家型定性评价值为 1/3，也就是说，对于生态型政府建设，生态发展比生态承载力具有稍微重要性；生态环境与生态发展的专家型定性评价值为 2，也就是说，对于生态型政府建设，生态环境比生态发展具有稍微重要性。

2. C 层判断矩阵

C 层判断矩阵是表示本层所有层次内容针对 A 层和 B 层某一个元素的相对重要性的综合比较。同 B 层判断矩阵确定的方法一样，利用德尔菲法两两比较 C 层指标，确定高层指标的权重，确定的 C 层判断矩阵结果如表 4-4 所示。

从表 4-4 的具体标度值来看。对于 B 层生态经济管理水平而言，经济水平与产业结构的专家型定性评价值为 1/3，因此可以说，对于生态型政府生态经济管理水平而言，产业结构比经济水平具有稍微重要性；经济水平与循环经济的专家型定性评价值为 1/2，因此可以说，对于生态型政府生态经济管理水平而言，循环经济比经济水平具有稍微重要性；产业结构与循环经济的专家型定性评价值

表 4 – 4　　　　　　　　　　　　C 层判断矩阵

	经济水平	产业结构	循环经济	人民生活	生态管理	人口资源占有	资源消耗	资源利用	污染排放	资源优势	生态质量	生态保育	生态投资	生态参与
经济水平	1	1/3	1/2	1	3	2	1/4	1/2	1/5	3	1/7	1/9	1/3	1/2
产业结构	3	1	1/5	5	5	6	7	1/4	1/7	2	1/5	1/3	1/3	1
循环经济	2	5	1	6	8	8	9	1/9	1	1/6	1/3	3	2	
人民生活	1	1/5	1/6	1	7	9	2	1/6	1	1/3	1/2	1/5	1/3	
生态管理	1/3	1/5	1/8	1/7	1	3	1/4	1/7	1/9	1/5	1/7	1/9	1/5	
人口资源占有	1/2	1/6	1/8	1/9	1/3	1	1/5	1/9	1/8	1/6	1/9	1/5	1/7	1/3
资源消耗	4	1/7	1/9	1/2	4	5	1	1	1/2	1/2	1/7	1/5	3	1
资源利用	2	4	3	1	7		1	1	2	7	3	2	2	1
污染排放	5	7	9	6	9	8	2	1/2	1	5	1	3	2	6
资源优势	1/3	1/2					1/5	1	1/7	1	1/2			1/4
生态质量	7	5	6	3	9	9	7	1/3	1	3	1	6	3	2
生态保育	9		3	2	7	5	5	1/2	1/3	2	1/6	1	9	3
生态教育	5	2	1/5	1	9	8	1/2	13	1/5	1	1/5	1/6	1	
生态投资	3	3	1/3	5	7	7	1/3	1/2	1/2	3	1/3	1/9	1	1/6
生态参与	2	1	1/2	3	5	3	1	1	1/6	4	1/2	1/3	6	1

为 1/5，也就是说，对于生态型政府生态经济管理水平而言，循环经济比产业结构具有明显重要性。

对于 B 层客观生态承载力而言，人口资源占有与资源消耗的专家型定性评价值为 1/5，因此可以说，之于生态型政府生态承载力而言，资源消耗比人口资源占有具有明显重要性；人口资源占有与资源利用的专家型定性评价值为 1/9，因此可以说，对于生态型政府生态承载力而言，资源利用比人口资源占有具有极端重要性；人口资源占有与污染排放的专家型定性评价值为 1/8，因此可以说，对于生态型政府生态承载力而言，污染排放较人口资源占有具有强烈重要性；资源消耗与资源利用的专家型定性评价值为 1，从而可以说，对于生态型政府生态承载力而言，资源消耗与资源利用具有同等重要性；资源消耗与污染排放的专家型定性评价值为1/2，从而可以说，对于生态型政府生态承载力而言，污染排放比资源消耗具有稍微重要性；资源利用与污染排放的专家型定性评价值为2，从而可以说，对于生态型政府生态承载力而言，资源利用比污染排放具有稍微重要性。

对于B层生态保障管理水平而言，人民生活与生态管理的专家型定性评价值为7，因此可以说，对生态型政府生态保障管理水平而言，人民生活比生态管理具有强烈重要性。

对于B层生态环境控制水平而言，资源优势与生态质量的专家型定性评价值为1/3，因此可以说，对于生态型政府生态控制水平而言，生态质量比资源优势具有稍微重要性；资源优势与生态保育的专家型定性评价值为1/2，因此可以说，对于生态型政府生态控制水平而言，生态保育比资源优势具有稍微重要性；生态质量与生态保育的专家型定性评价值为6，因此可以说，对于生态型政府生态控制水平而言，生态质量比生态质量具有明显重要性。

对于B层生态发展引导能力而言，生态教育与生态投资的专家型定性评价值为4，因此可以说，对于生态型政府生态发展引导能力而言，生态教育比生态投资具有明显重要性；生态教育与生态参与的专家型定性评价值为3，因此可以说，对于生态型政府生态发展引导能力而言，生态教育比生态参与具有稍微重要性；生态投资与生态参与的专家型定性评价值为1/6，因此可以说，对于生态型政府生态发展引导能力而言，生态投资比生态参与具有强烈重要性。

3. D层判断矩阵

D层判断矩阵是表示本层所有层次内容针对A层、B层和C层某一个元素的相对重要性的综合比较。同B层和C层判断矩阵确定的方法一样，利用德尔菲法两两比较D层指标，确定高层指标的权重，得到的D_1，D_2，D_3，…，D_{14}判断矩阵如表4-5到表4-18

所示。

表4-5得出的 D_1 判断矩阵是 D 层人均 GDP、地区生产总值增长率、单位土地面积 GDP 产值等指标层针对 C 层经济水平方案层确定的结果。从表4-5得出的 D_1 判断矩阵的具体标度值来看，对于 C 层经济水平而言，人均 GDP 与地区生产总值增长率相比较的专家型定性评价值为5，也就是说，人均 GDP 比地区生产总值增长率具有明显重要性；人均 GDP 与单位土地面积 GDP 产值相比较的专家型定性评价值为3，也就是说，人均 GDP 比单位土地面积 GDP 产值具有稍微重要性；地区生产总值增长率与单位土地面积 GDP 产值相比较的专家型定性评价值为2，也就是说，地区生产总值增长率比单位土地面积 GDP 产值具有稍微重要性。

表4-5 D_1 判断矩阵

	人均 GDP	地区生产总值增长率	单位土地面积 GDP 产值
人均 GDP	1	5	3
地区生产总值增长率	1/5	1	2
单位土地面积 GDP 产值	1/3	1/2	1

表4-6得出的 D_2 判断矩阵是 D 层旅游收入占 GDP 比重、工业产值占 GDP 比重等指标层针对 C 层产业结构方案层确定的结果。从表4-6得出的 D_2 判断矩阵的具体标度值来看，对于 C 层产业结构而言，旅游收入占 GDP 比重与工业产值占 GDP 比重相比较的专家型定性评价值为3，也就是说，旅游收入占 GDP 比重比工业产值占 GDP 比重具有稍微重要性。

表4-6 D_2 判断矩阵

	旅游收入占 GDP 比重	工业产值占 GDP 比重
旅游收入占 GDP 比重	1	3
工业产值占 GDP 比重	1/3	1

表 4 - 7 得出的 D_3 判断矩阵是 D 层工业用水重复利用率、工业固体废弃物综合利用率、城市生活垃圾无害化处理率等指标层针对 C 层循环经济方案层确定的结果。从表 4 - 7 D_3 判断矩阵的具体标度值来看，对于 C 层循环经济而言，工业用水重复利用率与工业固体废弃物综合利用率相比较的专家型定性评价值为 1/5，也就是说，工业固体废弃物综合利用率比工业用水重复利用率具有明显重要性；工业用水重复利用率与城市生活垃圾无害化处理率相比较的专家型定性评价值为 1/4，也就是说，城市生活垃圾无害化处理率比工业用水重复利用率较具有明显重要性；工业固体废弃物综合利用率与城市生活垃圾无害化处理率相比较的专家型定性评价值为 1/2，也就是说，城市生活垃圾无害化处理率比工业固体废弃物综合利用率较具有稍微重要性。

表 4 - 7　　　　　　　　　　　　D_3 判断矩阵

	工业用水重复利用率	工业固体废弃物综合利用率	城市生活垃圾无害化处理率
工业用水重复利用率	1	1/5	1/4
工业固体废弃物综合利用率	5	1	1/2
城市生活垃圾无害化处理率	4	2	1

表 4 - 8 得出的 D_4 判断矩阵是 D 层城市化水平、居民平均预期寿命、社会保险覆盖率等指标层针对 C 层人民生活方案层确定的结果。从表 4 - 8 得出的 D_4 判断矩阵的具体标度值来看，对于 C 层人民生活而言，城市化水平与居民平均预期寿命的专家型定性评价值为 1/3，也就是说，对于生态型政府建设的人民生活水平而言，居民平均预期寿命比城市化水平具有稍微重要性；城市化水平与社会保险覆盖率的专家型定性评价值为 1/7，也就是说，对于生态型政府建设的人民生活水平而言，社会保险覆盖率比城市化水平具有强烈重要性；居民平均预期寿命与社会保险覆盖率的专家型定性评价

值为 1/9，也就是说，对于生态型政府建设的人民生活水平而言，社会保险覆盖率比居民预期寿命具有极端重要性。

表 4 - 8　　　　　　　　　　　　D_4 判断矩阵

贫困人口比率	城市化水平	居民平均预期寿命	社会保险覆盖率
城市化水平	1	1/3	1/7
居民平均预期寿命	3	1	1/9
社会保险覆盖率	7	9	1

表 4 - 9 得出的 D_5 判断矩阵是 D 层环境管理能力标准化建设达标率，国控、省控、市控监测站总数等指标层针对 C 层生态管理方案层确定的结果。从表 4 - 9 得出的 D_5 判断矩阵的具体标度值来看，对于 C 层生态管理而言，环境管理能力标准化建设达标率与国控、省控、市控监测站总数相比较的专家型定性评价值为 1，也就是说，环境管理能力标准化建设达标率与国控、省控、市控监测站总数具有同等重要性。

表 4 - 9　　　　　　　　　　　　D_5 判断矩阵

	环境管理能力标准化建设达标率	国控、省控、市控监测站总数
环境管理能力标准化建设达标率	1	1
国控、省控、市控监测站总数	1	1

表 4 - 10 得出的 D_6 判断矩阵是 D 层人口自然增长率、人均水资源量、人均耕地面积等指标层针对 C 层人口资源占有方案层确定的结果。从表 4 - 10 得出的 D_6 判断矩阵的具体标度值来看，对于 C 层人口资源占有而言，人口自然增长率与人均水资源量相比较的专家型定性评价值为 1/3，也就是说，人均水资源量比人口自然增长

率具有稍微重要性；人均水资源量与人均耕地面积相比较的专家型定性评价值为 1/2，也就是说，人均耕地面积比人均水资源量具有稍微重要性；人口自然增长率与人均耕地面积相比较的专家型定性评价值为 1，也就是说，人口自然增长率与人均耕地面积具有同等重要性。

表 4 – 10　　　　　　　　　　　　D_6 判断矩阵

	人口自然增长率	人均水资源量	人均耕地面积
人口自然增长率	1	1/3	1
人均水资源量	3	1	1/2
人均耕地面积	2	1	1

表 4 – 11 得出的 D_7 判断矩阵是 D 层单位 GDP 能耗、单位 GDP 水耗等指标层针对 C 层资源消耗方案层确定的结果。从表 4 – 11 得出的 D_7 判断矩阵的具体标度值来看，对于 C 层资源消耗而言，单位 GDP 能耗与单位 GDP 水耗相比较的专家型定性评价值为 1。也就是说，单位 GDP 能耗与单位 GDP 水耗具有同等重要性，在建设生态型政府的实践过程中，既需要减少对于能源资源的消耗，又需要减少对于水资源的破坏。

表 4 – 11　　　　　　　　　　　　D_7 判断矩阵

	单位 GDP 能耗	单位 GDP 水耗
单位 GDP 能耗	1	1
单位 GDP 水耗	1	1

表 4 – 12 得出的 D_8 判断矩阵是 D 层清洁能源使用率、农村秸秆综合利用率、节水灌溉面积占灌溉总面积比重等指标层针对 C 层资源利用方案层确定的结果。从表 4 – 12 得出的 D_8 判断矩阵的具体

标度值来看，对于 C 层资源利用而言，清洁能源使用率与农村秸秆综合利用率相比较的专家型定性评价值为 7，也就是说，清洁能源使用率比农村秸秆综合利用率具有强烈重要性；清洁能源使用率与节水灌溉面积占灌溉总面积比重相比较的专家型定性评价值为 5，也就是说，清洁能源使用率比节水灌溉面积占灌溉总面积比重具有明显重要性；农村秸秆综合利用率与节水灌溉面积占总面积比重相比较的专家型定性评价值为 2，也就是说，农村秸秆综合利用率比节水灌溉面积占总面积比重具有稍微重要性。

表 4 – 12   D$_8$ 判断矩阵

	清洁能源使用率	农村秸秆综合利用率	节水灌溉面积占灌溉总面积比重
清洁能源使用率	1	7	5
农村秸秆综合利用率	1/7	1	2
节水灌溉面积占灌溉总面积比重	1/5	1/2	1

表 4 – 13 得出的 D$_9$ 判断矩阵是 D 层水污染物排放程度、大气污染物排放程度等指标层针对 C 层污染排放方案层确定的结果。从表 4 – 13 得出的 D$_9$ 判断矩阵的具体标度值来看，对于 C 层污染排放而言，水污染物排放程度与大气污染排放程度相比较的专家型定性评价值为 1。也就是说，水污染物排放程度与大气污染排放程度具有同等重要性。

表 4 – 13   D$_9$ 判断矩阵

	水污染物排放程度	大气污染物排放程度
水污染物排放程度	1	1
大气污染物排放程度	1	1

表 4-14 得出的 D_{10} 判断矩阵是 D 层天然气基础储量占全国比重、煤炭基础储量占全国比重、可开发的水能资源总量占全国比重等指标层针对 C 层资源优势方案层确定的结果。从表 4-14 得出的 D_{10} 判断矩阵的具体标度值来看，对于 C 层资源优势而言，天然气基础储量占全国比重与煤炭基础储量占全国比重相比较的专家型定性评价值为 1，也就是说，天然气基础储量占全国比重与煤炭基础储量占全国比重具有同等重要性；天然气基础储量占全国比重比可开发的水能资源占全国比重相比较的专家型定性评价值为 2，也就是说，天然气基础储量占全国比重与可开发的水能资源占全国比重具有稍微重要性；煤炭基础储量占全国比重与可开发的水能资源占全国比重相比较的专家型定性评价值为 1/4，也就是说，可开发的水能资源占全国比重比煤炭基础储量占全国比重与具有明显重要性。

表 4-14　　　　　　　　　　D_{10} 判断矩阵

	天然气基础储量占全国比重	煤炭基础储量占全国比重	可开发的水能资源总量占全国比重
天然气基础储量占全国比重	1	1	2
煤炭基础储量占全国比重	1	1	1/4
可开发的水能资源总量占全国比重	1/2	4	1

表 4-15 得出的 D_{11} 判断矩阵是 D 层省会城市全年 API 优良天数、农村卫生厕所普及率、集中式饮用水水源水质达标率、旅游区环境达标率等指标层针对 C 层生态质量方案层确定的结果。从表 4-15 得出的 D_{11} 判断矩阵的具体标度值来看，对于 C 层生态质量而言，省会城市全年 API 优良天数与农村卫生厕所普及率相比较的专家型定性评价值为 5，也就是说，省会城市全年 API 优良天数比农村卫生厕所普及率具有明显重要性；省会城市全年 API 优良天数比集中式饮用水水源水质达标率相比较的专家型定性评价值为 3，也就是说，省会城市全年 API 优良天数与集中式饮用水水源水质达

标率具有稍微重要性；省会城市全年 API 优良天数比旅游区环境达标率相比较的专家型定性评价值为 2，也就是说，省会城市全年 API 优良天数与旅游区环境达标率具有稍微重要性；农村卫生厕所普及率与集中式饮用水水源水质达标率相比较的专家型定性评价值为 1/5，也就是说，集中式饮用水水源水质达标率比农村卫生厕所普及率具有明显重要性；农村卫生厕所普及率与旅游区环境达标率相比较的专家型定性评价值为 1/3，也就是说，旅游区环境达标率比农村卫生厕所普及率具有稍微重要性；集中式饮用水源水质达标率与旅游区环境达标率相比较的专家型定性评价值为 1/2，也就是说，旅游区环境达标率比集中式饮用水源水质达标率具有稍微重要性。

表 4 – 15 D_{11} 判断矩阵

	省会城市全年 API 优良天数	农村卫生厕所普及率	集中式饮用水源水质达标率	旅游区环境达标率
省会城市全年 API 优良天数	1	5	3	2
农村卫生厕所普及率	1/3	1	1/5	1/3
集中式饮用水源水质达标率	1/3	5	1	1/2
旅游区环境达标率	1/2	3	2	1

表 4 – 16 得出的 D_{12} 判断矩阵是 D 层森林覆盖率、自然保护区占辖区面积比重、水土流失治理率等指标层针对 C 层生态保育方案层确定的结果。从表 4 – 16 得出的 D_{11} 判断矩阵的具体标度值来看，对于 C 层生态保育而言，森林覆盖率与自然保护区占辖区面积比重相比较的专家型定性评价值为 3，也就是说，森林覆盖率比自然保护区占辖区面积比重具有稍微重要性；森林覆盖率与水土流失治理率相比较的专家型定性评价值为 7，也就是说，森林覆盖率比水土流失治理率强烈重要性；自然保护区占辖区面积比重与水土流失治理率相比较的专家型定性评价值为 5，也就是说，自然保护区占辖区面积比重比水土流失治理率具有明显重要性。

表 4 – 16		D$_{12}$ 判断矩阵	
	森林覆盖率	自然保护区占辖区面积比重	水土流失治理率
森林覆盖率	1	3	7
自然保护区占辖区面积比重	1/3	1	5
水土流失治理率	1/7	1/5	1

表 4 – 17 得出的 D$_{13}$ 判断矩阵是 D 层九年义务教育普及率、生态型政府宣传教育普及率等指标层针对 C 层生态教育方案层确定的结果。从表 4 – 17 得出的 D$_{13}$ 判断矩阵的具体标度值来看，对于 C 层生态教育而言，九年义务教育普及率与生态型政府宣传教育普及率相比较的专家型定性评价值为 3，也就是说，九年义务教育普及率比生态型政府宣传教育普及率具有稍微重要性。

表 4 – 17		D$_{13}$ 判断矩阵
	九年义务教育普及率	生态型政府宣传教育普及率
九年义务教育普及率	1	3
生态型政府宣传教育普及率	1/3	1

表 4 – 18 得出的 D$_{14}$ 判断矩阵是 D 层研发支出占 GDP 比重、环保投资占 GDP 比重等指标层针对 C 层生态投资方案层确定的结果。从表 4 – 18 得出的 D$_{18}$ 判断矩阵的具体标度值来看，对于 C 层生态质量而言，研发支出占 GDP 比重与环保投资占 GDP 比重相比较的专家型定性评价值为 1。也就是说，研发支出占 GDP 比重与环保投资占 GDP 比重具有同等重要性。

表 4 – 18		D$_{14}$ 判断矩阵
	研发支出占 GDP 比重	环保投资占 GDP 比重
研发支出占 GDP 比重	1	1
环保投资占 GDP 比重	1	1

（三）判断矩阵的一致性检验

1. 层次单排序的一致性检验

对应于判断矩阵最大特征根 λmax 的特征向量，经归一化（使向量中各元素之和等于1）后，记为集合 W，集合 W 的元素为同一层次因素对于上一层次因素相对重要性的排序权值，这一过程称为层次单排序。能否确认层次单排序，需要进行一致性检验，所谓一致性检验，是指对 A 确定不一致的允许范围，特别地，层次单排序满足：n 阶一致阵的唯一非零特征根为 n；n 阶正互反阵 A 的最大特征根 λ≥n，当且仅当 λ＝n 时，A 为一致阵两个基本定理。判断矩阵的最大特征根可以通过判断矩阵一致性检验计算得出，其中，通过手工可以计算出阶数不超过三阶的低阶矩阵，使用专门的统计计量计算机应用软件 Mallab 可以计算出高阶矩阵的最大特征根。通过 Matlab 软件计算出的 B 层准则层矩阵的最大特征根 λ＝5，根据 n 阶正互反阵 A 的最大特征根 λ≥n，当且仅当 λ＝n 时，A 为一致阵定理的内容，B 层准则层矩阵为正反矩阵。特别地，判断矩阵的不一致性，可以由特征根对 n 的偏差来表现。以下将对 B 层准则层矩阵做一致性检验。结合表 4－2 给出的随机一致性指标 RI 参数值，B 层判断矩阵一致性的检验公式如下：

$$CI = \frac{\lambda_{max} - n}{n - 1}$$

$$CR = \frac{CI}{RI}$$

对于 B 层、C 层、D 层的各个判断矩阵都采用类似的方法进行相应特征的求取。通过计算 CR 值来判断矩阵的一致性，对不满足一致性要求的矩阵进行调整，直到满足一致性为止。

2. 层次总排序的一致性检验

层次总排序是计算最高层次目标（总目标）中同一层各因素相对重要性程度的权重值的过程，该过程按照最高层次至最低层次的顺序依次进行。综合权重排序是指对上一层所有要素、下层各要素的相对优先序。若某层要素为 C_1，C_2，C_3，…，C_m，该层各要素在其上层要素下的综合权重为 a_1，a_2，a_3，…，a_m，其下层要素为 A_1，A_2，A_3，…，A_n，各要素 A_i 在其上层某要素 C_k 下权重为 W_{ij}，则对 C_1，C_2，C_3，…，C_m，要素 A_1，A_2，A_3，…，A_m 的综合权重分布为：

$$W_i = \sum_{j=1}^{m} a_j W_{ij}(i = 1,2,3,\cdots,n)$$

相邻层次要素及其权重的对应关系如表 4 – 19 所示。

表 4 – 19　　　　　相邻层次要素及其权重的对应关系

A 层 ＼ C 层	C_1，C_2，C_3，…，C_m a_1，a_2，a_3，…，a_m	A 层全要素权重
A_1	W_{11}，W_{12}，W_{13}，…，W_{1m}	$W'_1 = \sum_{j=1}^{m} a_j W_{1j}$
A_2	W_{21}，W_{22}，W_{23}，…，W_{2m}	$W'_2 = \sum_{j=1}^{m} a_j W_{2j}$
…	…	…
A_n	W_{n1}，W_{n2}，W_{n3}，…，W_{nm}	$W'_n = \sum_{j=1}^{m} a_j W_{nj}$

类似地，对于综合排序结果也需进行一致性检验。为此，需要分别计算下列指标：

$$CI = \sum_{j=1}^{m} a_j CI_j$$

$$RI = \sum_{j=1}^{m} a_j RI_j$$

$$CR = \frac{CI}{RI}$$

在上述公式中，CI 为综合排序的一致性指标，CI_j 为与对应 A 层次中判断矩阵的一致性指标；RI 为综合排序的随机一致性指标，RI_j 为与 a_j 对应的 A 层次中综合排序的随机一致性指标；CR 为综合排序的随机一致性比例。同样，当 CR < 0.10 时，认为综合排序的计算结果具有令人满意的一致性；否则，就需要对本层次的各判断

矩阵进行调整，从而使综合排序具有令人满意的一致性。

（四）计算权重及排序

1. 层次权重计算

相对权重的计算方法有和积法、方根法、特征根法和最小平方法等，本书使用方根法进行计算。方根法计算权重的方法是先将判断矩阵按行相乘得到一个列向量，然后将这个列向量按判断矩阵的维数开方，最后将开方后的列向量归 1 即为权重。

（1）状态层对于目标层的权重结果。状态层的权重反映了生态经济、生态保障、生态承载力、生态环境和生态发展五个层面对于生态型政府建设的相对重要性，结合德尔菲法主观定性评价的分值，通过对于状态层权重的计算，为准则层和指标层各指标进行层次单排序提供权重依据。使用方根法计算的状态层对于目标层的权重情况如表 4 - 20 所示。

表 4 - 20　　　　　　　　方根法计算 B 层对 A 层的权重

	判断矩阵					按行相乘	开 5 次方	权重向量
	生态经济	生态保障	生态承载力	生态环境	生态发展			
生态经济	1	3	1/2	3	1	4.50	1.35	0.25
生态保障	1/3	1	2	5	4	13.33	1.68	0.31
生态承载力	2	1/2	1	6	1/3	2.00	1.15	0.21
生态环境	1/3	1/5	1/6	1	2	0.02	0.47	0.09
生态发展	1	1/4	3	1/2	1	0.38	0.82	0.15

根据表 4 - 20 中方根法计算的 B 层准则层对于 A 层目标层权重的过程和结果可以看出，经过对 B 层准则层各元素标度值按行相乘并开 5 次方根的处理，得到了 B 层元素对于 A 层目标层的归 1 值，该值即为 B 层元素对于 A 层目标层的权重值。从具体数据大小来看，依次为生态保障（0.31）、生态经济（0.25）、生态承载力（0.21）、生态发展（0.15）、生态环境（0.09）。其中生态保障的

权重最大，比生态经济权重值 0.25 大 0.06，比生态承载力权重值 0.21 大 0.1，比生态发展权重值 0.15 大 0.16，比生态发展权重值 0.09 大 0.22。也就是说，在构建生态型政府评价和考核指标体系的过程中，需要更多地关注生态环境的保障能力建设，将生态环境的保障纳入甘肃省生态型政府绩效考评范围之列；在选择和推进生态型政府模式的同时，需要继续保持经济总量的持续增长，优化产业结构，提升人均地区生产总值增长率以及单位土地面积的地区生产总值增长率；重视生态环境状况的保障性政策供给，推进生态环境的可持续发展。

（2）准则层对于目标层的权重结果。准则层的权重反映了经济水平、产业结构、循环经济、人民生活、生态管理、人口资源占有、资源消耗、资源利用、污染排放、资源优势、生态质量、生态保育、生态教育、生态投资和生态参与 15 个方面对于生态型政府建设的相对重要性。同样地，结合德尔菲法主观定性评价法的分值，使用方根法计算的准则层对于目标层的权重情况如表 4 – 21 所示。

表 4 – 21　　　　　　方根法计算 C 层对 A 层的权重

	经济水平	产业结构	循环经济	人民生活	生态管理	人口资源占有	资源消耗	资源利用	污染排放	资源优势	生态质量
经济水平	1	1/3	1/2	1	3	2	1/4	1/2	1/5	3	1/7
产业结构	3	1	1/5	5	5	6	7	1/4	1/7	2	1/5
循环经济	2	5	1	6	8	8	9	1/3	1/9	1	1/6
人民生活	1	1/5	1/6	1	7	9	2	1	1/6	1	1/3
生态管理	1/3	1/5	1/8	1/7	1	3	1/4	1/7	1/9	1/5	1/9
人口与资源占有量	1/2	1/6	1/8	1/9	1/3	1	1/5	1/9	1/8	1/6	1/9
资源消耗	4	1/7	1/9	1/2	4	5	1	1	1/2	1/2	1/7
资源利用	2	4	3	1	9	1	1	2	7	3
污染排放	5	7	9	6	9	8	2	1/2	1	5	1
资源优势	1/3	1/2	1	1	5	6	1/7	1/5	1	1	1/3
生态质量	7	5	6	3	9	9	7	1/3	1	3	1

续表

	经济水平	产业结构	循环经济	人民生活	生态管理	人口资源占有	资源消耗	资源利用	污染排放	资源优势	生态质量
生态保育	9	3	3	2	7	5	5	1/2	1/3	2	1/6
生态教育	5	2	1/5	1	9	8	1/2	13	1/5	1	1/5
生态投资	3	3	1/3	5	7	7	1/3	1/2	1/2	3	1/3
生态参与	2	1	1/2	3	5	3	1	1	1/6	4	1/2

	生态保育	生态教育	生态投资	生态参与	开 15 次方	按行相乘	权重向量
经济水平	1/9	1/5	1/3	1/2	0.51	0.00004	0.02
产业结构	1/3	1/2	1/3	1	0.95	0.50	0.05
循环经济	1/3	5	3	2	1.67	2133	0.08
人民生活	1/2	1/2	1/5	1/3	0.69	0.0039	0.03
生态管理	1/7	1/9	1/7	1/5	0.22	1.43E - 10	0.01
人口资源占有	1/5	1/8	1/7	1/3	0.20	2.4E - 11	0.0095
资源消耗	1/5	2	3	1	0.79	0.02721	0.0380
资源利用	2	3	2	1	2.47	762048	0.1193
污染排放	3	5	2	6	3.46	122472000	0.1674
资源优势	1/2	1	1/3	1/4	0.69	0.00397	0.0335
生态质量	6	5	3	2	3.32	64297800	0.1604
生态保育	1	6	9	3	2.29	255150	0.1109
生态教育	1/6	1	4	3	1.33	74.88000	0.0645
生态投资	1/9	1/4	1	1/6	0.92	0.28	0.0445
生态参与	1/3	1/3	6	1	1.17	10	0.0564

根据表 4 - 21 中方根法计算的 C 层方案层对 A 层目标层权重的过程和结果可以看出,经过对 C 层方案层各元素标度值按行相乘并开 15 次方根的处理,得到了 C 层方案层对 A 层的归 1 值,该值即为 C 层方案层对于 A 层目标层的权重值。从具体数值大小来看,依次为污染排放(0.1674)、生态质量(0.1604)、资源利用(0.1193)、生态保育(0.1109)、循环经济(0.08)、生态教育(0.0645)、生态参与(0.0564)、产业结构(0.05)、生态投资

（0.0445）、资源消耗（0.038）、资源优势（0.0335）、人民生活
（0.03）、经济水平（0.02）、生态管理（0.01）、人口资源占有
（0.0095）。其中，污染排放指标在甘肃省生态型政府模式选择和推
进策略中政府绩效考评具有最高重要性，权重值为 0.1674，人口资
源占有的权重值最低，为 0.0095，较污染排放的权重值低 0.1579。
也就是说，甘肃省在构建和选择生态型政府模式过程中需要注重保
护环境，减少污染物的排放，注重综合治理废水、废弃、工业固体
废弃物，实现污染物的综合治理；这就需要甘肃省政府在推进生态
型政府治理的过程中，既要加强宏观层面的协调，制定环境保护可
持续发展的规划；又要从微观实际层面出发，将提高资源综合利用
率以及控制污染物排放等作为基础目标。的确，在生态型政府模式
的推进过程中，需要重点解决环境污染问题，2015 年 10 月召开的
党的十八届五中全会提出，坚持绿色发展，必须坚持节约资源和保
护环境的基本国策，坚持可持续发展，坚定走生产发展、生活富
裕、生态良好的文明发展道路，加快建设资源节约型、环境友好型
社会，形成人与自然和谐发展现代化建设新格局，推进美丽中国建
设，为全球生态安全做出新贡献。2015 年 3 月 5 日，十二届全国人
大三次会议，国务院总理李克强在政府工作报告中指出，打好节能
减排和环境治理攻坚战，环境污染是民生之患、民心之痛，要铁腕
治理。从甘肃省的现实实际状况来看，甘肃省政府在减少污染物排
放，保护环境方面取得了相应的成绩。2015 年甘肃省环境保护厅发
布的《甘肃省 2015 年环境状况公报》显示，2015 年，甘肃省地表
水水质按功能区达标断面（含水库）60 个，比 2014 年增加 1 个；
14 个市州可吸入颗粒物均值为 95 微克/立方米，比 2014 年下降
3.1%；二氧化硫均值为 31 微克/立方米，比 2014 年上升 3.3%；
二氧化氮均值为 31 微克/立方米，比 2014 年上升 6.9%；声环境质
量保持稳定；化学需氧量排放量 36.57 万吨，比 2014 年下降
2.03%；氨氮排放量 3.72 万吨，比 2014 年下降 2.51%；二氧化硫
排放量 57.06 万吨，比 2014 年下降 0.87%；氮氧化物排放量 38.72

万吨，比 2014 年下降 7.44% 。这有利于为甘肃省生态型政府建设提供良好的环境基础。

（3）指标层对于状态层的权重结果。指标层的权重反映了人均 GDP 等 38 个生态型政府建设准则层的相对重要性。结合德尔菲法评价的判断矩阵，以及状态层和准则层对于目标层的权重计算结果，得到的指标层对于准则层的权重情况如表 4 – 22 所示。

表 4 – 22　　　　　　　　状态层下指标层对于准则层权重计算

	经济水平	产业结构	循环经济	人民生活	生态管理	人口资源占有	资源消耗	资源利用	权重
C 层对于 A 层的权重	0.02	0.05	0.08	0.03	0.01	0.0095	0.038	0.1193	
人均 GDP	0.66								0.0132
地区生产总值增长率	0.20								0.0040
单位土地面积 GDP 产值	0.15								0.0030
旅游收入占 GDP 比重		0.75							0.0375
工业产值占 GDP 比重		0.25							0.0125
工业用水重复利用率			0.13						0.0104
工业固体废弃物综合利用率			0.35						0.0280
城市生活垃圾无害化处理率			0.52						0.0416
城市化水平				0.07					0.0021
居民平均预期寿命				0.14					0.0042
社会保险覆盖率				0.79					0.0237
环境管理能力标准化建设达标率					0.50				0.0050
国控、省控、市控监测站总数					0.50				0.0050
人口自然增长率						0.17			0.0016

续表

	经济水平	产业结构	循环经济	人民生活	生态管理	人口资源占有	资源消耗	资源利用	权重
C 层对于 A 层的权重	0.02	0.05	0.08	0.03	0.01	0.0095	0.038	0.1193	
人均水资源量						0.44			0.0042
人均耕地面积						0.39			0.0037
单位 GDP 能耗							0.50		0.0190
单位 GDP 水耗							0.50		0.0190
清洁能源使用率								0.74	0.0883
农村秸秆综合利用率								0.15	0.0179
节水灌溉面积占灌溉面积比重								0.11	0.0131

	污染排放	资源优势	生态质量	生态保育	生态教育	生态投资	生态参与	权重
人均 GDP	0.1674	0.0335	0.1604	0.1109	0.0645	0.0445	0.0564	
水污染物排放程度	0.50							0.0837
大气污染物排放程度	0.50							0.0837
天然气基础储量占全国比重		0.40						0.0134
煤炭基础储量占全国比重		0.20						0.0067
可开发的水能资源总量占全国比重		0.40						0.0134
省会城市全年 API 优良天数			0.47					0.0754
农村卫生厕所普及率			0.08					0.0128
集中式饮用水水源水质达标率			0.19					0.0305
旅游区环境达标率			0.26					0.0417
森林覆盖率				0.65				0.0721
自然保护区占辖区面积比重				0.28				0.0311
水土流失治理率				0.07				0.0078

续表

	污染排放	资源优势	生态质量	生态保育	生态教育	生态投资	生态参与	权重
人均 GDP	0.1674	0.0335	0.1604	0.1109	0.0645	0.0445	0.0564	
九年义务教育普及率					0.75			0.0484
生态型政府宣传教育普及率					0.25			0.0161
研发支出占 GDP 比重						0.50		0.0223
环保投资占 GDP 比重						0.50		0.0223
公众对环境保护的满意度							0.0564	0.0032

根据表 4 - 22 的权重计算结果，可以看出，在甘肃省生态型政府生态经济管理水平提高的过程中，人均 GDP 的权重为 0.0132，地区生产总值增长率的权重为 0.0040，单位土地面积 GDP 产值的权重为 0.0030，旅游收入占地区 GDP 比重的权重为 0.0375，工业产值占 GDP 比重的权重为 0.0125，工业用水重复利用率的权重为 0.0104，工业固体废弃物综合利用率的权重为 0.0280，城市生活垃圾无害化处理率的权重为 0.0416。对于经济发展水平而言，人均 GDP 的权重为 0.66，地区生产总值增长率的权重为 0.20，单位土地面积 GDP 产值的权重为 0.15；对于产业结构而言，旅游收入占地区 GDP 比重的权重为 0.75，工业产值占 GDP 比重的权重为 0.25；对于循环经济发展而言，工业用水重复利用率的权重为 0.13，工业固体废弃物综合利用率的权重为 0.35，城市生活垃圾无害化处理率的权重为 0.52。

在甘肃省生态型政府客观生态承载力提升的过程中，人口自然增长率的权重为 0.0016，人均水资源量的权重为 0.0042，人均耕地面积的权重为 0.0037，单位 GDP 能耗的权重为 0.0190，单位 GDP 水耗的权重为 0.0190，水污染物排放程度的权重为 0.0837，大气污

染物排放程度的权重为 0.0837，清洁能源使用率的权重为 0.0883，
农村秸秆综合利用率的权重为 0.0179，节水灌溉面积占有效灌溉面
积比的权重为 0.0131。对于人口资源占有情况而言，人口自然增长
率的权重为 0.17，人均水资源量的权重为 0.44，人均耕地面积的权
重为 0.39；对于资源消耗而言，单位 GDP 能耗的权重为 0.50，单
位 GDP 水耗的权重为 0.50；对于污染排放而言，水污染物排放程
度的权重为 0.50，大气污染物排放程度的权重为 0.50；对于资源利
用而言，清洁能源使用率的权重为 0.74，农村秸秆综合利用率的权
重为 0.15，节水灌溉面积占灌溉面积比的权重为 0.11。

　　在甘肃省生态型政府生态保障管理水平提升的过程中，城市化
水平的权重为 0.0021，居民平均预期寿命的权重为 0.0042，社会保
险覆盖率的权重为 0.0237，环境管理能力标准化建设达标率的权重
为 0.0050，国控、省控、市控监测站总数的权重为 0.0050。对于人
民生活而言，城市化水平的权重为 0.07，居民平均预期寿命的权重
为 0.14，社会保险覆盖率的权重为 0.79；对于生态管理而言，环境
管理能力标准化建设达标率的权重为 0.50，国控、省控、市控监测
站总数的权重为 0.50。

　　在甘肃省生态型政府生态环境控制水平提升的过程中，天然气
基础储量占全国比重权重为 0.0134，煤炭基础储量占全国比重权重
为 0.0067，可开发的水能资源总量占全国比重权重为 0.0134，省会
城市全年 API 优良天数权重为 0.0754，农村卫生厕所普及率权重为
0.0128，集中式饮用水水源水质达标率权重为 0.0305，旅游区环境
达标率权重为 0.0417，森林覆盖率的权重为 0.0721，自然保护区占
辖区面积比重的权重为 0.0311，水土流失治理率的权重为 0.0078。
对于资源优势而言，天然气基础储量占全国比重的权重为 0.40，煤
炭基础储量占全国比重的权重为 0.20，可开发的水能资源总量占全
国比重的权重为 0.40；对于生态质量而言，省会城市全年 API 优良
天数的权重为 0.47，农村卫生厕所普及率的权重为 0.08，集中式饮
用水水源水质达标率的权重为 0.19，旅游区环境达标率的权重为

0.26；对于生态保育而言，森林覆盖率的权重为 0.65，自然保护区占辖区面积比重的权重为 0.28，水土流失治理率的权重为 0.07。

在甘肃省生态型政府生态发展引导能力增强的过程中，九年义务教育普及率的权重为 0.0484，生态型政府宣传教育普及率的权重为 0.0161，研发支出占 GDP 比重的权重为 0.0223，环保投资占 GDP 比重的权重为 0.0223，公众对环境保护的满意度的权重为 0.0032。九年义务教育普及率的权重为 0.75，生态型政府宣传教育普及率的权重为 0.25，研发支出占 GDP 比重的权重为 0.50，环保投资占 GDP 比重的权重为 0.50，公众对环境保护的满意度的权重为 0.0564。

（4）指标层对于目标层的权重结果。结合表 4 - 20、表 4 - 21 和表 4 - 22 计算的各个层次之于上一层次的权重结果，得到的指标层之于目标层的权重结果如表 4 - 23 所示。该表 4 - 23 反映了所有指标经过德尔菲法和方根法计算的生态型政府建设过程中每一个具体的指标对于生态型政府建设的重要性程度。

根据表 4 - 23 中 D 层指标层对于 A 层目标层权重的结果，可以看出，在甘肃省生态型政府建设的过程中，各指标的权重分别为人均 GDP（0.0033），地区生产总值增长率（0.0010），单位土地面积 GDP 产值（0.0008），旅游收入占 GDP 比重（0.0094），工业产值占 GDP 比重（0.0031），工业用水重复利用率（0.0026），工业固体废弃物综合利用率（0.0070），城市生活垃圾无害化处理率（0.0104），人口自然增长率（0.0003），人均水资源量（0.0009），人均耕地面积（0.0008），单位 GDP 能耗（0.0040），单位 GDP 水耗（0.0040），水污染物排放程度（0.0176），大气污染物排放程度（0.0176），清洁能源使用率（0.0185），农村秸秆综合利用率（0.0038），节水灌溉面积占灌溉面积比重（0.0028），城市化水平（0.0007），居民平均预期寿命（0.0013），社会保险覆盖率（0.0073），环境管理能力标准化建设达标率（0.0016），国控、省控、市控监测站总数（0.0016），天然气基础储量占全国比重（0.0012），

表 4 - 23   指标层对于目标层权重计算

状态层指标	生态经济	生态承载力	生态保障	生态环境	生态发展	总权重
B 层对 A 层权重	0.25	0.21	0.31	0.09	0.15	
1　人均 GDP	0.0132					0.0033
2　地区生产总值增长率	0.0040					0.0010
3　单位土地面积 GDP 产值	0.0030					0.0008
4　旅游收入占 GDP 比重	0.0375					0.0094
5　工业产值占 GDP 比重	0.0125					0.0031
6　工业用水重复利用率	0.0104					0.0026
7　工业固体废弃物综合利用率	0.0280					0.0070
8　城市生活垃圾无害化处理率	0.0416					0.0104
9　人口自然增长率		0.0016				0.0003
10　人均水资源量		0.0042				0.0009
11　人均耕地面积		0.0037				0.0008
12　单位 GDP 能耗		0.0190				0.0040
13　单位 GDP 水耗		0.0190				0.0040
14　水污染物排放程度		0.0837				0.0176
15　大气污染物排放程度		0.0837				0.0176
16　清洁能源使用率		0.0883				0.0185
17　农村秸秆综合利用率		0.0179				0.0038
18　节水灌溉面积占灌溉面积比重		0.0131				0.0028
19　城市化水平			0.0021			0.0007
20　居民平均预期寿命			0.0042			0.0013
21　社会保险覆盖率			0.0237			0.0073
22　环境管理能力标准化建设达标率			0.0050			0.0016
23　国控、省控、市控监测站总数			0.0050			0.0016
24　天然气基础储量占全国比重				0.0134		0.0012
25　煤炭基础储量占全国比重				0.0067		0.0006

续表

状态层指标		生态经济	生态承载力	生态保障	生态环境	生态发展	总权重
B 层对 A 层权重		0.25	0.21	0.31	0.09	0.15	
26	可开发的水能资源总量占全国比重				0.0134		0.0012
27	省会城市全年 API 优良天数				0.0754		0.0068
28	农村卫生厕所普及率				0.0128		0.0012
29	集中式饮用水源水质达标率				0.0305		0.0027
30	旅游区环境达标率				0.0417		0.0038
31	森林覆盖率				0.0721		0.0065
32	自然保护区占辖区面积比重				0.0311		0.0028
33	水土流失治理率				0.0078		0.0007
34	九年义务教育普及率					0.0484	0.0073
35	生态型政府宣传教育普及率					0.0161	0.0024
36	研发支出占 GDP 比重					0.0223	0.0033
37	环保投资占 GDP 比重					0.0223	0.0033
38	公众对环境保护的满意度					0.0032	0.0005

煤炭基础储量占全国比重（0.0006），可开发的水能资源总量占全国比重（0.0012），省会城市全年 API 优良天数（0.0068），农村卫生厕所普及率（0.0012），集中式饮用水水源水质达标率（0.0027），旅游区环境达标率（0.0038），森林覆盖率（0.0065），自然保护区占辖区面积比重（0.0028），水土流失治理率（0.0007），九年义务教育普及率（0.0073），生态型政府宣传教育普及率（0.0024），研发支出占 GDP 比重（0.0033），环保投资占 GDP 比重（0.0033），公众对环境保护的满意度（0.0005）。

2. 判断矩阵的基本一致性检验

基本一致性检验是测度判断矩阵是否能够接受的一种评价方法。在层次分析法的过程中，德尔菲法形成的判断矩阵可能存在着因专家主观个人偏好和价值判断与客观实际情况相反的情况，这时引入基本一致性检验可以评价专家定性评价形成的判断矩阵是否符合事实情况。当判断矩阵通过基本一致性检验，意味着专家定性评价形成的判断矩阵，进而由判断矩阵计算的各层次的权重也就具有了客观性，该权重能够较好地反映出具体指标对于生态型政府建设的重要性。基本一致性的检验需要根据判断矩阵的元素值计算出相应的判断矩阵的一致性指标 CI，并结合表 4 - 2 给出的随机一致性指标 RI 参数值，计算出相应的一致性比例 CR，当一致性比例 CR 的数值小于 0.1 时，意味着判断矩阵是满意性一致性矩阵，具体的权重也就是客观的；当一致性比例 CR 的数值等于 0 时，可以称判断矩阵是完全一致性矩阵，但是，这样的情况极少存在；当一致性比例 CR 的数值大于 0.1 时，判断矩阵不具有一致性，权重计算结果也就失去了客观性，此时需要进行判断矩阵的重新修正。根据判断矩阵基本一致性检验的基本方法，计算出的判断矩阵基本一致性的数值结果如表 4 - 24 所示。

表 4 - 24　　　　　　　　　　状态层基本一致性检验

目标层	特征根	CI $(\lambda_{max} - n) / (n - 1)$	RI	CR = CI/RI
生态经济	1.33			
生态保障	1.16			
生态承载力	1.22	- 0.767	1.12	- 0.685 < 0.1
生态环境	1.04			
生态发展	1.93			

由表 4 - 24 和表 4 - 25 判断矩阵基本以执行检验的结果可以看出，B 层状态层的一致性比例为 - 0.685，CR 的数值小于 0.1；C 层准则层的一致性比例为 - 0.339，CR 的数值小于 0.1。因此可以说，判断矩阵通过了基本一致性检验，前述状态层、准则层、指标层对于目标层的权重计算结果符合研究的基本要求。

表 4-25 准则层基本一致性检验

状态层	特征根	CI ($\lambda_{max} - n$) / ($n - 1$)	RI	CR = CI/RI
经济水平	0.45			
产业结构	0.94			
循环经济	1.77			
人民生活	0.65			
生态管理	0.18			
人口资源占有	0.17			
资源消耗	0.82			
资源利用	2.43	-7.541	1.59	-0.339 < 0.1
污染排放	2.23			
资源优势	0.61			
生态质量	3.10			
生态保育	2.21			
生态教育	2.51			
生态投资	0.92			
生态参与	1.08			

3. 指标总排序

综合上述指标层权重的计算结果，基本一致性检验，结合 B 层生态经济、生态保障、生态承载力、生态环境和生态发展，以及 C 层准则层 15 个指标对于目标层的权重结果，得到如表 4-26 所示的生态型政府建设指标综合权重值的综合排序情况。

表 4-26 生态型政府建设指标综合权重排序情况

指标	权重值	排序
清洁能源使用率	0.0185	1
水污染物排放程度	0.0176	2
大气污染物排放程度	0.0176	2
城市生活垃圾无害化处理率	0.0104	3
旅游收入占 GDP 比重	0.0094	4

续表

指标	权重值	排序
社会保险覆盖率	0.0073	5
九年义务教育普及率	0.0073	5
工业固体废弃物综合利用率	0.007	6
省会城市全年 API 优良天数	0.0068	7
森林覆盖率	0.0065	8
单位 GDP 能耗	0.004	9
单位 GDP 水耗	0.004	9
农村秸秆综合利用率	0.0038	10
旅游区环境达标率	0.0038	10
人均 GDP	0.0033	11
研发支出占 GDP 比重	0.0033	11
环保投资占 GDP 比重	0.0033	11
工业产值占 GDP 比重	0.0031	13
节水灌溉面积占灌溉面积比重	0.0028	14
自然保护区占辖区面积比重	0.0028	14
集中式饮用水源水质达标率	0.0027	15
工业用水重复利用率	0.0026	16
生态型政府宣传教育普及率	0.0024	17
环境管理能力标准化建设达标率	0.0016	18
国控、省控、市控监测站总数	0.0016	18
居民平均预期寿命	0.0013	19
天然气基础储量占全国比重	0.0012	20
可开发的水能资源总量占全国比重	0.0012	20
农村卫生厕所普及率	0.0012	20
地区生产总值增长率	0.001	21
人均水资源量	0.0009	22
单位土地面积 GDP 产值	0.0008	23
人均耕地面积	0.0008	23
城市化水平	0.0007	24
水土流失治理率	0.0007	24

续表

指标	权重值	排序
煤炭基础储量占全国比重	0.0006	25
公众对环境保护的满意度	0.0005	26
人口自然增长率	0.0003	27

根据表 4 - 26 所计算的甘肃省生态型政府建设指标综合权重排序情况，表中的权重值是 D 层指标层中的具体指标对于 A 层目标层的相对重要性。从表 4 - 26 中的综合权重及相关排序基本情况，做如下分析：

从综合权重值大小的基本情况来看，依次为清洁能源使用率，对于生态型政府建设的权重为 0.0185；水污染物排放程度，对于生态型政府建设的权重为 0.0176；大气污染物排放程度，对于生态型政府建设的权重为 0.0176；城市生活垃圾无害化处理率，对于生态型政府建设的权重为 0.0104；旅游收入占 GDP 比重 0.0094，社会保险覆盖率对于生态型政府建设的权重为 0.0073；九年义务教育普及率，对于生态型政府建设的权重为 0.0073；工业固体废弃物综合利用率，对于生态型政府建设的权重为 0.007；省会城市全年 API 优良天数，对于生态型政府建设的权重为 0.0068；森林覆盖率，对于生态型政府建设的权重为 0.0065；单位 GDP 能耗，对于生态型政府建设的权重为 0.004；单位 GDP 水耗，对于生态型政府建设的权重为 0.004；农村秸秆综合利用率，对于生态型政府建设的权重为 0.0038；旅游区环境达标率，对于生态型政府建设的权重为 0.0038；人均 GDP，对于生态型政府建设的权重为 0.0033；研发支出占 GDP 比重，对于生态型政府建设的权重为 0.0033；环保投资占 GDP 比重，对于生态型政府建设的权重为 0.0033；工业产值占 GDP 比重，对于生态型政府建设的权重为 0.0031；节水灌溉面积占有效灌溉面积比重，对于生态型政府建设的权重为 0.0028；自然保护区占辖区面积比重，对于生态型政府建设的权重为 0.0028；集中式饮用水水源水质达标率，对于生态型政府建设的权重为 0.0027；工业用水重复利用率，对于生态型政府建设的权重为 0.0026；生态型政府宣传教育普及率，对于生态型政府建设的权重为 0.0024；环境管理能力标准化建设达标率，对于生态型政府建设的权重为 0.0016；国控、省控、市控监测站总数，对于生态型政府建设的权重为 0.0016；居民平均预期寿命，对于生态型政府建设的权重为 0.0013；天然气基础储量占全国比重，对于生态型政府建设的权重为 0.0012；可开发的水能资源总量占全国比重，对于生态型政府建设的权重为 0.0012；农村卫生厕所普及率，对于生态型政府建设的权重为 0.0012；地区生产总值增长率，对于生态型政府建设的权重为 0.001；人均水资源量，对于生态型政府建设的权重为 0.0009；单位土地面积 GDP 产值，对于生态型政府建设的权重为 0.0008；人均耕地面积，对于生态型政府建设的权重为 0.0008；城市化水平，对于生态型政府建设的权重为 0.0007；水土流失治理率，对于生态型政府建设的权重为 0.0007；煤炭基础储量占全国比重，对于生态型政府建设的权重为 0.0006；公众对环境保护的满意度，对于生态型政府建设的权重为 0.0005；人口自然增长率，对于生态型政府建设的权重为 0.0003。最高权重指标与最低权重指标之间的权重值相差了 0.0182。

结合 B 层准则层和 C 方案层及其指标所属基本情况，从权重值位于前十位的各个指标所反映的信息来看，甘肃省生态型政府模式的选择和可持续推进，需要着重坚持客观生态承载力和生态经济管理水平的基本准则，坚持发展循环经济，尊重客观环境的基本规律，将甘肃省生态型政府模式的选择和建设与甘肃省当前所拥有的资源实力和面临资源环境压力相结合。此外，甘肃省生态型政府模式的建设与可持续推进需要重点解决资源消耗、污染排放、资源利用、产业结构、循环经济和人民生活六个方面的突出性矛盾。

第三节　基准年生态型政府建设指标及指标值的实证分析

一　甘肃省基准年生态型政府建设指标及指标值的建立

（一）甘肃省各市州生态型政府建设基本现状

根据层次分析法的基本原理，通过筛选和分析甘肃省生态政府建设的具体指标，确定各指标对于生态型政府建设的综合权重，构建出了甘肃省生态型政府模式评价和考核的指标体系。基于该指标体系的基本架构和内容，结合甘肃省各市州 2010 年基本现状，从《甘肃统计年鉴（2010）》、甘肃省政府及相关部门网站、各市州 2010 年国民经济和社会发展统计公报等权威机构和书籍收集了甘肃省生态型政府模式评价和考核的原始数据，具体数据信息见表 4 - 27。

表 4 - 27　2010 年甘肃省各市州生态型政府建设指标原始数据

市州	地区生产总值（万元）	人均GDP（元/人）	地区生产总值增长率（%）	单位土地面积GDP产值（万元/公顷）	旅游收入占GDP比重（%）	工业产值占GDP比重（%）	工业用水重复利用率（%）	工业固体废弃物综合利用率（%）
兰州市	11003898	30672	18.83	52.53	0.57	36.27	95.15	81.45513
嘉峪关市	1843192	83214	15.16	649.01	0.41	77.82	99.61	33.46401
金昌市	2105134	45374	8.09	31.1	0.11	72.37	81.38	19.7364
白银市	3111826	17956	17.28	10.32	0.05	46.3	85.71	34.89368
天水市	3002285	9202	15.47	7.87	1.23	26.69	85.72	84.39318
武威市	2287676	12250	18.66	8.98	0.39	26.43	24.79	80.34111
张掖市	2127010	17093	10.74	9.07	0.43	26.05	78.73	75.41935
平凉市	2318873	11202	18.52	6.23	0.89	38.13	73.04	84.20126
酒泉市	4050348	38305	26.16	25.76	0.93	42.72	92.6	38.36061

续表

市州	地区生产总值（万元）	人均GDP（元/人）	地区生产总值增长率（%）	单位土地面积GDP产值（万元/公顷）	旅游收入占GDP比重（%）	工业产值占GDP比重（%）	工业用水重复利用率（%）	工业固体废弃物综合利用率（%）
庆阳市	3576095	15095	18.33	8.02	0.12	54.1	93.64	95.2468
定西市	1560193	5530	18.25	3.03	0.66	15.76	68.39	75.35934
陇南市	1694276	6020	19.03	5.89	0.32	19.84	88.61	81.71426
临夏州	1063786	5441	14.18	7.4	1.05	20.4	93.82	99.09326
甘南州	676898	9876	17.41	10.12	0.92	21.35	13.99	25.01577

市州	城市生活垃圾清运量（万吨）	城市化水平（%）	社会保险覆盖率（%）	人口自然增长率（%）	人均水资源量（立方米）	人均耕地面积（人/公顷）	单位GDP水耗万元（立方米）	节水灌溉面积占灌溉面积比（%）	化学需氧量排放强度（吨/万元）
兰州市	124.09	76.28	59.85	4.91	63.78	651.15	17.61	22.86	0.0043
嘉峪关市	8.10	93.32	65.52	5.62	26.38	136.21	397.67	40.07	0.002
金昌市	12.77	62.1	72.26	4.79	197.99	1475.8	449.51	13.94	0.0036
白银市	16.50	39.48	80.06	5.55	125.35	1678.47	131.46	5.47	0.0037
天水市	32.10	28.36	85.83	6.85	215.06	1029.57	528.09	11.64	0.0042
武威市	14.50	27.56	82.31	5.26	639.71	1329.05	1025.32	14.76	0.0049
张掖市	6.96	34.84	83.24	5.21	2427.93	1789.85	148.18	7.39	0.0077
平凉市	10.70	29.09	84.86	5.89	289.67	1604.11	1286.66	10.53	0.0046
酒泉市	10.50	50.05	74.55	4.62	2036.57	1557.96	55.09	14.99	0.0027
庆阳市	9.90	23.79	89.17	7.34	230.72	1713.09	114.57	12.49	0.0022
定西市	7.00	23.42	82.66	5.52	340.99	1721.57	120.03	4.02	0.004
陇南市	5.81	19.7	89.07	6.22	1267.46	1022.86	247.59	7.49	0.0048
临夏州	10.00	24.3	79.7	7.99	438.67	678.66	79.81	4.79	0.0063
甘南州	3.02	24.26	78.72	7.67	11690.75	918.81	125.43	1.07	0.0065

市州	NH_3-H排放强度（吨/万元）	二氧化硫排放强度（吨/万元）	城市全年API优良率（%）	农村卫生公共厕所（个）	森林覆盖率（%）	自然保护区占辖区面积比重（%）	九年义务教育普及率（%）	研发支出占GDP比重（%）
兰州市	0.0005	0.0086	61.1	347	25.02	21.59	100.00	1.52
嘉峪关市	0.0004	0.0133	85.5	94	36.67	14.49	100.00	2.86
金昌市	0.0028	0.0413	86.6	78	32.38	25.95	100.00	1.7

续表

市州	NH₃-H 排放强度 (吨/万元)	二氧化硫 排放强度 (吨/万元)	城市全年 API 优良 率（%）	农村卫生 公共厕所 （个）	森林覆盖 率（%）	自然保护 区占辖区 面积比重 （%）	九年义务 教育普及 率（%）	研发支出占 GDP 比重 （%）
白银市	0.0005	0.0354	78.6	90	22.73	11.26	99.98	0.2
天水市	0.0004	0.0025	96.4	48	35.20	22.03	99.92	0.36
武威市	0.0004	0.0026	99.2	96	21.40	21.02	99.94	0.07
张掖市	0.0004	0.0096	94.2	68	26.74	23.54	100.00	0.07
平凉市	0.0006	0.0257	95.3	65	29.94	5.19	99.82	0.36
酒泉市	0.0003	0.0036	92.3	58	36.50	5.48	100.00	0.21
庆阳市	0.0002	0.0011	92.3	66	18.40	12.07	97.90	0.02
定西市	0.0005	0.0024	96.4	33	25.43	1.23	99.64	0.11
陇南市	0.0011	0.0039	95.8	38	2.69	0.6	99.20	0.04
临夏州	0.0006	0.0077	94.2	21	22.46	3.38	98.36	0.01
甘南州	0.0005	0.0023	98.1	12	6.46	5.14	98.68	0.03

资料来源：《甘肃统计年鉴（2010）》《甘肃省国民经济和社会发展统计公报》以及《甘肃省环境质量报告书》（2010 年）。

（二）关联度分析

关联度分析需要在原始数据标准化处理（无量纲化）基础上做相应变换。原始数据标准化处理即将原始数据均转换为无量纲化指标测评值，使各指标值都处于同一个数量级别上，解决因各指标值单位、数据类型等造成的数据之间在比较上的差异，便于数据的综合测评分析。具体而言，可通过线性比例变换法实现各个指标值的标准化处理。线性比例变换法的基本公式如下：

对效益指标：$K_{ij} = \dfrac{X_{ij}}{X_j^{\max}}$

对成本指标：$K_{ij} = \dfrac{X_j^{\max}}{X_{ij}}$

根据以上相应的原始数据标准化处理方法，通过计算离差矩阵，可以得到 $\max\limits_{i}\max\limits_{k}|X_{ok} - X_{ik}|$ 的值，在标准化处理及离差计算处理的基础上，结合下面的两个公式，就可以计算出关联系数 ε_i（k）和关

联度 γ_i 了。

$$\varepsilon_i(k) = \frac{\rho \max\limits_i \max\limits_k |X_{ok} - X_{ik}|}{|X_{ok} - X_{ik}| + \rho \max\limits_i \max\limits_k |X_{ok} - X_{ik}|}$$

$$\gamma_i = \frac{1}{n}\sum_{j=1}^{n}\varepsilon_i(k)$$

1. 指标序列的标准化

指标序列的无量纲化有利于实现数据之间的横纵向比较，并为计算对应差序列表提供基础数据。根据表 4 - 27 给出的 2010 年甘肃省各地（州、市）生态型政府建设指标原始数据，使用无量纲化处理的 14 个市州的结果如表 4 - 28 所示。

表 4 - 28　　　　2010 年甘肃省各市州指标无量纲化处理结果

市州	地区生产总值	人均GDP	地区生产总值增长率	单位土地面积GDP产值	旅游收入占地区GDP比重	工业产值占GDP比重	工业用水重复利用率	工业固体废弃物综合利用率	城市生活垃圾清运量
兰州市	3.23	0.40	0.47	-0.04	-0.02	-0.06	0.71	0.59	3.39
嘉峪关市	-0.42	2.84	-0.40	3.46	-0.44	2.07	0.88	-1.13	-0.37
金昌市	-0.31	1.09	-2.08	-0.17	-1.24	1.79	0.18	-1.62	-0.22
白银市	0.09	-0.18	0.10	-0.29	-1.40	0.45	0.34	-1.08	-0.09
天水市	0.05	-0.59	-0.33	-0.30	1.73	-0.55	0.34	0.70	0.41
武威市	-0.24	-0.45	0.42	-0.30	-0.50	-0.57	-2.01	0.55	-0.16
张掖市	-0.30	-0.22	-1.45	-0.30	-0.39	-0.59	0.07	0.38	-0.40
平凉市	-0.23	-0.50	0.39	-0.31	0.83	0.04	-0.14	0.69	-0.28
酒泉市	0.46	0.76	2.20	-0.20	0.93	0.27	0.61	-0.95	-0.29
庆阳市	0.27	-0.32	0.35	-0.30	-1.21	0.86	0.65	1.09	-0.31
定西市	-0.53	-0.76	0.33	-0.33	0.22	-1.11	-0.32	0.38	-0.40
陇南市	-0.47	-0.74	0.51	-0.32	-0.68	-0.90	0.46	0.60	-0.44
临夏州	-0.73	-0.77	-0.64	-0.31	1.25	-0.88	0.66	1.23	-0.30
甘南州	-0.88	-0.56	0.13	-0.29	0.91	-0.83	-2.42	-1.43	-0.53

市州	城市化水平	社会保险覆盖	人口自然增长率	人均水资源量	人均耕地面积	单位GDP水耗	节水灌溉面积占有效灌溉面积比	化学需氧量排放强度	NH_3-H排放强度
兰州市	1.62	-2.26	-0.96	-0.45	-1.16	-0.84	1.08	-0.06	-0.24
嘉峪关市	2.37	-1.60	-0.31	-0.46	-2.18	0.16	2.84	-1.48	-0.40
金昌市	0.99	-0.81	-1.07	-0.40	0.47	0.29	0.17	-0.49	3.30
白银市	-0.01	0.11	-0.37	-0.43	0.87	-0.54	-0.69	-0.43	-0.24
天水市	-0.50	0.79	0.81	-0.40	-0.41	0.50	-0.06	-0.12	-0.40
武威市	-0.54	0.37	-0.64	-0.26	0.18	1.80	0.26	0.31	-0.40
张掖市	-0.22	0.48	-0.68	0.33	1.10	-0.50	-0.50	2.04	-0.40
平凉市	-0.47	0.67	-0.06	-0.37	0.73	2.48	-0.18	0.13	-0.09
酒泉市	0.46	-0.54	-1.22	0.20	0.64	-0.74	0.28	-1.04	-0.55
庆阳市	-0.71	1.18	1.26	-0.39	0.94	-0.58	0.02	-1.35	-0.70
定西市	-0.72	0.41	-0.40	-0.36	0.96	-0.57	-0.84	-0.24	-0.24
陇南市	-0.89	1.17	0.24	-0.05	-0.42	-0.24	-0.49	0.25	0.68
临夏州	-0.68	0.07	1.85	-0.32	-1.10	-0.67	-0.76	1.18	-0.09
甘南州	-0.69	-0.05	1.56	3.37	-0.63	-0.55	-1.14	1.30	-0.24

市州	二氧化硫排放强度	城市全年API优良率	农村卫生公共厕所（个）	森林覆盖率	自然保护区占辖区面积比重	九年义务教育普及率	研发支出占GDP比重
兰州市	-0.22	-2.90	3.29	0.06	1.02	0.66	1.14
嘉峪关市	0.14	-0.49	0.18	1.20	0.24	0.66	2.69
金昌市	2.27	-0.38	-0.02	0.78	1.50	0.66	1.35
白银市	1.82	-1.17	0.13	-0.17	-0.12	0.63	-0.39
天水市	-0.68	0.59	-0.39	1.05	1.07	0.55	-0.21
武威市	-0.67	0.87	0.20	-0.30	0.96	0.57	-0.55
张掖市	-0.14	0.37	-0.14	0.23	1.24	0.66	-0.55
平凉市	1.09	0.48	-0.18	0.54	-0.79	0.41	-0.21
酒泉市	-0.60	0.18	-0.27	1.18	-0.76	0.66	-0.38
庆阳市	-0.79	0.18	-0.17	-0.59	-0.03	-2.29	-0.60
定西市	-0.69	0.59	-0.57	0.10	-1.23	0.15	-0.50
陇南市	-0.57	0.53	-0.51	-2.13	-1.30	-0.47	-0.58
临夏州	-0.28	0.37	-0.72	-0.19	-0.99	-1.65	-0.61
甘南州	-0.69	0.76	-0.83	-1.76	-0.80	-1.20	-0.59

2. 对应差序列

对应差序列表的计算以无量纲化处理的数据结果为基础依据，并以纵向序列作为参考标准序列，然后计算各指标序列与参考序列之间的差值，形成指标序列对应差数列表；对应差序列的计算是为计算各市州关联系数和关联度做准备的。表 4 – 29 是以 2010 年甘肃省各市州地区生产总值无量纲化数据作为参考序列，然后通过求解其他序列与参考序列的差值，得到的对应差序列情况。

表 4 – 29　　　　　2010 年甘肃省各市州指标差序列情况
（以地区生产总值为初始序列）

市州	地区生产总值	人均GDP	地区生产总值增长率	单位土地面积GDP产值	旅游收入占GDP比重	工业产值占GDP比重	工业用水重复利用率	工业固体废弃物综合利用率	城市生活垃圾清运量
兰州市	0.00	2.82	2.76	3.27	3.25	3.29	2.52	2.64	0.16
嘉峪关市	0.00	3.26	0.01	3.88	0.03	2.49	1.30	0.71	0.05
金昌市	0.00	1.40	1.77	0.14	0.93	2.10	0.49	1.31	0.10
白银市	0.00	0.27	0.01	0.38	1.40	0.37	0.25	1.17	0.18
天水市	0.00	0.64	0.38	0.35	1.68	0.60	0.30	0.65	0.36
武威市	0.00	0.21	0.66	0.06	0.26	0.33	1.77	0.79	0.08
张掖市	0.00	0.08	1.15	0.01	0.09	0.28	0.38	0.68	0.10
平凉市	0.00	0.27	0.62	0.09	1.05	0.26	0.08	0.92	0.06
酒泉市	0.00	0.30	1.74	0.66	0.47	0.19	0.15	1.42	0.75
庆阳市	0.00	0.59	0.07	0.58	1.49	0.58	0.38	0.82	0.58
定西市	0.00	0.23	0.86	0.20	0.75	0.59	0.20	0.90	0.13
陇南市	0.00	0.26	0.99	0.16	0.21	0.43	0.93	1.08	0.03
临夏州	0.00	0.04	0.09	0.42	1.98	0.15	1.38	1.95	0.42
甘南州	0.00	0.32	1.01	0.59	1.79	0.05	1.54	0.55	0.35

市州	城市化水平	社会保险覆盖率	人口自然增长率	人均水资源量	人均耕地面积	单位GDP水耗	节水灌溉面积占灌溉面积比重	化学需氧量排放强度	$NH_3 - H$排放强度
兰州市	1.61	5.49	4.19	3.68	4.39	4.07	2.15	3.29	3.47
嘉峪关市	2.79	1.18	0.11	0.04	1.76	0.57	3.26	1.06	0.02

续表

市州	城市化水平	社会保险覆盖率	人口自然增长率	人均水资源量	人均耕地面积	单位GDP水耗	节水灌溉面积占灌溉面积比重	化学需氧量排放强度	NH$_3$-H排放强度
金昌市	1.30	0.50	0.76	0.09	0.79	0.60	0.48	0.18	3.61
白银市	0.10	0.02	0.46	0.52	0.79	0.63	0.78	0.52	0.33
天水市	0.55	0.74	0.77	0.44	0.45	0.45	0.11	0.16	0.44
武威市	0.30	0.61	0.40	0.02	0.42	2.04	0.49	0.55	0.16
张掖市	0.08	0.79	0.38	0.63	1.40	0.19	0.19	2.34	0.09
平凉市	0.25	0.90	0.16	0.15	0.95	2.71	0.05	0.35	0.14
酒泉市	0.01	1.00	1.69	0.26	0.17	1.20	0.18	1.51	1.01
庆阳市	0.98	0.90	0.99	0.67	0.67	0.86	0.25	1.63	0.99
定西市	0.20	0.94	0.13	0.17	1.49	0.04	0.31	0.29	0.29
陇南市	0.41	1.64	0.71	0.42	0.05	0.24	0.01	0.73	1.16
临夏州	0.04	0.79	2.58	0.40	0.38	0.05	0.04	1.90	0.64
甘南州	0.19	0.83	2.44	4.25	0.25	0.32	0.26	2.18	0.64

市州	二氧化硫排放强度	城市全年API优良率	农村卫生公共厕所普及率	森林覆盖率	自然保护区占辖区面积比重	九年义务教育普及率	研发支出占GDP比重
兰州市	3.44	6.12	0.06	3.17	2.21	2.57	2.09
嘉峪关市	0.56	0.07	0.59	1.61	0.65	1.07	3.11
金昌市	2.58	0.07	0.29	1.09	1.81	0.97	1.66
白银市	1.73	1.26	0.04	0.26	0.21	0.54	0.48
天水市	0.72	0.54	0.43	1.01	1.02	0.50	0.25
武威市	0.43	1.10	0.44	0.06	1.20	0.81	0.31
张掖市	0.16	0.67	0.16	0.53	1.54	0.96	0.24
平凉市	1.31	0.71	0.05	0.76	0.57	0.63	0.02
酒泉市	1.06	0.28	0.73	0.72	1.22	0.20	0.85
庆阳市	1.06	0.09	0.44	0.86	0.31	2.57	0.88
定西市	0.16	1.12	0.04	0.63	0.70	0.68	0.03
陇南市	0.10	1.00	0.04	1.65	0.83	0.01	0.11
临夏州	0.44	1.10	0.01	0.53	0.27	0.92	0.11
甘南州	0.18	1.64	0.05	0.88	0.08	0.32	0.29

3. 关联系数与关联度

关联度系数和关联度的计算需要设定分辨系数，分辨系数是位于 0—1 的数值，具体设定为 0.5。由此根据上述计算的对应差序列结果，以及关联系数和关联度计算的公式，计算出的甘肃省 14 个市州的关联系数和关联度结果，具体如表 4-30 所示。

表 4-30　　　　　甘肃省 14 个市州的关联系数和关联度

市州	对应差序列最小值	对应差序列最大值	关联系数	排名	各市州关联度
兰州市	0	6.12	0.666667	1	0.451445
甘南州	0	4.25	0.581222	2	
嘉峪关市	0	3.88	0.559007	3	
金昌市	0	3.61	0.541046	4	
平凉市	0	2.71	0.469334	5	
临夏州	0	2.58	0.457251	6	
庆阳市	0	2.57	0.456201	7	
张掖市	0	2.34	0.433518	8	
武威市	0	2.04	0.3995	9	
酒泉市	0	1.74	0.36216	10	
白银市	0	1.73	0.361725	11	
天水市	0	1.68	0.354934	12	
陇南市	0	1.65	0.350481	13	
定西市	0	1.49	0.327189	14	

从表 4-30 甘肃省 14 个市州的关联系数与关联度计算结果来看，兰州市生态型政府建设各指标之间的关联系数较其余市州高，其关联系数为 0.666667，位居 14 个各市州之首；定西市生态型政府建设各指标的关联系数最低，关联度值为 0.327189，为 14 个市州的最后一位，较兰州市关联度值低 0.339478。从甘肃省 14 个市州之间的关联度值来看，14 市州的关联度值为 0.451445，该值处

于 0—1，相对较小。也就是说，在甘肃省内部，各市州之间的关联度是相对较低的，因而有必要加强各市州之间的内部合作，从整体上推进甘肃省生态型政府的建设，提高甘肃省全省的生态型政府建设水平。

（三）甘肃省基准年生态型政府建设考评指标

甘肃省 14 个市州的关联系数和关联度表明了甘肃省生态型政府建设过程中府际之间的相互依存情况，从结果来看，甘肃省内部各市州之间的相互依存程度较低。基于此，将以 2010 年作为基准年，具体实证甘肃省生态型政府建设的现实情况及其未来发展趋势，表 4 - 31 给出了 2010 年甘肃省生态型政府建设指标及指标值基本情况，并依据指标具有的内涵，界定了甘肃省生态型政府建设过程中具体指标的属性。

表 4 - 31　2010 年甘肃省生态型政府建设指标及指标值基本情况

指标层	基准年（2010 年）值	计量单位	指标说明
1. 人均 GDP	16113	元/人	约束性
2. 地区生产总值增长率	11.7	%	约束性
3. 单位土地面积 GDP 产值	90765.42	万元/平方千米	约束性
4. 旅游收入占地区 GDP 比重	5.73	%	期望性
5. 工业产值占 GDP 比重	38.9	%	约束性
6. 工业用水重复利用率	63.91	%	约束性
7. 工业固体废弃物综合利用率	46.28	%	约束性
8. 城市生活垃圾无害化处理率	37.95	%	约束性
9. 城市化水平	36.12	%	约束性
10. 居民平均预期寿命	73.25	岁	期望性
11. 社会保险覆盖率	27.73	%	约束性
12. 贫困人口比率	14.8	%	约束性
13. 人口自然增长率	6.03	%	约束性
14. 人均水资源量	987.8	立方米/人	约束性
15. 人均耕地面积	13.61	亩/人	约束性
16. 单位 GDP 能耗	1.8	吨标煤/万元	约束性

续表

指标层	基准年（2010 年）值	计量单位	指标说明
17. 单位 GDP 水耗	3.3887	立方米/万元	约束性
18. 节水灌溉面积占灌溉面积比重	67.2	%	期望性
19. 水污染物排放强度 化学需氧量 NH_3-H	245.87 1753.51	千克/万元	约束性
20. 大气污染物（SO_2）排放强度	74.68	千克/万元	约束性
21. 省会城市全年 API 优良率	61.1	%	约束性
22. 农村卫生厕所普及率	57.75	%	期望性
23. 森林覆盖率	11.53	%	约束性
24. 自然保护区占辖区面积比重	1.35	%	约束性
25. 九年义务教育普及率	99.46	%	约束性
26. 研发支出占 GDP 比重	10.09	%	约束性
27. 环保投资占 GDP 比重	1.29	%	约束性
28. 公众对环境保护的满意度	70.3 *	分	期望性

注：* 表示该值使用《环境保护部关于 2010 年度全国城市环境综合整治定量考核结果的通报》的全国抽样值。

资料来源：《甘肃统计年鉴（2010）》和《环境保护部关于 2010 年度全国城市环境综合整治定量考核结果的通报》。

从表 4－31 中可知，甘肃省基准年生态型政府建设量化指标包括约束性指标和期望性指标两类，期望性指标是国家期望的发展目标，主要依靠市场主体的自主行为实现，政府要创造良好的宏观环境、制度环境和市场环境，并适时调整宏观调控方向和力度，综合运用各种政策引导社会资源配置，努力争取实现；约束性指标是在期望性基础上进一步明确并强化政府责任指标，是中央政府在公共服务与涉及公众利益领域对地方政府和中央政府有关部门提出的工作要求，政府要通过合理配置公共资源和有效运用行政力量，确保实现。

二 甘肃省生态型政府建设现状评价

综合前述部分使用层次分析法计算准则层、方案层和指标层的权重以及通过关联度计算基准年甘肃省生态型政府建设指标值的结果，形成了包括准则层、目标层、方案层和指标层的权重，以及指标层基准年指标参考值和相关说明的甘肃省生态政府建设评价指标体系的基本情况，如表4-32所示。

表4-32　　　　　　甘肃省生态型政府建设评价指标体系

目标层	准则层	方案层	指标层	指标值	计量单位	指标说明
生态型政府指标体系	生态经济（0.25）	经济水平（0.02）	1. 人均GDP（0.0033）	≥16000	元/人	约束性
			2. 地区生产总值增长率（0.0010）	≥11	%	约束性
			3. 单位土地面积GDP产值（0.0008）	≥90000	万元/平方千米	约束性
		产业结构（0.05）	4. 旅游收入占地区GDP比重（0.0094）	≥5	%	期望性
			5. 工业产值占GDP比重（0.0031）	≥38	%	约束性
		循环经济（0.08）	6. 工业用水重复利用率（0.0026）	≥63	%	约束性
			7. 工业固体废弃物综合利用率（0.0070）	≥46	%	约束性
			8. 城市生活垃圾无害化处理率（0.0104）	≥37	%	约束性
	生态保障（0.21）	人民生活（0.03）	9. 城市化水平（0.0007）	≥36	%	约束性
			10. 居民平均预期寿命（0.0013）	73.25	岁	期望性
			11. 社会保险覆盖率（0.0073）	≥70	%	约束性
		生态管理（0.01）	12. 人口自然增长率（0.0003）	≤7	%	约束性
			13. 环境管理能力标准化建设达标率（0.0016）	95	%	期望性

续表

目标层	准则层	方案层	指标层	指标值	计量单位	指标说明
生态型政府指标体系	生态承载力（0.31）	人口与资源占有（0.0095）	14. 国控、省控、市控监测站总数（0.0016）	100	个/地（州、市）	期望性
			15. 人均耕地面积（0.0008）	≥13	亩/人	约束性
			16. 人均水资源量（0.0009）	≥900	立方米/人	约束性
		资源消耗（0.0380）	17. 单位 GDP 能耗（0.0040）	≤2	吨标煤/万元	约束性
			18. 单位 GDP 水耗（0.0040）	≤4	立方米/万元	约束性
		资源利用（0.1193）	19. 清洁能源使用率（0.0185）	≥20	%	期望性
			20. 农村可再生资源利用率（0.0038）	≥85	%	期望性
			21. 节水灌溉面积占有效灌溉面积比（0.0028）	≥60	%	期望性
		污染排放（0.1674）	22. 水污染物（COD）排放强度（0.0176） 水污染物（NH_3-H）排放强度	≤250 ≤1800	千克/万元	约束性
			23. 大气污染物（SO_2）排放强度（0.0176）	≤75	千克/万元	约束性
	生态环境（0.09）	资源优势（0.0335）	24. 天然气基础储量占全国比重（0.0012）	0.5	%	约束性
			25. 煤炭基础储量占全国比重（0.0006）	5	%	约束性
			26. 可开发的水能资源总量占全国比重（0.0012）	1	%	约束性
		生态质量（0.1604）	27. 省会全年 API 优良率（0.0068）	≥60	%	约束性
			28. 农村卫生厕所普及率（0.0012）	60	%	期望性
			29. 集中式饮用水源水质达标率（0.0027）	≥95	%	约束性
			30. 旅游区环境达标率（0.0038）	100	%	约束性

续表

目标层	准则层	方案层	指标层	指标值	计量单位	指标说明
生态型政府指标体系	生态环境（0.09）	生态保育（0.1109）	31. 森林覆盖率（0.0065）	≥11	%	约束性
			32. 自然保护区占辖区面积比重（0.0028）	≥1	%	约束性
			33. 水土流失治理率（0.0007）	≥40	%	约束性
	生态发展（0.15）	生态教育（0.0645）	34. 九年义务教育普及率（0.0073）	≥99	%	约束性
			35. 生态型政府宣传教育普及率（0.0024）	≥85	%	期望性
		生态投资（0.0445）	36. 研发支出占GDP比重（0.0033）	≥10	%	约束性
			37. 环保投资占GDP比重（0.0033）	≥1	%	期望性
		生态参与（0.0564）	38. 公众对环境保护的满意度（0.0005）	≥70	分	期望性

注：括号内为某一层元素对其上一层元素的权重。

根据表4-32甘肃省基准年（2010年）38个生态型政府建设指标及指标值的基本情况，期望性量化指标包括旅游收入占GDP比重，居民平均预期寿命，环境管理能力标准化建设达标率，国控、省控、市控监测站总数，清洁能源使用率，农村秸秆综合利用率，节水灌溉面积占灌溉面积比重，农村卫生厕所普及率，生态型政府教育普及率，环保投资占GDP比重，公众对环境保护的满意度。这些指标是以依靠市场主体的自主性力量为方向的国家期望发展的目标层次，在期望性指标下，政府的主要职责在于优化公共政策资源配置，创造有利于市场主体自主创新的金融、投资、财政、产业、人口、资源等各方面的政策机制，促进市场公平合理竞争。

约束性量化指标包括人均GDP、地区生产总值增长率、单位土地面积 GDP 产值、工业产值占 GDP 比重、工业用水重复利用率、工业固体废弃物综合利用率、城市生活垃圾无害化处理率、城市化水平、社会保险覆盖率、人口自然增长率、人均水资源量、人均耕地面积、单位 GDP 能耗、单位 GDP 水耗、水污染物（COD）排放强度、水污染物（$NH_3 - N$）排放强度、大气污染物（SO_2）排放强度、天然气基础储量占全国比重、煤炭基础储量占全国比重、可开发的水能源总量占全国比重、省会城市全年 API 优良率、集中式饮用水源水质达标率、旅游区环境达标率、森林覆盖率、自然保护区占辖区面积比重、水土流失治理率、九年义务教育普及率、研发支出占 GDP 比重等。约束性指标是中央政府就涉及公共权力和公共利益的领域明晰地方政府和中央政府的职能边界，明确各自为实现具体指标所合理使用和配置的公共权力范围，约束性指标既是在期望性指标的基础上对地方政府职责的进一步规范化和定量化，也是地方政府绩效考评的重要性约束依据。

三　目标年生态型政府建设指标及指标值的建立

（一）目标年生态型政府建设因素及方案选择

使用瑞典斯德哥尔摩可持续发展研究所开发的 LEAP 模型，可以建立甘肃省生态型政府考核指标体系中的目标值，在建立甘肃省目标年生态政府建设指标和预测具体指标值的过程中，需要根据不同的预测目标，设计不同的具体可行性的研究方案。基于此，结合甘肃省自改革开放以来的社会经济发展历程，着重分析自 2000 年以来甘肃省政治、经济、文化和生态环境的演化发展趋势，重点把握了甘肃省各市州发展的基本现状，设计了低、中、高三种目标年生态型政府建设指标值预测研究的方案，从三种研究方案的选择来看，研究将假设不存在宏观环境对生态型政府指标值的实质性影响。

具体而言，从生态型政府建设的影响因素来看，甘肃省 14 个市州生态型政府建设受到社会经济发展水平、资源能源利用和污染物排放三个方面因素的影响。正因如此，结合已有研究成果和甘肃省社会经济发展实际，研究方案的具体因子指标选择主要包括三个方面：①社会经济发展水平方面，包括 GDP、第一产业、第二产业、第三产业、工业总产值和人均 GDP 6 个具体研究指标；②资源能源利用方面，具体包括单位 GDP 能耗和单位 GDP 水耗两个具体研究指标；③污染物排放方面，具体包括 COD、$NH_3 - N$、SO_2 和固体废弃物排放 4 个具体研究指标。

低方案、中方案、高方案的具体研究重点和内容叙述如下：

（1）低方案。低方案是关于建立目标年甘肃省生态型政府社会经济发展水平因素预测指标值的研究方案。从低方案的具体设计内容来看，研究假设甘肃省未来经济社会发展按照当前的经济发展路径和趋势演进，预测在该经济发展路径下甘肃省未来的资源能源利用状况和环境污染状况，分析生态型政府模式下生态经济管理能力不变情况下资源能源以及环境污染的趋势。研究将依据甘肃省资源能源的有效供给和污染物总量作为研究控制目标，分析低方案的可行性。

（2）中方案。中方案是关于建立目标年甘肃省生态型政府资源能源利用因素预测指标值的研究方案。从方案类型来看，中方案是低方案和高方案两者的折中，即以甘肃省政府每五年度规划目标，具体选择甘肃省"十二五"规划，以及甘肃省政府节能减排目标作为研究中方案的依据，预测甘肃省经济规划发展模式下资源能源利用量和生态环境污染物的排放量。同低方案类似，研究将依据甘肃省资源能源的有效供给和污染物总量作为研究控制目标分析中方案的可行性。

（3）高方案。高方案是关于建立目标年甘肃省生态型政府污染物排放因素预测指标值的研究方案。在高方案中，甘肃省按照国家整体的规划纲要，具体为"十二五"规划纲要和"十三五"规划纲要，以及我国整体节能减排标准和清洁生产要求为依据，预测目标年甘肃省资源能源利用状况和污染物排放状况。在高方案中，研究将通过结合国家经济发展要求、资源的供给、污染物总量控制目标分析高方案的可行性。

研究选择低方案实现对未来甘肃省生态型政府建设实际预测。

以 2010 年为基准年，设定研究模型中的驱动因素，预测甘肃省未来
15 年内资源能源利用和污染物排放在不同社会经济状况下的基本情
况。结合模型预测要求，根据甘肃省 14 个市州 2000—2010 年 10 年
的社会经济发展演化趋势，研究甘肃省经济发展的演化趋势。

（二）基准年（2010 年）生态型政府建设因素指标值

通过《甘肃统计年鉴（2010）》《甘肃省国民经济和社会发展统
计公报》以及《甘肃省环境质量报告书》（2010 年）等数据文献资
料，得到了甘肃省 14 个市州的社会经济、资源能源和污染物排放历
史数据如表 4-33 所示。

表 4-33　　　　　甘肃省生态型政府建设因素指标原始数据

年份	第一产业增加值（亿元）	第二产业增加值（亿元）	第三产业增加值（亿元）	地区生产总值（亿元）	工业产值（亿元）	旅游收入（亿元）	人均地区生产总值元（人）
2000	194.1	421.65	437.13	1052.88	327.6	18.58	4129
2001	207.96	458.08	459.34	1125.37	355.51	21.26	4386
2002	215.51	501.69	514.83	1232.03	389.38	26.83	4768
2003	237.91	572.02	589.91	1399.83	448.23	21.89	5429
2004	286.78	713.3	688.41	1688.49	574	51.62	6566
2005	308.06	838.56	787.36	1933.98	685.8	57.68	7477
2006	334	1043.19	900.16	2277.35	868.13	75.19	8945
2007	387.55	1279.32	1037.11	2703.98	1063.84	110.64	10614
2008	462.27	1470.34	1234.21	3166.82	1188.78	136.4	12421
2009	497.05	1527.24	1363.27	3387.56	1203.7	191.9	13269
2010	599.28	1984.97	1536.5	4120.75	1602.87	236.21	16113

年份	地区生产总值增长率（%）	单位 GDP 能耗（吨标准煤/万元）	用水总量（亿立方米）	人均用水量（立方米/人）	单位 GDP 水耗元/立方米
2000	0.10	2.86	123.1	481.3	0.6806
2001	0.07	2.72	121.8	473.0	0.7516
2002	0.09	2.57	122.6	473.1	0.8231
2003	0.14	2.52	122.0	468.5	0.9567
2004	0.21	2.31	121.5	463.8	1.2375

续表

年份	地区生产总值增长率（%）	单位GDP能耗（吨标准煤/万元）	用水总量（亿立方米）	人均用水量（立方米/人）	单位GDP水耗元/立方米
2005	0.15	2.26	123.0	474.0	1.4470
2006	0.18	2.2	123.4	473.0	1.8354
2007	0.19	2.11	123.1	470.4	2.2617
2008	0.17	2	121.5	462.3	2.5716
2009	0.07	1.86	120.6	457.7	2.6298
2010	0.22	1.8	121.8	473.0	3.3887

年份	化学需氧量排放量（万吨）	NH_3-H 排放量（吨）	二氧化硫排放量（吨）	工业固体废弃物排放量（万吨）	废水排放量（万吨）
2005	18.23	3.44	56.25	2249	43728
2006	17.81	3.34	54.6	2590.5	45721
2007	17.41	2.45	52.31	3001.5	44335
2008	17.05	2.21	50.15	3199.1	47469
2009	16.81	2.67	50.03	3150.2	49270
2010	16.76	2.35	55.18	3745.5	51241

资料来源：《甘肃统计年鉴（2010）》《甘肃省国民经济和社会发展统计公报》以及《甘肃省环境质量报告书》（2010年）。

（三）目标年生态型政府建设因素指标值预测

目标年数据的预测具体使用一元线性回归方法，研究数据选择2000—2010年甘肃省社会经济、资源能源和污染物排放三个方面的数据。通过使用 Excel 趋势预测功能处理的线性回归分析函数如表4-34所示。

表4-34低方案线性各因子的计算汇总表给出了甘肃省2010—2010年社会经济、资源能源和污染物排放线性回归分析函数，根据具体指标的线性回归方程，可以确定低方案下目标年甘肃省生态型政府建设指标的具体指标值，并以此目标值为参考依据，评价目标

年度内生态型政府模式建设的绩效，寻找目标值与现实状况的差距，完善生态型政府建设的内容模式。

表 4 - 34　　　　　　　低方案线性各因子的计算汇总

	影响因子	低方案线性回归分析函数	判定系数 R^2
社会经济	第一产业产值	38.809x + 106.28	0.9328
	第二产业产值	152.22x + 69.468	0.9391
	第三产业产值	112.52x + 192.92	0.9608
	地区生产总值	303.54x + 368.66	0.9496
	工业产值	124.48x + 44.749	0.942
	旅游收入	20.914x - 39.281	0.8689
	人均 GDP	1192.4x + 1401.9	0.9485
	地区生产总值增长率	0.13	—
资源能源	单位 GDP 能耗	- 0.1035x + 2.9125	0.9877
	单位 GDP 水耗	0.2682x + 0.08	0.9483
污染物排放	化学需氧量排放强度	27.151x + 75.371	0.9869
	化学需氧量排放量	- 0.306x + 18.416	0.9532
	$NH_3 - H$ 排放强度	229.9x + 329.17	0.9036
	$NH_3 - H$ 排放量	- 0.22x + 3.5133	0.6174
	二氧化硫排放强度	8.3126x + 26.459	0.9863
	二氧化硫排放量	- 0.6063x + 55.209	0.1825
	工业固体废弃物排放量	267.41x + 2053.4	0.9276

四　生态型政府建设考核指标体系的确立

（一）目标年生态型政府建设指标体系及目标值

　　甘肃省生态型政府模式的构建和推进，既需要考虑当前省内整体发展状况，又需要分析甘肃省各市州的具体的发展实际，具体论证生态经济管理水平、生态保障管理水平、客观生态承载力、生态环境引导能力和生态环境控制水平五个方面具体内容，需要各级政府部门共同参与，分工协作。根据甘肃省生态型政府模式建设的基本内涵和原则，结合生态型政府考核的相关指标，研究依据具体指标与总目标相关性系数值选择了 17 个指标，组成了考核甘肃省生态型政府建设绩效评价和考核的指标体系。具体指标体系内容如表 4 - 35 所示。

表 4 - 35 　　　　　　　　甘肃省生态型政府建设考核指标体系

具体指标	计量单位	2010 年现状值	2015 年目标值	2020 年目标值	2025 年目标值
第一产业产值	亿元	599.28	899.61	1093.65	1287.7
第二产业产值	亿元	1984.97	2815.54	3576.64	4337.74
第三产业产值	亿元	1536.5	2292.02	2854.62	3417.22
地区生产总值	亿元	4120.75	6007.11	7524.81	9042.51
工业产值	亿元	1602.87	2270.02	2892.42	3514.82
旅游收入	亿元	236.21	301.5	406.07	510.64
人均 GDP	元/人	16113	23476.9	29438.9	35400.9
地区生产总值增长率	%	13	13	13	13
单位 GDP 能耗	吨标煤/万元	1.8	4.8087	6.1487	7.4887
单位 GDP 水耗	立方米/万元	3.3887	1.42	2.76	4.1
化学需氧量排放强度	千克/万元	245.87	211.13	346.88	482.64
化学需氧量排放量	万吨	16.76	16.89	15.36	13.83
$NH_3 - H$ 排放强度	千克/万元	1753.51	1478.67	2628.17	3777.67
$NH_3 - H$ 排放量	万吨	2.35	2.41	1.31	0.21
二氧化硫排放强度	千克/万元	74.68	68.02	109.59	151.15
二氧化硫排放量	万吨	55.18	52.18	49.15	46.11
工业固体废弃物排放量	万吨	3745.5	3390.45	4727.5	6064.55

表 4 - 35 为甘肃省生态型政府建设考核指标体系，表中给出了依据低方案预测的目标年生态型政府建设考核的参考值，结合上述指标体系的具体内容，甘肃省生态型政府模式的建设需要根据自身具有的内外部条件，借助于国家整体发展的规划，分阶段、分步骤地完成。甘肃省生态型模式建设可以通过比较实际值与目标值的差距，评价生态型政府建设的绩效，解决建设过程中的不足，制定符

合本地区发展的政策措施以完善相关状况。

（二）目标年生态型政府建设目标值实证评价

1. 生态经济管理

从甘肃省生态型政府建设的经济水平指标任务来看，2015 年，甘肃省地区生产总值将增加至 6007.11 亿元，2020 年将增加至 7524.81 亿元，2025 年将增加至 9042.51 亿元。相对 2010 年甘肃省人均地区生产总值 16113 元而言，2015 年将增加至 23476.9 元，2020 年将增加至 29438.9 元，2025 年将增加至 35400.9 元，2015 年、2020 年以及 2025 年较 2010 年增加值分别为 7363.9 元、13325.9 元、19287.9 元。我们假定地区生产总值增长率仍然保持既定的增长速度，即年均增长率为 13%。

2. 产业结构调整

从甘肃省生态型政府建设的产业结构指标任务来看，在甘肃省生态型政府建设的过程中，2010 年第一、第二、第三产业的比重分别为 14.54%、48.17%、37.29%，2015 年演变为 14.98%、46.87%、38.16%，2020 年演变为 14.53%、47.53%、37.94%，2025 年将演变为 14.24%、47.97%、37.79%。2010 年，旅游收入占 GDP 比重为 5.73%，2015 年为 5.02%，2020 年为 5.4%，2025 年为 5.65%；2010 年，工业产值占 GDP 比重为 38.90%，2015 年为 37.79%，2020 年为 38.44%，2025 年为 38.87%，甘肃省未来会继续推进工业化建设，增加甘肃省工业产值在地区生产总值中的比重。

3. 生态承载力发展

从甘肃省生态型政府建设的资源消耗指标任务来看，相对 2010 年单位 GDP 能耗为 1.8 吨标煤/万元而言，2015 年增加 3.0087 吨标煤/万元，2025 年将增加 5.6887 吨标煤/万元，甘肃省生态型政府建设需要着重减少经济发展过程中的能源消耗；相对 2010 年单位 GDP 水耗 3.3887 立方米/万元而言，2015 年将减少 1.9687 立方米/万元，2020 年将减少 0.6287 立方米/万元，2025 年将增加 0.7113

立方米/万元，单位 GDP 水耗将有所减少。

4. 污染排放

从甘肃省生态型政府建设的污染排放指标任务来看，相对 2010 年化学需氧量排放强度为 245.87 千克/万元而言，2015 年将降低 34.74 千克/万元，2020 年和 2025 年该值又会有所上升；化学需氧量排放量将会减少，2015 年比 2010 年有所增加，增加 0.13 万吨，2020 年和 2025 年化学需氧量排放量将分别比 2010 年分别减少 1.4 万吨和 2.93 万吨。$NH_3 - N$ 排放强度为 1753.51 千克/万元，2015 年比 2010 年有所减少，2020 年和 2025 年有所上升；然而，相对 2010 年而言，2020 年 $NH_3 - H$ 排放量会减少 1.04 万吨，2025 年会减少 2.14 万吨。从二氧化硫排放状况来看，相对 2010 年的 55.18 万吨排放量而言，2025 年将比 2010 年减少 9.07 万吨。

第四节　生态型政府指标体系的应用管理

一　生态型政府指标体系的应用理念及原则

（一）应用理念

1. 生态可持续理念

生态型政府指标体系应用的生态可持续理念包括政治文明建设、经济增长与结构优化、文化整合和社会和谐建设。政治文明建设包含以政府自身能力建设和以公共政策制度供给为主体的政治文明生态可持续推进，如政府公共产品和公共服务供给、区域经济社会协调发展的调控政策机制、民主政治建设和区域综合治理等多方面的生态型管理；经济增长和结构优化反映了区域要素资源供给与需求均衡配置下经济发展动力和可持续发展能力，以及综合产业结构和产业行业内部结构的协调性差异，特别地，产业结构优化中需要重点培养第三产业的发展壮大，增强区域经济发展动力和活力，构建以金融服务业为主导的金融腹地和金融格局建设，完善区域融资渠道建设。文化整合反映了区域内社会公众从事生产经营活动所形成的财富的聚合效应，既反映了地区社会公众对于当前生态型政府模式的满意度水平，也体现了社会公众基本公共需求的趋势和特点，从一定意义上讲，也是提升政府能力建设自身质量，推进政府部门公共职能结构的意识自治建设。社会和谐建设是生态型政府指标体系应用的必然性选择，一方面在于生态型政府建设需要化解和防范社会危机，解决社会领域内的基本矛盾；另一方面在于生态型政府建设需要强化社会管理，推进社会功能的完善和发展，协调政府公共部门、私人部门以及个人等社会参与主体的利益，整合推进社会和谐的可持续性建设。

2. 互动协调发展理念

生态型政府指标体系应用的互动协调理念是指实现生态经济管理、客观生态环境承载力、生态保障管理、生态发展引导和生态环境控制五个方面的综合规划、分类引导、分阶段推进、分步骤统筹实施。

生态经济管理的互动协调理念既要保持经济的稳定增长，又要优化和调整产业结构。具体来说，就是提高人均地区生产总值水平、城镇居民人均可支配收入水平和农民人均纯收入水平，提高要素资源的可持续集约利用和可持续节约利用程度；形成适宜于区域经济增长极、区域经济腹地和区域经济空间格局的经济发展趋势；转换经济发展动能，实现区域经济增长由劳动力供给推动和投资推动向科技创新驱动及人力资本拉动的转变，培养新业态，优化农业、工业和服务业以及各产业行业内部结构，做好经济增长与产业结构的互动协调；发展循环经济，形成产业价值可持续增长链条，提高工业用水重复利用率、工业固体废弃物利用率以及城市生活垃圾无害化处理率，发展清洁能源，减少空气污染物质的排放，提高能源综合消费利用率。

客观生态环境承载力的互动协调理念需要正确处理人类发挥主观能动性和适应客观生态环境规律的基本矛盾及基本关系，也就是要正确处理人口与资源、消费与生产和结构与功能三类基本关系。正确处理人口与资源的关系需要坚持人口自然增长率形成的资源需求量与区域内外资供给量的适度协调，保持资源供给盈余状态，保护资源的可持续承载能力，保护和节约水资源，降低无效的水资源利用方式，保护现有耕地资源，保持粮食的供给生产。消费与生产的关系，表现为资源消耗和无效资源利用与区域资源生产的关系，生态型政府建设要求降低单位地区生产总值的能源消耗和单位地区生产总值的水资源消耗，降低水污染物排放强度和大气污染物排放强度，摆正区域发展中生态环境的优先位置，提升清洁能源使用率、农村秸秆综合利用率以及节水灌溉面积占灌溉面积比重，增强资源消费的需求侧能力，调节资源消费与资源生产的关系。

生态保障管理、生态发展引导和生态环境控制三者具有相互交叉性。生态保障在于保持生态型政府建设的基础设施供应能力和生态型政府事前规划发展能力，加强生态型政府自身建设的内源性发展；生态发展引导能力是整合区域内部和区域外源供给资源状况，提高生态型政府生态质量和生态保育能力的综合反映，即解决越位、缺位和实现责任主体清晰，合理界定边界；生态型政府中生态环境控制旨在解决好生态型问题和矛盾，化解和防范社会风险，保障公共生态安全，强化社会综合治理能力以及区域生态建设过程中的有效需求建设。从一定意义上讲，生态保障能力建设侧重于基础领域内的基础能力建设和基本功能完善，为生态发展引导能力发挥和生态环境控制提供基础性保障；生态发展引导能力则侧重于处理当前利益与长远利益、当前规划和长远规划、近期规划和远期发展之间的关系，为生态保障管理和生态环境控制提供方向性选择；生态控制则在于强化事中管理和事后监督，纠正生态发展过程中社会公众主观能动性发挥与客观环境之间的偏差，更好地应对生态型政府建设过程中的突发性事件处理；综合而言，这三者既是实现生态型政府建设过程中保障、引导、控制协调发展的必要条件，也是实现生态型政府建设职能权力下放、权力管理、优化公共权力服务向纵深化发展的合理选择，更是合理界定生态型政府职能边界、转变政府职能的有益尝试。

（二）应用原则

1. 信息对称原则

微观经济学理论认为，当消费者掌握的市场信息不完全时，消费者对于有形商品的需求量可能会随着商品价格的下降而减少，此时出现了所谓的"逆向选择"问题；当生产者掌握的市场信息不完全时，会使生产供给量随着价格的上升而下降；这种因市场信息不对称引发的生产者和消费者选择的"异常变化"，意味着市场的低效率，也意味着市场失灵。也就是说，市场中的价格信号、供求机制以及竞争机制在引导市场行为时出现了偏差，存在资源利用的低效率状态。对应于微观的市场经济主体行为，公共经济学理论认为，政府也存在"政府失灵"问题，即公共政策资源配置的低效率或者无效，政府职能的越位和缺位偏差。正因如此，生态型政府指标体系的应用管理需要坚持信息对称的基本原则，防范因信息不对称而扭曲资源配置导致的市场失灵和因政府职责履行不合理而产生的政府失灵，从而达到一种合理的既能够有效发挥政府职能又能够有效发挥市场作用的状态。从生态型政府指标体系的应用实践来看，坚持信息对称原则需要继续完善政府网络门户网站建设、完善网站基本内容、办事原则、办事流程、奖惩制度、在线办事以及后续保障等层次化网络建设；构建公共信息共享平台，做好信息的收集、发布、传播以及管理；信息对称原则需要做好信息需求侧社会公众的信息需求表达渠道建设，实现政民互动、政民共治的和谐局面。

2. 合理适度原则

马克思主义哲学质量互变规律理论指出，"度"是事物存在的并保持事物质不变的量的活动范围或者规定性，是质和量的统一，超过一定的量会引起事物的质变。从这个角度来看，生态型政府指标体系的应用过程中需要处理好量与质的关系，生态型政府建设量的积累包含三个层次:一是强化政府公共组织内源化建设,构建以职责完备的政府公信力和执行力为方向的政府公共组织文化建设,规范政府办事的审批制度,加强以公共价值观为导向的政府绩效责任考核评价。二是构建生态型政府建设绩效体系,做好常规化和例外事件管理,完善政策法规和政策体系,降低和减少公共政策内部的不和谐性,建立特殊机制以应对特殊突发性事件,提升政府办事效率。三是实现政府资源共享和政府互动,减少中央政府与地方政府、政府横向部门、上级政府与下级政府之间的隔阂,保持有效的沟通。从政府质的角度来看,需要做好政府绩效建设和管理;廉洁、法治和服务型政府,让人民群众真正得到实惠。综合而言,生态型政府指标体系在建设过程中坚持合理适度原则即在于处理好政府量的问题,具体到政府治理实践来讲,也就是政府宏观调控的政策机制需要与市场的基本规律相结合,宏观的经济政策要适度灵活并与经济发展的内在规律相一致,生态经济管理、客观生态承载力管理、生态保障管理、生态发展引导以及生态环境控制相适应、相互融合。

3. 服务满意原则

决策理论学派代表人物西蒙的有限理性模型指出,由于受到种种限制,无论是个人决策还是群体决策,大多数是发现和选择满意方案的过程,只有在非常例外的情况下,才是发现和选择最优方案的过程。生态型政府指标体系的实践应用是一个群体决策的过程,具有较大的决策难度,同时具有复杂性和综合性,需要协调生态发展中政府、企业、个人等参与主体之间利益关系,化解社会矛盾,实现公共产品和公共服务的生态参与主体的基本满意。生态型政府指标体系的应用服务满意原则,即生态型政府服务或者制度供给与社会公众个人的需求相匹配,从生态型政府服务角度来看,服务满意原则下政府服务供给需要强化社会管理职能建设,提高生态保障管理水平,强化生态发展控制水平,增强生态发展引导能力,服务供给的主要内容包含覆盖城乡的社会保险、社会福利、社会救济、社会优抚为主要内容的人民基本社会保障，满足社会未来发展的生态教育和有效生态投资建设，扩大社会民主的生态参与建设；服务满意原则下社会公众的个人需求具有内生性和自发性特点，也符合理性主义，更多地需要政策项目，由传统的政策被动适应转换为积极争取政策资源和社会资源，争取利用各种有利于自身发展的表达载体来反映公共服务需求。

4. 现实可行原则

生态型政府指标体系的现实应用需要具备现实可行性，也就是指标体系的内容应与生态型发展理念相适应。现实可行原则指出，生态型政府指标体系的实施需要具备现实条件，即具有可行性；生态型问题解决方案的设计需要全面考虑众多的复杂性因素，只有通过综合全面的可行性分析，才能得出指标应用管理的可行性结论。也就是说，生态型政府指标体系的应用管理要充分占有体现生态经济、生态控制、生态引导、生态保障、生态发展以及生态承载力的一手资料，开展深入的社会实践调研，获得可靠而真实的数据信息，根据政府公共部门、社会私人部门以及社会公众等各方面所具有的人力、财力、物力、时间等主客观条件，分析生态型政府指标在实践应用过程中政治、经济、社会、文化、环境等各方面的现实可行性，从而使政府绩效考核的具体指标具有可靠而牢固的现实基础，使指标应用具有可操作性并在现实过程中取得相应的实际价值意义。从生态型政府模式的选择和策略推进的过程来看，现实可行原则的含义包括根据要素资源状况确定适应于资源供给的生态经济增长速度和生态经济产业结构，根据区域资源消费和集约利用状况测度区域生态承载力，根据区域城乡人民社会生活基本状况强化社会保障的政策侧重点，根据资源保护能力实现生态环境的综合性控制管理，根据区域教育、有效投资以及社会公众生态参与状况规划生态型政府模式的选择方向。

5. 弹性控制原则

控制在于保证生态型政府指标体系应用规划和模式的选择与生

态管理实践动态适应，也就是根据生态型政府指标体系的内容选择指标参考标准值，衡量政府在生态发展理念下的生态绩效，从而纠正绩效达成与现实状况的偏差。生态型政府指标体系应用管理的弹性控制原则因社会环境、市场环境、管理环境以及政府公共管理实践能力限度等因素而具有必要性，这也为政府自身内部事务管理控制和社会公共事务管理提供了基础依据。生态型政府指标体系的应用管理弹性控制原则需要满足三个要求：一是弹性控制要符合时间的基本要求，即弹性控制要适时，做好事前预防机制、事中程序化和非程序化解决机制以及事后及时信息反馈机制建设，及时解决生态型政府指标应用过程中的偏差；二是弹性控制要准确把握度的选择，防止政府生态引导发展过程中过度干预和控制不足，认清过度控制导致的社会主体力量发展受限和控制不足引发的社会组织协调缺失问题，做好生态发展过程中各个环节的发展和重点领域的优先发展；三是弹性控制原则需要依据客观环境的变化施以必要的监督控制，也就是实现客观控制，这就需要生态型政府建设过程中组织协调各个部门，分工协作，使用调查、测度、评价、监督、奖惩、统计等分类、分层、分级的科学方法量化评价生态型政府指标体系建设的现状和建设缺陷。

6. 动态调整原则

生态型政府指标体系的应用管理没有一成不变的模式，而是需要根据社会发展的环境变化和生态环境条件变化而随机动态调整，也即生态型政府指标体系的内容需要根据环境条件的变化而采用变化的指标内容。从生态型政府指标应用的实践环节来看，需要做好总体动态调整和结构动态调整。动态调整的整体动态调整即实现随着政府生态可持续力和区域生态承载力的增强而提高生态型政府的综合服务要求和公共政策供给强度，使区域生态发展水平向纵深化推进。动态调整的结构性调整在不同的环境条件、时间条件以及发展阶段侧重发展不同的生态型政府模式建设内容。在生态型政府指标建设初期，可以以坚持经济增长为核心，推进区域经济总量持续增长，加强区域内政治文化和经济结构的建设；在生态型政府指标建设的发展期，需要强化生态承载力的测度和生态控制能力的建设，特别是要注重区域生态环境的综合整治和区域生态资源的可持续供给与有效需求利用相协调；在生态型政府指标建设的成熟期，需要强化区域生态发展的引导能力建设，从整体上合理规划区域的空间结构腹地建设和特色区优势资源的开发格局，培育新的发展动能构建新的绩效考核指标机制；在生态型政府指标建设的完善期，需要重点解决初期、发展期、成熟期遗留的难点问题和发展"瓶颈"，破除体制机制障碍，加强重点领域的综合治理，解决"发展死角"问题，使生态型政府指标建设取得实质性突破。

二　生态型政府指标体系应用的动态管理

生态型政府指标体系的动态管理是坚持生态可持续理念和互动协调发展理念，遵循信息对称原则、合理适度原则、服务满意原则、现实可行原则、弹性控制原则，以及动态调整原则而实现的生态型政府指标规划、指标绩效配置、指标绩效达成监测、指标实践环节调整以及指标体系的综合平衡与发展的适应性管理和权变性管理。

（一）生态型内容规划

生态型内容规划既是生态型政府指标体系应用管理的前提条件，也是生态型政府生态指标动态管理的先决条件。生态型政府动态的内容涉及区域经济发展速度和效益的科学预测及年度规划，区域产业结构优化，调整产业结构布局，发展循环经济的产业供给与需求端的价值预测，当前发展模式长远区域承载力的生态容量，生态发展引导能力下区域政府的区间调控和相机调控能力，以及区域生态环境污染防治的政府职责界限，政府、社会公众以及其他社会组织之间的信息共享和交流体制机制建立趋于完善。从生态型政府指标体系动态管理的内容可以得出，生态型政府生态型内容规划具有以当前发展现状为依据的科学性，以解决生态障碍的现实针对性，以适应生态承载力下生态容量的客观性以及引导政府、社会及社会公众互动参与的共享性。生态型内容规划的意义在于为生态型政府实现社会生态治理实践提供基础性依据，为生态发展取得进步、扩展生态发展覆盖面奠定基础，也为寻找经济发展新动能创造了条件。

（二）生态型绩效配置

生态型政府指标模式选择的动态管理需要以绩效达成为参考依据，绩效也可以作为政府生态实践考核的重要性依据，从而生态型绩效配置也就是生态型政府指标体系动态应用管理的重要环节。生态型绩效配置涉及三层含义：一是确定生态型政府指标设计的项目内容及相应的权重。生态型项目的设计可依据区域社会经济发展实际情况予以确认，权重的确定可根据层次类别对于总体发展规划的重要性而确定。二是生态型绩效配置的科学性和差异性。从生态型绩效配置的科学性来看，生态型政府指标体系的动态应用需要以综合衡量成本效益和成本效能两个层面，即充分权衡生态型政府构建过程中所投入的人力、财力、物力产生的直接成本与间接成本与生态发展的生态效益和社会满意的生态效能之间的关系；生态型政府绩效配置的差异性在于引入竞争机制，通过激励与约束、引导与控制，实现区域政府部门的效率化竞争，提供政策资源的合理配置。三是生态型政府指标的定性描述和定量表达，定性描述的准确性既可以减少生态型政府指标体系动态管理过程中的模糊性，提高动态管理的效率和效益，也可以减少因信息差异带来的信息成本。定量精确表达可以推进生态型政府模式的动态适应能力，在公共物品和公共服务供给方面，提高社会公信力和政府执行力。

（三）生态绩效达成监测

生态绩效是生态效益和生态效能的综合，政府生态绩效体系的应用也就是要实现效益和效能两个方面的综合进步，但是，生态绩效的达成受到社会因素、经济因素、政治因素和人为因素的直接或者间接性限制，这些因素为生态绩效达成的监测提供了理论和现实依据。生态绩效达成的动态监测涉及生态效益的监测和生态效能的监测，生态效益的动态监测需要重点关注区域污染源的彻底治理和

区域经济增长极的目标达成状况，生态效能的监测重点在于实现区
域政府行政能力的提升和生态政府建设的社会公众满意度提升，也
就是地方政府将区域发展层次合理定位并予以政策引导，基层政府
做好群众最直接、最现实、最关心的现实问题的解决，实现将上级
政府政策供给与群众政策需求的有效衔接。特别地，生态绩效达成
的动态监测要分阶段、分步骤、科学地进行，重点在于监督和控制
生态型绩效指标的初期设置，即实现普遍性和特殊性相结合的内容
设计，去除无效指标内容，重点解决特殊性生态问题；强化生态绩
效的过程引导和风险预防，监测和限制生态政府运行过程中政府的
无作为和不作为等影响生态型政府模式推进的不合理行为，继续明
晰政府的职责界限和职责权限；最后是巩固生态型政府的绩效成
果，实现生态型政府绩效发展的合理循环。

（四）生态指标内涵调整

生态型政府模式的选择是基于社会经济发展动能转换、经济增
长产业结构优化以及生态环境恶化现实等发展问题而形成的新的政
府发展模式，这种模式适应了生态学理论、外部性理论、可持续发
展理论、公共服务理论以及生态行政学理论等理论要求，但随着社
会实践的持续推进，生态型政府模式的指标测度需要适时调整以实
现持续推进，从调整需要遵循的方向来看：一是实现政府公共资源
供给与群体社会性需求相协调。公共资源供给的内容包括政府制度
政策资源供给、政府社会项目投融资体制机制项目供给、政府资金
投资建设基础设施供给以及政府社会化职能完善的供给等多方面的
供给能力完善，群体社会性需求主要在于社会公众关于社会保险、
社会优抚、社会福利以及社会救助等社会保障的需求内容，社会群
体自身发展自由宽松环境的需求，社会公众基础设施的需求以及社
会群体公共安全的需求。二是实现生态容量与生态发展之间的协
调。生态容量是以生态生产力作为衡量标准，以不损害区域发展能
力、区域发展结构与功能协调完善为方向的区域所能够承载的最大
限度发展要求的资源基础，也是能够实现区域协调发展的最适应的

人口、资源、环境的协调性程度。从生态容量的视角出发，生态发展与生态容量是一对矛盾，协调好两者的关系是推进生态型政府模式动态管理的必然选择。

（五）生态指标体系综合平衡与发展

生态型政府指标体系的综合平衡与发展既是生态型政府指标体系动态管理的核心环节，也是对接外源推进和强化内源发展的重要连接点。生态型政府指标体系动态管理对接外源推动的方向在于实现中央政府在社会经济整体发展规划下的政治、经济、文化、社会和生态的"五位一体"发展战略，也是推进区域内部的社会民主政治建设，实现地方政府、基层政府与社会群众之间的互动协调，实现区域经济的协同发展、区域社会保障水平的综合提升、区域文化产业和文化事业的双向推进、区域生态环境的绿化美化。生态型政府指标体系动态管理强化内源发展的方向在于实现生态经济管理、客观生态承载力、生态保障管理、生态发展引导和生态环境控制五个方面的综合推进。从动态适应角度来看，生态型政府模式的指标设计需要根据社会经济发展实际做出相应的抉择。在社会经济发展初期，生态型政府需适度提高生态经济管理能力的权重；在社会经济发展的成熟期，需要加强客观生态承载力的保护；在社会经济发展的深化期，需要着力解决社会发展中的不和谐因素，通过改革的方式和手段实现供给侧结构性改革和需求层适应性改革；在社会经济发展的扩张期，需要强化生态型政府的生态控制能力，严格遵循生态发展理念下的可持续发展路径与客观生态承载力的相互适宜性。外源推进是形成内源发展的依托和条件，内源发展是承接外源推进的保障和基础。区域非均衡发展战略下区域之间的差异持续扩大是形成全面进步的"瓶颈"，生态型政府的内源发展为解决这一问题提供了可能和契机，地方政府的内源发展更多的是基于自身占有的内外部资源，变被动为主动，寻找机会，抓住全面发展的战略机遇，以实现自身的可持续发展。因此，生态型政府指标体系的动态适应管理在于对接外源推动和强化内源发展，实现外源推动和内源发展的综合平衡与发展。

三 生态型政府指标体系应用的目标及限制

（一）应用目标

1. 优化生态型政府指标内容的结构

生态型政府指标体系的应用管理在于优化生态型政府建设的各个方面，即统筹综合把握和调节生态经济管理能力层次、客观生态承载力层次、生态保障管理水平层次、生态发展引导能力层次以及生态环境控制水平层次等多元内容的具体内容，针对社会发展实际，建立具有现实针对性的可行性指标内容。在生态经济管理水平建设过程中，需要实现经济发展实力的整体提高，产业结构的优化协调以及发展具有可持续生态生产力的循环经济；在客观承载力保持方面，需要处理资源占有与资源消费的现实矛盾，正确协调处理人口资源占有、资源消耗、污染排放以及资源利用等之间的共生共促关系；在生态发展引导能力方面，需要加强社会公共宣传力度，加强社会公众生态意识理念的树立，增加生态环境的可持续有效投资，建立完善的、有效的投融资与资源环境格局开发，扩大多元生态发展的利益需求表达机制，完善社会公众的参与机制；在生态保障管理水平方面，需要改善人民的生活水平，通过以城促乡、城乡互助、工农结合、走新型城镇化建设道路，实现生态保障管理整体性建设；在生态环境控制水平方面，需要以资源优势为基础，以改善生态环境质量为方向，增强生态保育的可持续供给能力。优化生态型政府指标内容的结构也是在优化生态型政府职能体系、完善政府在公共职能建设和公共政策资源供给方面与社会发展实际层面的相互依托、相互促进。

2. 提高生态型政府建设的绩效水平

生态型政府模式的选择和推进需要以绩效为基础，只有政府自身建设发展过程中的绩效提高，政府建设进程才会有所参照，才能在未来的建设发展过程中有所提高、有所改善，绩效的提高和改善为政府生态模式选择和推进提供了基础依据，生态型政府模式的选择同样为促进生态型政府绩效提高开拓了路径。总之，生态型政府模式的选择目标在于达成绩效，实现社会满意，化解社会矛盾，推进社会进步。提高生态型政府建设的绩效水平，需要综合考评社会共同价值领域的实践意义，增强社会公众与生态型政府之间的适宜性，根据绩效测度的指标内容、指标实际值与标准适宜值之间的差距，综合评定和划分政府生态行政过程中的要素资源投入、产品和服务产出以及社会发展现实成果等方面反映的最终绩效。提高生态型政府的绩效水平，还需要强化生态型政府建设过程中政府生态型公共政策的贯彻落实，根据区域资源和国土分布格局规划发展方向和发展重点，制定区域社会政策，保护和维持区域资源现有水平。无论政府在社会发展中选择何种发展模式，进行何种发展路径选择，最终的绩效目标还在于以社会发展促进自身绩效水平的综合提升。

（二）应用限制

1. 生态型政府指标应用的量化考评

生态型政府指标应用管理的核心问题在于对比绩效成果达成与外在适宜值的差异，这就必然涉及生态型政府具体考核指标的量化测度，也即是生态型政府指标在实际应用过程中能够通过数理统计分析，实现指标的量化分析。在生态型政府模式的实践过程中，往往会遇到部门指标量化表达的困难，以社会公众对生态环境保护的满意度水平指标为例，该指标是以社会公众个人实际的主观经验定义政府在生态发展方面的实际绩效，受到个人价值偏好、个人社会关系等综合因素的影响，该指标的量化测度存在一定的困难。再以生态发展过程中生态型政府宣传教育普及率为例，这一指标既涉及生态型政府发展引导力建设的宣传覆盖范围和覆盖群体，又涉及生态型政府发展引导能力的社会公众的接受和理解情况，是一个量性指标与质性指标的统一，如果侧重量性方面的测度，必然会使生态政策宣传流于形式，忽视公共政策的社会公众的理解和认可；相反，只注重质性的表达而忽视量性的积累，又会引起政策的覆盖面过于狭窄，使政策宣传产生缺位现象，政策资源配置的不公平又会引发社会的两极分化。

2. 生态型政府指标应用设定的有效性

生态型政府指标应用管理的实践过程中，生态型政府指标设定的有效性主要包含两层含义，即有效地设定量化评价指标和有效地评价生态行政实践。从生态型政府指标应用的实践来看，指标设计存在偏差，设计者受到个人偏好、个人认知偏差、个人知识水平以及个人生态实践水平的差异等因素的影响，势必会造成设计者设定的具体反映生态型政府建设的实践指标内容不符合生态型政府的现实情况，这就是生态型政府指标设定的有效性难题。生态型政府指标体系应用管理有效性难题的第二个方面表现为生态型政府生态行政实践。由于传统的官僚制体制的深远影响，政府公共部门之间的分工协调能力较差，政府行政官员存在对人不对事、对上不对下的不合理认知，这造成部门之间的协调难度大，生态型政府指标应用的实践有效性将大打折扣；特别地，当前政府行政部门的行政低效率常态、办事流程的条块分割等因素直接制约着政府有效性的提升，直接限制着生态型政府模式的可持续推进和发展。

3. 生态型政府指标的利益与矛盾

生态型政府指标之间非严格界定性，指标体系之间的相互依存和相互连接性，不仅使生态型政府的利益分配存在困难，更加深了政府横向层级和纵向层级之间的矛盾。从生态型模式选择建设指标的利益关联性来看，生态型政府建设实践过程中，需要把握经济效益、环境效益、社会效益、生态效益等多元效益的综合实现，但政府单一性行政推动经济增长和产业结构优化形成的经济效益提高必然会牺牲环境效益、生态效益和社会效益；相反，单纯地仅仅依靠提升生态效益、环境效益和社会效益又会损害经济发展，经济发展落后又会限制其他三方面效益的提高，从而产生效益恶性循环。生态型政府指标的应用实践中指标之间的相互连接性，加剧了指标之间的矛盾，但这类矛盾是可以通过内部关系的调节予以解决的。生态型政府指标的应用实践中矛盾，具体表现为经济总量增长与结构优化的矛盾，资源保持、资源消耗资源利用的矛盾，生态保障、生态管理以及生态发展过程中生态偏差问题控制之间的矛盾，这些矛盾也是制约生态政府整体推进的限制因素。

第五章　甘肃省构建生态型政府的
现实困境及原因

第一节　甘肃省生态型政府构建的现实困境

2010 年，甘肃省生态文明指数（ECI）为 67.79，排全国第 31 位。去除"转移贡献"二级指标后，甘肃省自身生态文明指数（SECI）为 56.54，排全国第 31 位；去除"转移贡献"和"社会发展"二级指标后，甘肃省绿色生态文明指数（GECI）为 44.36，排全国第 31 位。

由于甘肃省大部分地区处于高原，干燥、少雨、多沙，其生态活力和环境质量水平居全国中下游水平，社会发展、协调程度和转移贡献水平居全国下游水平，生态文明建设的类型属于低度均衡型。

具体来看，在生态活力方面，甘肃省自然保护区的有效保护占辖区面积比重为 16.17%，在全国排名靠前，居第 4 位（见表 5 - 1），仅次于西藏、青海和四川。湿地面积占国土面积比重处于全国下游水平，森林覆盖率和建成区绿化覆盖率较弱。

在环境质量方面，甘肃省地表水体质量达到 61.4%，居全国第 15 位；农药施用强度为 9.57 吨/千公顷，居全国第 14 位（见表 5 - 1）。这两项指标处于全国中上游水平。水土流失率和环境空气质量这两项指标较弱。

表 5 - 1　　　　　　　甘肃省 2010 年生态文明建设评价结果

一级指标	二级指标	三级指标	指标数据	排名
生态文明指数（ECI）	生态活力	森林覆盖率	10.42%	26
		建城区绿化覆盖率	27.12%	29
		自然保护区的有效保护	16.17%	4
		湿地面积占国土面积比重	2.80%	23
	环境质量	地表水体质量	61.40%	15
		环境空气质量	61.10%	31
		水土流失率	64.13%	29
		农药施用强度	9.57 吨/千公顷	14
	社会发展	人均 GDP	16113 元	29
		服务产业值占 GDP 比重	37.30%	15
		城镇化率	32.65%	29
		人均预期寿命	67.47 岁	26
		人均教育经费投入	1047.68 元/人	19
		农村改水率	59.24%	24
	协调程度	工业固体废弃物利用率	47.61%	27
		工业污水达标排放率	83.32%	26
		城市生活垃圾无害化率	37.95%	30
		环境污染治理投资占 GDP 比重	1.55%	11
		单位 GDP 能耗	1.80 吨标准煤/万元	25
		单位 GDP 水耗	193.31 立方米/万元	29
		单位 GDP 二氧化硫排放量	0.0134 吨/万元	28
	转移贡献	农、林、牧、渔人均总产值	4129.01 元/人	20
		煤油气能源自给率	0.6160	13
		用水自给率	1.7669	23
		人口密度	0.63 人/公顷	27

资料来源：《中国省域生态文明建设评价报告》（ECI 2012）。

　　在社会发展方面，服务业产值占 GDP 比重为 37.3%，位于全国第 15 位；人均教育经费投入 1047.68 元/人，位于全国第 19 位（见表 5 - 1）。这两项指标处于全国中等水平。人均 GDP、城镇化率、人均预期寿命和农村改水率指标相对较弱。

在协调程度方面，环境污染治理投资占 GDP 比重为 1.55%，排名全国第 11 位（见表 5-1），居全国中上游水平；工业固体废物利用率、工业污水达标排放率、单位 GDP 能耗居全国下游水平。城市生活垃圾无害化率、单位 GDP 水耗和单位 GDP 二氧化硫排放量三项指标较弱。

在转移贡献方面，煤油气能源自给率为 0.6160，居全国第 13 位；农、林、牧、渔人均总产值为 4129.01 元/人，居全国第 20 位（见表 5-1）。这两项指标均处于全国中下游水平。

以上数据显示，甘肃省生态文明建设总体排名居后，除三级指标自然保护区的有效保护排名全国第四，再没有排名前十的指标，说明甘肃省生态文明建设综合能力较弱，属于典型的低均衡型省份。生态治理是一项长期系统的工程，仅靠局部的、阶段性的治理是无法得到整体提升的，这样庞大的系统工程建设，政府无疑是"领头人"，其主导地位也是毋庸置疑的。

2010 年甘肃省生态文明建设二级指标汇总情况如表 5-2 所示

表 5-2　　　　2010 年甘肃省生态文明建设二级指标汇总情况

二级指标	得分	排名	等级
生态活力（满分为 37.分）	20.19	22	3
环境质量（满分为 22.5 分）	11.88	17	3
社会发展（满分为 30 分）	12.19	30	4
协调程度（满分为 37.5 分）	12.39	31	4
转移贡献（满分为 22.5 分）	11.25	30	4

资料来源：《中国省域生态文明建设评价报告》（2012）。

改革开放以来，甘肃省作为一个经济发展落后的省份，为了追赶东南沿海发达省份的发展速度，一直把经济发展作为一切发展的中心，以经济效益为出发点，相对忽视了生态环境效益，甚至是以生态环境的恶化为代价，换回了一系列高增长的数字百分比。2013年，全省只有兰州、陇南、合作污染综合指数比上年分别下降4.0%、25.5%和12.5%，环境质量略有改善；临夏污染综合指数与上年持平，嘉峪关、金昌、白银、天水、武威、张掖、平凉、酒泉、庆阳、定西污染综合指数比上年有不同程度上升，其中嘉峪关、金昌、白银、酒泉分别上升19.6%、6.3%、17.8%和22.6%。生态环境的恶化仍然没有得到有效遏制，进一步导致黄河中下游一带雾霾加重，形成环境污染的连锁反应，如果继续走"以污染求效益"的老路子，迟早会给甘肃省的可持续生存带来极大威胁。因此，转变发展思路，从转变行政方式入手，构建新的政府形态是转变当前局面的关键，但是，由于长期以来的行政体制、官僚思想等根深蒂固的传统行政模式影响，使甘肃省在构建适应当前可持续发展思路的生态型政府时面临和遇到了很多问题及困境。

一 从体制上看，甘肃省环境管理的体制比较落后

（一）缺少一个强有力的生态协调监管机构

综合协调性是政府生态管理体制的显著特征，建立专门的协调监管机构是有效保障。甘肃省的行政区划及其行政隶属关系复杂，其区域划分没有很好地体现生态地域性特征，因此，传统的以地级市为中心的模式化治理缺乏科学性，政策的制定更多地以会议协调为主要方式，缺乏实地考察和以生态为引导的规划模式，因此，必须要建立一个权威性的统一协调机构，从体制上保障全局生态利益优先的可能性。但是，从甘肃省的实际情况来看，仅靠职能部门的宣传呼吁并不能带来对其他平级部门和社会公众的有效约束，因此，建立一个能够垂直领导的权威性协调监督部门，才有可能解决部门之间各行其是的条块管理问题。

（二）"唯政绩"的政府及干部考核机制

当经济建设成为改革开放的重中之重时，一切工作都围绕经济增长为中心而开展。政府及其干部考核指标实际上也成为"唯GDP增长论英雄"的单一考核指标。干部以当地生产总量的增加为目

标。多年来，甘肃省工业发展水平低，服务业无法与之配套，工业对农业带动能力差，产业结构失衡，生产方式较为粗放，协调程度较低，生态文明建设的整体状况一直处于全国下游。长期以来，各市州行政区强化资源配置的本地化，部门主义和地方主义特征突出，忽视全省生态效益和区域整体经济的可持续发展能力，使甘肃省的生态建设受阻。

（三）政府生态管理职能的"缺位"现象严重

我国的政府职能经历了由"以阶级斗争为纲"的政治职能为主，向"以经济建设为中心"的经济职能为主，再到"以人为本、构建和谐社会"的社会职能为主的转变，这体现了我国政府具有一定的生态行政的特征。但从现实来看，在许多方面还存在问题，经济发展中遇到人与自然的矛盾，自然环境仍然让位于社会生产，"政绩工程""面子工程"仍然是地方政府管理的突出特征。甘肃省政府生态管理职能配置上存在严重的"缺位"和治理失灵的问题，市县一级政府缺乏专门和统一的生态管理部门，基本上是各行其是，缺少沟通和协调，导致资源和财力的严重浪费。因此，变革不适应环境的政府生态管理体制与管理方式，健全相关生态测评与监管部门，创造政府生态管理体制运转的新模式就变得更为迫切。

（四）缺乏环保咨询的专业机构

目前，甘肃省尚未建立起专业的环保专家组成的咨询机构。专家组作为智囊团式的队伍拥有专业的知识架构，能够为政府的决策和规划提供更加专业的咨询，其存在是具有相当的理论价值与实际意义的，而甘肃省对这一块的重视度显然不够。"十三五"期间，生态功能保障仍然是甘肃省对于全国的重要任务，借鉴发达国家经验，增强政府决策科学性，培养政府强大的智库，是新时期的一大任务。

二　从思想上看，甘肃省公民的环保参与意识不足

改革开放以来，随着甘肃省经济的快速发展，放大了人们的物质欲望，导致许多人片面地、无节制地、非理性地追求功利价值，矮化了文化价值、生态价值、道德价值和艺术价值，人们对大自然进行了无限制的掠夺，经济利益的驱动促使人们从思想上无视生态环境的保护。

（一）从政府组织方式上看

对公民参与环保的号召仍属于"自上而下"的方式，没有注重从公民本身出发，自下而上地号召其参与环保。公民参与表决的平台仍旧没有建立起来，在活动中政府仍然处于主导地位，环保效果的好坏还是取决于政府的执行力度，而不是公民的自觉程度。与欧美国家相比，公民对环保工作的参与程度较低，民意表达机制不健全，公民的环保意识也较薄弱。

（二）传统生态文化思想得不到社会的重视

早在传统的儒、道、法家的思想中就闪耀着生态思想的光芒，例如，儒家作为中国传统文化的主流，早就提出了"仁者以天地万物为一体""一荣俱荣，一损俱损"的思想，指出了人与自然的关系；荀子主张对自然万物施以"仁"，而董仲舒明确地主张把儒家的"仁""爱人"扩展向万物。在资源的开发利用上，儒家强调了物尽其用、取用有节的思想，如法家提出的"山林虽近，草木虽美，宫室必有度，禁发必有时"，体现了"以时禁发"的开发原则。孟子认为，如能认真保护生物资源，生物资源就会丰富起来，否则就会枯竭，体现了对生物资源要取之有时、用之有节的思想。这些中国传统文化的瑰宝却由于教育环节的缺失而得不到人们应有的重视，没有发挥应有的教化导向作用。

（三）社会媒体的环保导向意识不足

媒体作为信息系统的一个重要媒介，在宣传思想方面起着十分重要的作用。通过媒体积极宣传环保思想和理念，可以在很大程度上普及群众的环保知识，提高环保意识，但是，甘肃省目前在这一方面做得还远远不够。官方媒体关注的焦点大多还是在经济增长的速度和数字、政治局势的稳定等政治经济领域，对于社会和生态问题的关注比较少。民间媒体近些年来对社会问题关注得比较多，如失业、教育问题等，但是，对于生态问题的报道只是零零星星。无论主流媒体还是民间媒体，都没有很好地起到向社会公众宣传环保的导向作用。

三　从法律上看，甘肃省缺乏切实可行的生态法律

我国在经过 20 世纪 80 年代和 90 年代大规模的生态与环境保护立法之后，人们发现，生态恶化现象并没有得到遏制，很多生态与环境法律并没有有效地发挥作用，实现立法的预期目的，生态与环境保护的形势依然严峻。对于土地生态补偿，2008 年 3 月 1 日，《甘肃省农业生态环境保护条例》正式颁布实施。规定农业生态环境保护实行"谁污染，谁治理；谁开发，谁保护；谁利用，谁补偿；谁破坏，谁恢复"的原则。2007 年，财政部和国家林业局联合发布了《中央财政森林生态效益补偿基金管理办法》，对生态效益补偿的对象等做了规定。2007 年 9 月，甘肃省出台了《甘肃省森林生态效益补偿基金管理实施细则（暂行）》，同样，重点对公益林的生态效益补偿基金管理做了规定。虽然甘肃省有了部分环境保护法规，但在实施工程中明显表现出了立法不足的缺陷。

（一）生态法律定位欠准确，生态立法有欠缺

不能为生态管理提供完备的法律依据，在实体法方面仍然存在法律空白。沙地治理的法律缺失导致治沙主体利益无法得到保障，到目前为止，对于沙地治理还没有较为系统的沙漠化治理的生态补偿法律法规。退耕还林中，农户权益难以实现。调查发现，许多地方补助粮款的按时、保质、保量兑现还存在很多问题，各级基层政府克扣乃至截留的名目和理由繁多。目前，甘肃省对生物多样性保护主要是通过建立自然保护区进行的，然而，有的物种并不适宜或者无法通过建立自然保护区的方式进行保护，就只能被排除在补偿范围之外。

（二）已出台生效的法律严重滞后，法律与现实脱节，不适应现实生态与环境保护、修复和改善的需求

许多法律规定不适应社会主义市场经济条件下的经济和法律运行方式，导致在现行执法中有法难依，执法效果不佳。如退耕还林过程中，现行政策不配套，按照甘肃省现行政策的规定，政府所给

补助费用明显偏低,在补助期满后,农户生活保障问题在政策中也没有明确规定。如政府出台的一系列政策普遍留有较多的回旋余地,政策导向不够清晰,经济补偿机制缺乏弹性,缺乏后续补偿机制,对农户补偿也未能弥补其损失;资金短缺,公共设施和科技服务不到位,缺乏统一的计划性指导;宏观引导和微观生产相分离;逐利性太强,经济林比例过高。甘肃省根据《国务院关于完善退耕还林政策的通知》》(国发〔2007〕25号)、《财政部关于印发完善退耕还林政策补助资金管理办法的通知》(财农〔2007〕339号)等规定,制定相关实施细则。长江流域包括陇南市所属的八县一区、天水市所属的秦州区、麦积区,甘南州所属的舟曲县、迭部县,每亩退耕地每年补助现金105元。黄河流域全省除长江流域的陇南市八县一区,天水市秦州区、麦积区,甘南州舟曲县、迭部县以外的其他73个县(市、区),每亩退耕地每年补助现金70元。原每亩退耕地每年20元现金补助,继续直接补助给退耕还林农户,并与管护任务挂钩。补助资金的补助期为:还生态林补助8年,还经济林补助5年,还草补助2年。这样的补助标准:一是不符合当前的物价水平;二是缺乏后续性,也难以得到人民群众的支持和维护。

(三)已生效的法律、法规、规章之间不协调,有的甚至是自相矛盾和内在冲突的,行政执法者无法明确选择适用

生态立法受"宜粗不宜细"原则的影响,法律条文过于原则化、抽象化,容易导致在执法过程中产生理解上的差异。地方保护主义现象使一些地方政府不能依法制定出适合本地区的相应的规章制度和政策措施,各地区缺少联合与协调,各自为政,部门主义和地方主义严重,缺乏全局观和系统观。如对于森林生态效益的补偿也主要依靠中央拨付,地方投入较少,同时现行规定补偿标准过低,这就使林地和林木所有者不愿意将现有森林划为公益林。税费政策不完善、不合理,导致无法起到补偿作用,我国目前对资源使用者、受益者征收资源税,然而,资源税税种的计税依据不是开采

量，而是销售量或者自用量，这在客观上鼓励了企业对资源的滥采滥用，造成了对于资源和生态环境的破坏。

对湿地资源的保护必然是对经济利益的限制，它也直接影响区域公众的相关利益。如果不能平衡公共利益和相关权益者的利益，将直接影响湿地资源的保护进程，更严重的是，可能成为湿地保护的严重阻力。同时，构建生态补偿最为重要的问题应该是通过法律与政策的完善，努力拓展生态补偿的资金渠道，不能过分依赖政府的投资，要实现生态补偿机制资金来源的多元化。

四　从绩效评估看，甘肃省缺乏对生态管理绩效的评估

所谓绩效，即成绩与效果，是管理学的一个概念，既包括效率的内涵，又强调成绩本身的大小、效果的高低、质量的好坏。行为是产生绩效的直接原因，由于甘肃省长期仅以经济发展数值作为绩效评估的重要指标，导致了对生态效益评估的忽视。

（一）政府绩效评估中，生态效益理念缺乏

20世纪八九十年代，在绩效评估和目标设置中特别重视经济发展，评估指标主要以 GDP 增长和其他决定 GDP 增长的因素，如吸引外资、固定资产投资等为主。绩效指标或目标更多地以硬性的、有形的和数量化的指标为主，而软性的和质量控制的指标很欠缺。评估更多关注投入而忽略产出，更少关注结果。这种 GDP 崇拜热潮，导致了经济发展与社会进步的不协调和经济发展与环境保护之间的矛盾。人对自然界的无限索取最终导致人与自然的分离、异化和自然界对人类的报复，脆弱的生态系统引起了环境污染、土地沙化、生物多样化减少等问题，因此，这一时期的政府在价值倾向上具有"反生态"的性质。

（二）政府绩效评估中，生态效益的定位"错觉"

很多人都认为，如果关注生态效益就必然会降低经济效益，恰恰是这种定位使很多人在遇到经济与生态相矛盾的情况时，多数会先选择经济，然后到了污染问题不得不解决时再回过头来治理，这就是我们之前走的"先污染，后治理"的老路子。这就在理论上认定了"经济效益与生态保护相悖"的假命题，其实，在世界各国生态治理成功的范例中，我们不难发现，两者是完全可以并行不悖的。

（三）政府绩效评估中，生态绩效评估模式单一化

近年来，许多地方政府开展了形形色色的政府评议活动，逐渐开始让公众参与到地方政府的绩效评估中去，虽然这些活动体现了地方政府绩效评价的价值取向正在发生转变，但"政府主导、自上而下、上下呼应"的中国绩效评估模式特点依旧很突出，距真正意义上的"民众本位"的价值取向还很远，主要表现为：政府既是评估的运动员，又是裁判员，在评估中，政府"内部评估"权重高于"外部评估"，领导的随意性和主观性都很强，经验主义色彩浓厚。这样的评估模式必然导致地方政府的评估出现种种问题，如指标体系不统一，各地自行其是，评价主体单一，群众参与度不高或积极性不够。因此，评估最终缺乏客观性和全面性，导致评估效能有限。

第二节　产生困境的原因分析

生态型政府构建的过程中将面临很多问题，这些问题的产生既有外部原因也有内部原因。从外部原因来看，是受到甘肃省传统农业生产模式的影响及其在改造过程中所产生的一系列问题使政府在生态化治理中受到较多影响，不能全面地实施生态行政；从内部原因来看，在政府的执行力上，具体到公共行政的决策、执行和监督三个环节都存在一定问题，这些问题对甘肃省生态型政府的构建带来了阻力。

一　影响甘肃省生态型政府构建的外部原因分析

传统农业是人类农业发展的一个基本阶段，当人类社会进入铁器时代，铁质农具开始在农业中使用时，农业生产即步入了传统农业时代。虽然在历史上传统农业的出现曾代表着人类社会生产力发

展的巨大进步，但是，从现代的角度看，传统农业存在落后性、封闭性、保守性，不能适用社会经济发展的需要，必须对其改造。从1949年新中国成立算起，我国传统农业改造已经走过了60多年的历程，虽然使农业水平显著提高，但也产生了不少生态环境问题。

首先，增加粮食等主要农产品供给能力的需求压力，使许多不宜于耕种的土地都被不同程度地盲目围垦和开发，导致了农业用地系统的不协调，直接降低了农业抵抗自然灾害的能力。甘肃省地广人稀，虽然人均耕地面积居全国前列，但是，由于自然条件恶劣，粮食产量低，土地压力较大。河西大多地区为牧区，大量的放牧给草原和湿地都带来了很大压力。很多地区摆脱不了"靠天吃饭"的局面，地方政府在制定具体措施时，不得不将一些不宜或根本不能围垦的土地，盲目围垦用于粮食生产，毁林开荒、河道萎缩、土地沙化等酿成一系列严重的生态问题，植被减少、水土流失、土地荒漠化等，直接影响了农业的可持续发展，间接影响了甘肃政府生态行政的发展进程。

其次，增加化肥等无机物投入和农村乡镇企业的发展，给生态环境系统注入了许多不利因素。甘肃省农业虽然从总体上讲尚未进入现代农业阶段，但化肥、农药等无机物投入已达到较高水平。如化肥用量高于世界平均水平1倍多，由于化肥利用率较低，平均只有40%左右，其余大量流入江河湖泊，使水质受到污染，带来了十分严重的环境问题。

在产业结构上，甘肃省又是一个工业大省，甘肃省矿产资源丰富，截至2006年年底，全省各类持证矿山企业2819个，矿业从业总人数17.21万人，开发利用矿种共计73种，年产矿量8504.26万吨。其中，固体矿产8469.78万吨，液体矿产34.48万吨。省内矿业、有色金属开发、石油加工、煤炭等行业遍及全省大中型城市，如此的产业结构也给甘肃省的生态治理带来了巨大的压力，对政府的转型造成了很大的挑战。2013年，国家正式印发《全国资源型城市可持续发展规划（2013—2020年）》，这是我国首次出台关于资源型城市可持续发展的国家级专项规划。这个专项规划中首次界定了全国 262 个资源型城市①，其中，甘肃省 10 个城市被界定为资源型城市，分别为地级行政区 7 个：金昌市、白银市、武威市、张掖市、庆阳市、平凉市、陇南市；县级市 1 个：玉门市；县（自治县、林区）1 个：玛曲县；市辖区（开发区、管理区）1 个：红古区。专项规划以资源保障能力和可持续发展能力为标准，将资源型城市划分为成长型、成熟型、衰退型和再生型四类。② 其中，甘肃省的成熟型城市为金昌市、平凉市和玛曲县；成长型城市为武威市、庆阳市和陇南市；衰退型城市是白银市、玉门市和红古区；再生型城市为张掖市。这些地区的有色金属或石油矿藏曾有力地带动了城市的发展，但这些资源大部分是不可再生资源，其发展必定经过"开发—上升—稳定—衰减"的周期，很多地区已面临资源的枯竭，阻碍了城市的可持续发展。

因此，如何既解决好人们的吃饭问题又不造成环境的污染，甘肃省政府一直力图在两者之间寻求平衡。但是，由于甘肃省是一个西部地区落后省份，面临的首要问题是发展，在发展中求生存，在此过程中不可避免地导致了环境的破坏。由此可见，甘肃省近年来走的是"先污染，后治理"的传统的粗放型经济模式的路子，这一历史行为为甘肃省生态型政府的建设带来了很大的阻力。

二　影响甘肃省生态型政府构建的内部原因分析

（一）行政决策水平低

首先，决策前的生态信息机制不健全。甘肃省目前由于信息公开制度的不健全，使相应的环境信息收集困难、准确度低。所谓环境信息公开制度是在指令性控制手段和经济手段之后采用的一种新的环境管理制度，它是指"政府、企业、其他公共机构等环境信息的持有者，将其所掌握并应予以公开的环境信息通过某种方式让社

---

① 国务院印发《全国资源型城市可持续发展规划（2013—2020 年）》，《中国环保产业》编辑部，2013 年 12 月 2 日。

② 周励：《转型的动力》，《西部大开发》2013 年第 12 期。

会公众知晓，既是公众参与环保的重要前提，也是公众环境知情权的重要保证。"信息一旦公开了，大家能够掌握的信息源就多了起来，这也就为正确的决策提供了保证。

其次，决策的科学水平不足。甘肃省地域狭长，生态系统多样化，按照《甘肃省加快转型发展建设国家生态安全屏障综合试验区总体方案》（以下简称《总体方案》），甘肃省将依据自身发展的战略定位以及全国和全省主体功能区规划，将试验区分为河西内陆河地区、中部沿黄河地区、甘南高原地区、南部秦巴山地区和陇东陇中黄土高原地区五大区域，每个区域的生态环境都各有特点，其治理的侧重点也有所不同，生态治理模式不能搞"一刀切"，其相关政策和实施细则都应该因地制宜，模式化的治理会带来生态治理的混乱和资源的浪费。目前在决策机制上，甘肃省专门的专家咨询机构尚未建立，决策过程简单，缺乏科学性与层次性。

（二）公共行政执行层面的原因

生态政策的出台只是一个前提，它能否切实发挥作用关键在于政策的执行，这就涉及执行力问题。在实践中，对于生态政策在执行上往往是虎头蛇尾的，究其原因：一方面是由于生态治理的长期性效应，使治理者在短期内看不见成果，挫伤了治理的积极性；另一方面是缺乏政策执行的高素质队伍，生态政策的执行人员自身不具备较高的生态环保意识和自觉的环保行为，没有将生态思想贯穿到实际的行为当中，这就很难保证治理的成效。

首先，生态环境管理机构的权威较低，无法正常发挥作用。在甘肃省行政执行的过程中，生态环境管理机构只是作为众多职能部门中的一个，在生态管理中无法对同级部门起到约束作用，生态部门环保工作不能直接对最高行政首长负责，这一现状使生态治理的执行能力不高，公共执法得不到保障。环保部门地位的矮化使其所担负的环保职能得不到正常发挥。

其次，政府行政执行人员的生态素质不高。政府对公务人员的录用、培训、考核上都忽视了生态价值观的普及，作为政府的行政执行人员，其自身素质的高低直接决定着决策执行的好坏程度。公务员的环保素质参差不齐，培训课程涉及环保的也不多，在调查中，许多公务员对甘肃省主体功能区的划分也是含混不清，对自己所在地区的生态功能定位认知模糊，这就导致了在实际执行中容易片面地倒向经济，经济效益优先于生态效益观念，造成地方政府"短视"行为，忽视了生态环境的保护。

（三）政府职能缺位

在实际治理过程中，很多现实问题没有有效的解决途径。如现阶段流域生态补偿方式包括资金补偿、实物补偿和政策补偿等，补偿的主体包括国家、社会和流域自身。甘肃省流域地区的社会经济发展大多相对落后，流域内具有突出竞争力的企业集团、金融机构和环保社团较少，这也直接导致了流域治理工作中因为经费不足、支持不够等原因无法顺利展开工作。

虽然近年来国家财政拨出专项资金用于草原资源生态补偿，但是，由于草原资源生态补偿规模大、时间长，各种支出繁杂，生态补偿资金匮乏。而且由于专项资金没有专门的机构进行管理，无法为草原资源生态补偿提供可靠的资金保障。另外，缺少草原监督管理队伍，草原管理水平低，草原生态补偿的成果无人维护，因此，政府职能的缺位导致草原治理效果不理想。

（四）公共行政监督层面的原因

"监者，临下也，领也，察也，视也。督者，监察也。"在英文中，"监督"一词 supervision 是 super（在上）与 vision（观察）组成的。监督在整个行政过程中的地位是十分重要的，一般来说，监督主要包括行政监督、法制监督和社会监督三种，而甘肃省在行政监督这一层面仍然存在很多问题。

首先，行政监督机制不健全。行政监督是法制行政的一个基本观念和范畴。所谓行政监督，"是指行政组织内部表现为上级或行政主管对下级工作状况的监督"。主要包括一般监督、职能监督、主管监督和特种监督四种。其中，特种监督就是除主管监督之外的各种普遍适用的专业性行政监督，环保监督就在其中。但是，由于缺乏专业的环保人员使这一监督形同虚设，一般只具形式意义。

其次，法制监督不完善。法制监督是法制行政的另一个基本的观念和范畴，同时又是一项重要的国家法律制度。法制监督是一种外部监督，其主要形式有立法监督、司法监督、检查监督和党的监督。如果没有切实可行的法律制度作支撑，法制监督就难以发挥有效的监督作用。

最后，社会监督意识不够。社会监督的实质是公民从国家权力主体的地位出发，行使法定的权力，对政府行政机关及其官员所实施的监督。社会监督主要是通过社会舆论、公民批评等形式进行，但是，由于我国公民的环保意识匮乏，使其自身并没有意识以环境资源的保护为指标对政府行为进行监督，使社会这一重要主体的监督功能缺失。

第六章　国外生态型政府构建的经验与启示

目前，我国生态型政府的研究及构建尚处于起步阶段。有关研究表明："作为一门跨学科领域的新兴研究课题，国内学术界有关生态型政府问题的理论探讨起步于本世纪初。"[①] 这就意味着实现我国生态型政府构建的目标——人与自然、人与人之间的和谐统一还有更长的路要走。如何走好这条路，解决目前我国生态型政府构建面临的困境，无疑是当下值得深思与研究的一个重要课题，更是决定未来我国经济社会能否实现可持续发展的战略性问题。"他山之石，可以攻玉。"美国、德国、日本等西方发达国家在生态型政府构建的研究方面已经积累了许多宝贵经验，借鉴它们已有的经验和研究成果，对我国生态型政府构建具有十分重要的理论意义和现实意义。

第一节　西方发达国家生态型政府构建的经验

在工业文明早期，西方发达国家也选择了一条"高污染、高耗能、低产出"的不可持续的发展道路，导致生态环境遭到了严重破坏。尤其是 20 世纪中期前后发生的八大公害事件，直接加快了西方各国政府将生态环境问题纳入议事日程的时间表。与此同时，许多

---

① 田千山：《近三年来国内生态型政府研究综述》，《云南行政学院学报》2011 年第 4 期。

有关"绿色政府"的理论和著作研究也相继问世。比如，美国哈佛大学教授高斯的《美国社会与公共行政》、行政生态学理论的集大成者弗雷德·里格斯（Fred W. Riggs）撰写的《行政生态学》以及美国海洋生物学家雷切尔·卡尔逊的《寂静的春天》。在这些理论的指导下，美国、德国和日本等西方发达国家从组织建设、政策调控、社会动员和法律建设等方面开始了对建设生态型政府的探索。

一　西方发达国家重视组织建设在生态型政府构建中的作用

人类社会的发展历程和组织理论的相关原理表明，组织构建在人类各项活动中具有十分重要的作用，它有利于汇集资源、增进沟通、协调行动、提高效率，是人类各种活动得以顺利进行的重要前提。因此，生态型政府的构建也必须以一个科学、权威、有效的生态管理组织为载体，这一点已经得到美国、德国、日本等西方发达国家构建生态型政府经验的印证。在美国、德国和日本等国家的生态型政府构建过程中，都十分重视生态管理组织的建设，如美国环保局直属联邦政府，根据需要在全国设置了十大区域办公室；日本设置了环境厅，直属总理，统筹全国的环境事务；德国则根据本国实际，设置了三级生态行政部门。在这三个国家的生态管理组织建设中尤其以德国政府的机构设置最为典型。

德国的生态管理组织建设主要由环境保护机构设置、环境管理权责体系构建和环境管理运行机制建设三个部分构成。在环境保护机构设置方面，1986 年 6 月 6 日，德国成立了德联邦环境部，并建立完整的组织结构框架（见图 6 - 1）。除图 6 - 1 中内设的六个司局级管理部门外，为了更好地管理全国的环境事务，德联邦环境部还单独设置了三个局（室），即联邦环境局（UBA）、联邦自然保护局（BFN）和联邦辐射保护办公室；在环境管理的权责体系构建方面，德国环境行政管理权责体系分为联邦、州、地方（市、县、镇）三级；在环境管理运行机制建设方面，德国的环境管理运行机制由环境管理决策机制、环境管理执行机制和环境管理监督机制三个部分构成。统一的环境保护机构的建立，克服了德国部门生态行政体制下生态管理工作的弊端，解决了地区之间、部门之间各自为政、条块分割与生态管理工作整体性、综合性之间的矛盾；完善的环境管理权责体系明确了各部门的职责，解决了生态职能交叉和生态责任追究不到位的问题；健全的环境管理运行机制提高了生态管理机构决策的科学性和运行效率，有效地解决了生态管理工作监督不到位的问题。环境保护机构设置、环境管理权责体系构建、环境管理运行机制建设"三位一体"，共同构成了德国环境行政管理的组织框架，为生态型政府构建和生态目标的实现提供了强有力的组织保障。

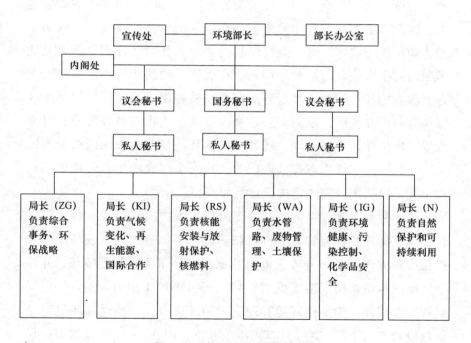

图 6-1 德国环境部组织机构

资料来源：http://www.china.com.cn/tech/zhuanti/wyh/2008-02/04/content_9652112_3.htm。

二 西方发达国家重视政策调控在生态型政府构建中的作用

生态市场是产品非竞争性、非排他性和外部性影响等市场失灵现象比较严重的区域，市场机制的调节作用十分有限。因此，需要发挥政府的调节和引导作用，通过运用税收、政府购买和政府转移支付等政策手段进行调控。西方国家在生态型政府构建方面有许多成功的案例。如"德国与日本分别于 1999 年和 2000 年开始为了更好地保护环境，削减温室气体排放，设立了电税、矿物油税、柴油税等生态税"。① 芬兰和匈牙利等国为了保护本国的生态环境也采取了类似的政策措施。但是，在所有运用经济政策手段为本国生态型政府建设服务的国家中，最为典型的当属美国。美国生态型政府构建最突出的特点就是政府在"理性经济人"假设的理论指导下，充分利用经济杠杆调节，人们的生态环境保护行为。

首先，美国重视税收手段在环境保护中的作用。美国自 20 世纪 80 年代将税收手段引入环保领域后取得了显著的成果。其主要做法是：一方面不断完善环保税种，主要包括："一是对损害臭氧层的化学品征收的消费税，二是与汽车使用有关的税收，三是开采税（资源税），四是环境收入税。"② 另一方面积极实施税收奖励政策，如在可再生能源领域，美国为利用可再生能源发电等提供抵税优惠，并不断提高优惠额度；又如"在 2004—2006 年，联邦政府每年拨款 34 亿美元给州政府用于旧家电回收以及鼓励购买节能新产品，而对于生产节能型家电的厂家以及购买此类家电的消费者，政府都将给予抵税优惠"。③ 通过以上税收政策的实施使美国目前二氧化碳的排放量比 20 世纪 70 年代减少了 99%，空气质量得到了明显提高。

其次，美国将绿色采购制度作为生态环境保护的重要举措。美国政府在利用税收手段鼓励新能源、新技术的开发与利用的同时，

---

① 许艺豪：《两型社会背景下的生态型政府构建》，硕士学位论文，湖北大学，2010 年。

② 尹来武：《环境保护税收政策的国际实践及借鉴》，《税务与经济》2007 年第 5 期。

③ 高小平：《政府行政管理》，中国社会科学出版社 2007 年版，第 106 页。

也重视绿色采购制度生态环境保护的重要作用。从 1991 年至今，美国政府通过颁布各项总统令及法律法规实现了政府绿色采购的法律化和动态化。美国《政府采购法》第 23 章专门就绿色采购做出了详细规定，主要内容包括："如何采购生态型（主要指利用可再生材料生产的）产品和服务，使用循环材料，如果采购额超过 1 万美元，就必须按照采购环保局指定类型产品。"① 为了保证绿色采购政策的贯彻执行，美国不仅组织建立了四个专门的政府绿色采购机构，还制定了详细的绿色采购标准。

最后，美国把生态补偿作为生态环境保护的重要方法。美国政府十分注意生产和消费补贴等政府转移支付手段在生态型政府构建中的作用。其中，最突出的表现是 1985 年，"美国依据《土地保护计划》对占全美耕地面积 24% 的'易发生水土流失土地'实行 10—15 年的休耕，并以完善有效的生态补偿机制保障其实施，即这些耕地的拥有者将可以领取高于耕作收益的补偿金，补助不足的农户可以有权上诉，并将导致执行部门遭受处罚"。②

三 西方发达国家重视社会动员在生态型政府构建中的作用

正如美国著名生态政治学家丹尼尔·科尔曼所言："生态社会立足的基础是其公民有能力通过积极参与自治，创立一个有爱心的、可持续的社群（来参与地方生态治理）。"③ 在美国，除环保主管部门、专家系统和科研部门之外，规模庞大的民间环保组织已经成为美国环境保护的重要力量。其中最著名的是美国环保协会，该协会创始于 1967 年，拥有 40 多万会员，其中有众多的科学家和经济学家，涉及水、大气、海洋、人体健康以及食品安全等多个环保领域。日本作为一个资源极度匮乏的国家，也十分注意培养民众的

---

① 唐敏：《外国政府绿色采购制度及其对我国的启示》，《商场现代化》2008 第 26 期。

② 高小平：《政府行政管理》，中国社会科学出版社 2007 年版，第 194 页。

③ 丹尼尔·A. 科尔曼：《生态政治：建设一个绿色社会》，上海世纪出版集团 2005 年版，第 138 页。

环保、节约和节能意识，积极倡导全民参与环境保护。日本主要从环保教育入手，其环境教育专门法《增进环境保护意识和推进环境教育法》明确规定：在环境教育实施中应重视实施方法，要在学校、地方、单位等各种场所开展环境教育。虽然西方国家在动员社会成员参与生态环境建设方面都有各自成熟的做法，但最为典型的当属德国。德国生态型政府的构建最重要的特点是在网络治理理论的指导下，充分调动各种社会力量来实现生态环境保护运动的全民化。

（一）德国政府重视生态公民的培养

为提高公民的生态意识及环保能力，德国政府通过家庭教育、学校教育和社会引导"三位一体"的方式进行生态公民的培养。

首先，在家庭教育方面，德国政府重视家庭教育的重要性，德国的孩子从小就受到关于环境的家庭教育，培养安全、节约、卫生等方面的意识。

其次，在学校教育方面，德国政府注重改进国家教育内容和体系以满足环境保护的需要，不仅重视课堂环保知识的灌输，更善于利用"无痕教育"的方式让孩子在不知不觉中获得环保知识的熏陶。例如，"德国一年级的小学生刚到学校注册报到，就会领到一册环保记事本，上面印有森林、草原和田野，编者意在告诉孩子热爱大自然，热爱人类生活的优美环境"。① 同时，"学校还会组织许多课外教育活动，如参观环保基地和捡垃圾等。德国各地还有大大小小的各种环境保护比赛，鼓励学生设计和开发环保项目等"。②

最后，在社会引导方面，德国政府主要通过制定垃圾分类回收制度，培养公民的生态意识。在德国，"每户居民的住宅门前一般都有黄、蓝、黑、绿四种色彩鲜明的垃圾桶，桶上都贴有简明易懂的垃圾分类图案。黄桶上列明装废弃金属、包装盒和塑料，蓝桶和

---

① 任春：《德国的环保》，《德国研究》2004 年第 3 期。
② 刘少才：《德国环保见闻》，《环境教育》2009 年第 2 期。

黑桶分别收集废纸盒和普通垃圾，绿桶则收集从普通垃圾中新分类出来的菜叶和蛋皮等生活垃圾"。① 这种"三位一体"的生态公民培养模式，不仅提高了德国公民生态环境保护的自觉性和主动性，同时也符合可持续发展的理念，具有持续性、长远性和有效性等优点。

（二）德国政府注意强化与生态非政府组织的合作

德国政府通过"自上而下，上下结合"的生态管理模式与生态非政府组织之间形成了一种相互监督、相互合作的互动关系。例如，德国政府实行了颇具特色的双元制废物回收制度，"即在废物回收上，地方政府负责回收没有'绿色标志'的传统废弃物，而贴有'绿色标志'的包装容器类废弃物则由一家名为 DSD（Dulal System Deuschland）的非政府组织负责回收，并使其再循环再利用。DSD 的运营费用来自向生产厂家授予'绿色标志'时收取的注册费，而政府只是监督其执行情况"。② 在德国政府正确的引导和鼓励下，生态非政府组织在德国环保领域扮演着越来越重要的角色，其自身也在不断发展壮大。目前，德国有"联邦自然保护协会""青年环保联合会"等上千个全国及地方性的环保组织或环保信息中心。它们通过开办讲座、实地宣传和建立环保网站等方式，发挥自身在环保领域的作用，为德国的环境保护事业奉献自己的力量。

（三）德国政府注重生态企业的培育

20 世纪六七十年代，德国出现了严重的生态环境危机。据统计，"德国平均每人每年要扔掉 20 公斤电子垃圾，这些废弃物无法降解，也不可焚烧，且易泄漏汞、铬、铅、镉等多种有害物质，污染土壤及地下水"。③ 而企业则是这次生态环境危机的重要责任主体，为了协调好企业的根本目标——追求利润最大化与其社会责任——生态环境保护之间的关系，德国政府十分注意运用法律手段

---

① 刘少才：《德国环保见闻》，《环境教育》2009 年第 2 期。
② 诸大建主编：《生态文明与绿色发展》，上海人民出版社 2008 年版，第 34 页。
③ 刘斌：《德国生态工业政策对环保产业发展的影响》，硕士学位论文，对外经济贸易大学，2009 年，第 7 页。

以及财政政策和产业政策等经济手段进行生态企业的培养。

首先，从法律手段来看，德国的《循环经济与废物法》规定："凡废旧的日用品，如电视机、洗衣机、冰箱、计算机及小件的电池等，其销售者或制造商必须负责该产品的回收、重复利用和处理。"①

其次，在产业政策方面，2007 年，德国环境部长西格马·加布里尔（Sigmar Gabriel）提出了"生态工业政策"。这项政策鼓励企业大力发展环保型产业和高新技术型产业，不仅推动了企业生产模式的转型，也给德国带来了良好的经济效益和生态效益。

最后，在财政政策方面，德国政府主要通过税收和补贴等财政政策工具引导企业朝着生态化的方向发展。例如，德国曾经"通过危险废物产生税限制生产企业的废物产生量，促进其采用更加先进的生产技术，以减少危险废物的产生（由于处置费用的提高和各企业的积极配合，该税已从 1997 年取消），给予危险废弃物处置企业相应优惠政策，鼓励处置企业采用更加先进的处置工艺"。②

四　西方发达国家重视法律建设在生态型政府构建中的作用

法治是现代文明国家核心价值观体系的重要组成部分，建立完备有效的法律体系是每个国家构建生态型政府的必然选择。美国、德国、日本在生态型政府建设进程中在法律建设方面都取得了一些显著成果。美国自 20 世纪 60 年代开始出台了一系列有关生态保护的法律法规，如《清洁空气法》《清洁水法》《濒危动物保护法》等，这些法律法规内容很全面、规定很细，涉及生态保护的各个领域和各个环节，一切对生态造成污染的污染源都被列入法律规定的范围。同时，美国的生态立法均以科学数据作为支撑，为提高法律制定的科学性、可操作性和适用性，科研人员要经过反复实验，得出精确数据，为各种法律的制定提供准确的理论和现实依据。德国

---

① 《德国制定环保新举措——谁生产谁回收》，《城市管理与科技》2001 年第 1 期。
② 邢华等：《德国的工业危险废物管理》，《环境污染与防治》2003 年第 4 期。

生态保护法律规范也十分完备，不仅有生态基本法，而且在各个环境保护的具体领域都有相应的环保法律，如《滴涕法》《洗涤法》《飞机噪声法》等。而在生态法律建设方面最典型的国家是日本，日本生态型政府的构建最显著的特点就是在"依法治国"理念的指导下，依靠法律的权威性强制推进政府自身的生态化转型和国家的"环境立国"战略。

（一）日本政府注重环保法律制定的动态性及连续性

第二次世界大战后，为尽快从战争的创伤中恢复过来，日本推行的"经济立国"战略使其面临着严重的环境污染问题。为了推进污染问题的有效解决，日本开始制定一系列环保法律。如 20 世纪 50 年代至 70 年代初，日本相继出台了《森林法》《食品卫生法》《水质保护法》《工厂废物控制法》《环境污染控制基本法》《公害对策基本法》《大气污染防止法》《海洋污染防止法》等一系列法律，有效地解决了日本的公害问题。20 世纪 70 年代初，为了应对国际石油危机及国内能源短缺问题，日本又相继制定了《公害健康损害赔偿法》《能源使用合理化法》等一系列法律。80 年代，日本生态法律的制定陷入了短暂的低迷期。进入 20 世纪 90 年代，针对新形势下出现的一些新生态环境问题，日本政府再一次加大生态法律的制定力度。《环境基本法》《容器和包装物的分类收集与循环法》《特定家用机器循环法》《关于推进地球温暖化对策的法律》等一系列法律有相继出台。进入 21 世纪后，基于环境保护在经济发展中的重要性，日本政府在《环境白皮书》中提出了"环境立国"的新战略。这又促生了《绿色采购法》和《居住生活基本法》等一批新法律。可见，日本政府在生态型政府构建过程中，十分重视生态立法的动态性和连续性，通过不断促生新的法律，加强对传统环保法律的修改、调整来填补环保法律的空白，以更好地适应新形势的发展需要，应对新的挑战。

（二）日本政府十分重视生态法律结构体系的建设

从整体上看，日本政府重视生态法律的完整性。日本与环保有

关法律的可分为环保基本法、环保综合法、环保专业法、环保相关
法四大类（见表6-1）。这四大类环保法律各自发挥着不同的功能：
环保基本法为环保综合法及专业法提供一般原则和基本规定；环保
综合法在基本法与专业法之间起到桥梁作用，它既是环保基本法的
具体表现，也是环保专业法的依据；环保专业法则是环保基本法和
环保综合法的具体化，具有现实的可操作性和实践性；而环保相关
法则是对其他环保法律的有效补充，间接辅助其他法律发挥功效。
这四大类环保法律既相互独立，又相辅相成，共同构成了日本环境
保护法律完善而又严密的法律体系。

表6-1　　　　　　　　　　日本环境保护法律的类型

类型	相关案例	主要特点
环保基本法	《环保基本法》《环境污染控制基本法》等	指导性及原则性：主要涉及环保的一般原则和基本规定
环保综合法	《工厂废物控制法》《资源有效利用促进法》等	指导性及综合性：主要涉及环保的综合领域
环保专业法	《烟尘排放规制法》《大气污染防止法》《噪声管制法》等	针对性及操作性：主要涉及环保的专业领域
环保相关法	《公害健康损害赔偿法》《居住生活基本法》等	间接性及补充性：主要涉及对环保影响或被其影响的领域

资料来源：根据周永生《日本的环境保护及其启示》一文内容汇编而成。

从具体操作来看，日本政府也十分重视通过完备的法律来保证
具体政策的实施和问题的解决。以日本政府为构建循环型社会而配
套制定的相关法律体系为例。如图6-3所示，在循环型社会建设的
过程中，日本政府建立的法律体系层次清晰，内容完备，涉及生产
和生活的方方面面，这足以证明日本政府对生态法律体系建设的
重视。

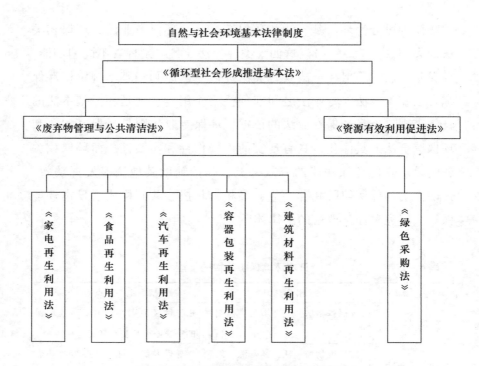

图 6 - 2   日本循环型社会基本法律框架

资料来源：诸大建主编：《生态文明与绿色发展》，上海人民出版社 2008 年版，第 38 页。

（三）日本政府十分看重生态法律实施的效果

日本生态法律对实施效果的重视主要体现在以下两个方面：

第一，在生态法律的制定方面，如上所述，日本政府十分重视生态法律制定的动态性和连续性，这使其各项法律规定能够与时俱进，不断满足新形势的需要，因而也就具有很好的实施效果。

第二，在生态法律的执行方面，日本政府在生态法律实施过程中，一是着重强调了法律的严肃性，日本是一个大陆法系国家，十分强调成文法的主导作用，要求政府的一切行为都必须严格以法律为准绳，做到有法必依，执法必严，违法必究。二是注意发挥地方政府的作用，日本在各种法律实施过程中都重视强化地方政府的责任意识，提高地方政府执法和守法的自觉性。如日本政府 2000 年制定的《建立循环型社会基本法》第 10 条规定："地方政府有责任采取必要措施，以确保可循环资源得到适当的循环和处置。"

20 世纪 60 年代以后，日本在短期内由一个世界"公害最严重的国家"演变成一个"公害治理先进国家"，治理效果尤为明显。这不仅取决于日本健全的法律体系，更取决于日本对法律的从严落实。20 世纪 80 年代以后，日本单位 GDP 的各项污染物排放量大都降到了发达国家的最低水平。

第二节　西方发达国家生态型政府构建对我国的启示

能源需求量大的美国、重工业发达的德国以及资源匮乏的日本，这三个西方发达国家虽然所处的地理区位不同，面对的国情不同，但它们各自在生态型政府构建的过程中都积累了一些宝贵的经验。这些经验对我国构建生态型政府，推动我国由"经济立国"向"环境立国"战略转型具有十分重要的启示意义。概括起来，主要有以下四个方面。

一　重视政府生态管理组织建设

如前所述，生态型政府构建必须以一个科学、权威、有效的生态管理组织为载体，这一点已经在美国、德国、日本等西方发达国家生态型政府构建过程中得到验证。在大部制改革中，我国成立了环境保护部，生态环境监管工作主要由国家环保部、各省环保厅和市（县）环保局担任，但对环境问题的具体行政管理仍分属农业部、林业部、国土资源部、水利局和国家海洋局等不同部门（见图 6-3）。条块分割的行政管理体制，一方面使不同的生态环境要素被分配到不同的部门，甚至同一生态环境要素又被分割成许多碎片，各职能部门间固守"本职"，缺乏统一协调的整合性和权威性，在实际操作中导致了严重的各自为政和责任推诿问题。另一方面这种行政体制也使各地区之间缺乏强有力的沟通和协调机制，特别是对于一些跨行政区域的生态资源与环境保护问题，由于地区利益作用和区域间环境协调工作机制缺乏，使政府的工作经常陷入"有规划无执行"的尴尬境地。

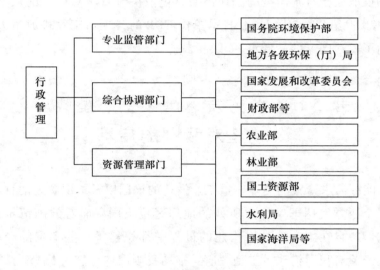

图6-3 我国的生态管理机构设置

资料来源：高小平：《政府生态管理》，中国社会科学出版社2007年版，第69页。

为了更好地破解目前我国在生态管理中面临的这种困境，我们必须抓住大部制改革的契机，认真研究并借鉴西方发达国家尤其是美国、德国和日本等国家在生态型政府建设中的宝贵经验，从我国的实际出发，着力从组织机构设置、权责体系构建和运行机制建设三个方面加强我国生态管理组织建设，为早日建成生态型政府提供坚实的组织保障。

二 重视政策调节在生态型政府构建中的作用

基于理论与实践的考量，充分发挥各种政策手段的调控作用是构建生态型政府的必然选择。在生态型政府建设过程中，我国也应该借鉴美国、德国、日本等西方发达国家的经验，注意发挥政策的调节和引导作用。具体而言，在生态型政府构建的过程中，要根据生态经济发展的要求，一方面要利用征收环境税费等税收手段以及进行生产和消费补贴等政府转移支付手段调节私人收益和私人成本，使其等于相应的社会收益和社会成本，从而解决生态保护的外部性问题。具体来说，就是对造成负外部性的经济活动要对其主体征税，使其私人成本等于社会成本，消除其对破坏生态环境的动力；对于能够带来正外部性的经济活动，要采用补贴等手段进行激励，使其私人收益等于社会收益，提高其提供保护生态环境的积极性。另一方面要建立绿色采购制度积极进行引导。即通过政府的绿色采购引导企业进行绿色能源、绿色技术和绿色产品的开发与利用，从而实现节约资源、保护生态环境的目的。

在以上国家政策调控手段中，对于我国而言，目前最紧要的就是在借鉴美国和德国等西方发达国家生态税收经验的基础上，建立一套符合我国实际的生态税收制度。

三　充分发挥网络治理在生态型政府构建中的功能

网络治理是指"由政府部门和非政府部门——私营部门、第三部门或公民个人等众多行动主体彼此合作而开展的治理，众多参与治理的行动者在相互依存的环境中分享公共权力，共同管理公共事务。"[①] 其功能的优越性主要体现在治理主体、治理工具、治理结构和治理机制四个方面（见表 6 - 2）。西方国家的经验表明，正是由于生态问题的复杂性、有限政府改革诉求的迫切性和网络治理自身的优越性使网络治理在生态型政府构建过程中发挥着越来越重要的作用。

但是，目前我国构建生态型政府的网络治理途径面临一定的困境，主要表现为生态非政府组织发育不足，公众参与意识不强，企业缺乏主动性。以我国，生态非政府组织为例，实践证明，非政府组织在保护生态环境、提供生态环境公共物品方面不仅具有自己独

---

① 张康之、程倩：《网络治理理论及其实践》，《新视野》2010 年第 6 期。

特的优势，而且还能与政府、企业之间形成良好的互动、互补和互助关系，从而更加有利于自然生态危机的解决。然而，目前我国生态非政府组织在生存和发展方面还面临着诸多困境，主要表现在以下两个方面：

表 6 - 2　　　　　　　　　　　网络治理的特点

内容	特点
治理主体	政府、非政府组织、私营部门及公民个人等多元合作主体
治理工具	激励、沟通工具及契约等非强制性工具
治理结构	资源共享、彼此依赖、互利互惠及相互合作的组织结构
治理机制	信任机制、协商机制及学习机制等合作机制

资料来源：根据孙柏瑛、李卓青《政策网络治理：公共治理的新途径》一文绘制而成。

第一，生态非政府组织管理失范。法治社会要求一切组织的行为与活动都必须有法可依，生态非政府组织的存在与发展同样需要有健全的法律制度做保障。然而，我国的实际情况是，政府关于非政府组织的治理对策是相对错位的，并由此导致了非政府组织的发展困境。目前，我国非政府组织注册的一个很重要的条件是：前来登记的非政府组织必须有一个政府的业务主管单位为其向民政部门担保，而大多数政府机构由于害怕承担责任而不愿意做担保，结果很多非政府组织被迫选择工商注册的形式，甚至一些非政府组织根本就没有进行法律注册。由于缺乏法律法规的清晰引导，使非政府组织与政府、企业等其他主体在生态治理中的权责关系不明，组织管理和行为方式缺乏规范，在生态网络治理中，无法发挥其应有的作用。

第二，生态非政府组织的独立性相对不足。与其他非政府组织一样，生态非政府组织在其决策和各项活动方面应该是相对独立的。但是，目前在我国，大部分生态非政府组织的发展都陷入了一种尴尬境地：一方面，生态问题的解决迫切需要生态非政府组织发挥其应有的作用，对此政府有清晰的认识，在思想上也十分重视；另一方面，由于制度和现实等诸多方面的原因又使当前我国生态非政府组织未能健康发展，资金、人才严重缺乏，对政府和企业的依赖性大，无法实现相对独立的自治，从而影响到了其在生态型政府构建与生态社会建设进程中作用的发挥。

为了更好地发挥网络治理在我国生态型政府构建中的作用，我国政府应当借鉴美国、德国、日本等西方发达国家的经验，在坚持信任、平等和责权明晰原则的基础上做好以下三个方面的工作：

第一，在与营利性组织的合作方面，政府应该通过承包、转让、购买等手段，提高营利性组织在生态型政府构建中的积极性。

第二，在与非营利性组织的合作方面，政府应该在坚持"培育发展与监督管理并举"方针的基础上，加强对非营利性组织的扶持和引导，通过改善其生存发展环境使其健康发展，在生态型政府构建中分担政府的部分生态管理职能。

第三，在与公民个人的合作方面，政府应该充分重视教育在生态公民培养方面的重要作用，让公民充分了解并理解政府有关生态型政府构建方面的政策法规，进而提高彼此之间的信任程度，为生态型政府的构建提供坚实的群众基础和社会基础。

四　加强生态法制建设

法律的强制性可以为生态型政府构建提供坚实的后盾，这一点已被各国的经验所证明。改革开放以后，我国经过30多年的法治建设，形成了较为系统的生态法律制度体系，但是，这一制度体系仍不健全、不完善，主要表现在以下三个方面。

首先，在立法环节，一是立法过于宽泛，缺乏可操作性。如《中华人民共和国大气污染防治法》第五十七条第二款规定：在人口集中地区、机场周围、交通干线附近以及当地人民政府划定的区域内露天焚烧秸秆、落叶等产生烟（粉）尘污染的物质的，由所在地县级以上地方人民政府环境保护行政主管部门责令停止违法行为，情节严重的，可以处二百元以下罚款。但是，"情节严重"是指哪些情形，却没有明确界定。二是立法与外部环境的变化脱节，缺乏动态性。诸如生态民主、生态公平、生态权、科学发展、可持续发展等一些与生态有关的新思想、新观点和新理念在我国现行的生态法律体系中鲜有体现。又如我国1989年制定的《环境保护法》中有相当部分的内容早已不能适应当前生态与环境可持续发展的需要，但至今仍然没有决定修改。

其次，在执法环节，一是行政执法权太过分散。如前所述，在我国现有的生态管理体制下，各部门、各地区之间固守"本职"，各自为政，执法权力十分分散。而生态问题往往又具有很强的整体性、综合性和复杂性，这导致在生态行政中单个部门往往无力单独解决某一问题，执法效果不理想。二是执法权交叉严重。我国当前对生态环境的具体管理分属农业部、林业部、国土资源部、水利局和国家海洋局等不同部门，各部门在制定具体管理办法时各自为政，主要考虑自身需要，而很少考虑与其他部门规章制度之间的协调统一问题。因此，在执法过程中各部门之间的执法权交叉十分严重，导致了在生态行政中政府的错位和越位，各个职能部门之间要么相互争斗，要么相互推诿，执法秩序混乱不堪。三是执法权力过"小"，监测执法能力不足。与其他部门相比，环境行政执法部门缺乏查封、冻结、扣押、强制划拨等行政强制手段，作为生态行政处罚主要手段的罚款，其罚款额度的规定也明显偏低，从而导致了我国环保领域"守法成本高，违法成本低"的乱象。

最后，在监督环节，一是社会监督发展滞后。我国由于公民生态意识薄弱，生态非政府组织等非营利组织发育不足，导致社会监督体系不健全，社会监督发展滞后。二是国家监督不到位。我国虽然也设立了国家环境保护部、各省环境保护厅和市（县）环境保护局来负责生态环境的监管工作，但由于存在行政隶属关系和地方利益的影响，各级环保部门在进行环境监督时往往选择"睁一只眼，闭一只眼"，对地方政府盲目追求 GDP、破坏生态环境的行为并没有按相关的法律法规进行追究和问责。如《中华人民共和国环境保护法》第三章第二十六条规定："地方各级人民政府应当根据环境保护目标和治理任务，采取有效措施，改善环境质量。"但是，在我国当前生态日渐恶化的情况下，鲜有政府部门因为破坏生态环境或没有改善环境质量而被追究责任或受到相应的问责。

由于缺乏一整套行之有效、可操作性强的生态法律法规体系，导致了我国在生态治理与保护方面始终缺乏一个坚实的制度保障。因此，为了建立一套与生态型政府构建相配套的完备法律体系，当前，我们必须在借鉴美国、德国、日本等国家的经验基础上，注意做好以下几个环节的工作：一是在法律制定环节，要重视环保立法的系统性、动态性和可操作性。二是在法律执行环节，要注重权责一致和执法的严肃性。三是在法律监督环节，着力构建完善的监督体系。因此，笔者认为，我国目前有关生态型政府完备有效的法律构建必须从以上三个环节入手，彻底解决现行法律的不足，为生态型政府的构建提供强有力的法律支撑。

第七章　国内关于生态型政府的模式探索

自 2006 年黄爱宝在《"生态型政府"初探》中首次提出"生态型政府"这一概念以来，国内学术界对相关理论的关注越来越多，学者从基本理论、构建必要性、面临困境及解决对策或构建途径等角度，对生态型政府进行了探讨，涌现出了一批具有代表性的文献。生态型政府构建是一项系统工程，需要对政府的公共行政模式和经济发展方式等进行全方位的创新。目前，国内关于生态型政府构建的实践比较缺乏，许多关于生态型政府构建模式的研究成果多是从观念确立、治理主体、制度创新、职能强化、科技支撑、产业发展和经济转型等角度进行的理论探讨。

第一节　生态型政府内涵

近些年，我国学者对生态型政府的内涵等展开了相关研究，主要成果有：黄爱宝（2006）最先对生态型政府的内涵进行了表述，他在界定与解读"生态"含义的基础上，指出生态型政府就是"致力于追求实现人与自然的自然性和谐的政府"，以保护与恢复自然生态平衡为根本目标与基本职能。他在《生态型政府构建与生态公民养成的互动方式》一文中提出："所谓生态型政府就是指能够将实现人与自然的自然性和谐作为其基本目标，将遵循自然生态规律和促进自然生态系统平衡作为其基本职能，并能够将这种目标与职能渗透与贯穿到政府制度、政府行为、政府能力和政府文化等诸方面之中去的政府。更具体地说，生态型政府就是追求实现对一个政府的目标、法律、政策、职能、体制、机构、能力、文化等诸方面的生态化。其基本特征主要表现为：生态优先是其根本价值观；生态管理是其基本职能；可持续发展能力是其核心能力；综合协调性为政府生态管理体制的显著特征；生态科学家咨询为政府决策机制的广泛构成等。"这是目前对生态型政府内涵阐释比较具有代表性的观点。姚志友、刘祖云（2008）基于库恩范式理论，指出生态型政府内涵应从观念层面、规则层面和操作层面进行理解，认为生态型政府是"生态文明"理念的学理延伸，是为解决自然与政府的问题、实现人与自然和谐的政府。洪富艳（2009）在借鉴已有多种观点的基础上，提出生态型政府是一个探索人与自然和谐诉求和实现方法的行政管理系统。当今学术界还未形成统一的生态型政府的定义，但通过翻阅现有资料可以发现，黄爱宝教授对生态型政府内涵的阐述获得较多认可，相对来说，在学术界更具权威性。

第二节　生态型政府的必要性

这个方面的研究较有代表性的学者有高小平、黄爱宝、莫光财等。高小平（2004）指出，为应对生态危机、促进经济发展、改革行政体制、进行政府创新，必须加强生态行政管理。黄爱宝（2008）从生态环境问题解决、生态政治运动回应、生态经济模式发展、政府改革创新、生态文化意识觉醒等方面，概括了生态型政府的背景动因，而这些动因则要求必须构建生态型政府。莫光财（2008）从代际公平角度出发，指出政府为处理资源环境问题，维护社会代际公平，必须构建生态型政府。刘祖云、王彬彬（2008）从现实性、学术性与价值性等维度出发，指出生态型政府就是对生态反思、生态责任和生态行政学的响应，是政府为摆脱"生态困局"而进行的探索。王彬彬、朱益芳（2009）认为，构建生态型政府是呼应政治文明、化解生态危机、经济可持续发展、变革政府治理范式的重大举措，较全面地论述了生态型政府构建的必要性。洪富艳（2009）提出了建设生态型政府的现实意义——缓解生态危机，促进政府改革与发展，建设社会主义生态文明。吴兴智（2012）则从生态文明建设和政府角色转型角度，论述了生态型政府建设的必要性和紧迫性。

第三节　生态型政府的困境

对构建生态型政府时所面临的困境，我国学者也给予了很大的关注。王彬彬、朱益芳（2008）以创建"环境友好型政府"为主旨，指出我国生态型政府的构建面临自然生态和行政生态双重失衡的严峻形势，危及可持续发展和政府职能转变进程。胡琼（2008）从生态管理理念、职能和政绩评估指标体系三方面，指出我国生态型政府的建设还面临着生态意识薄弱、生态管理职能分散、服务性理念不足、政务不透明、评估指标体系不合理等问题，较为全面地总结了生态型政府的困境，获得多数学者认可。吴兴智（2010）以太湖蓝藻事件为案例，概括了我国政府在治理生态危机中所遇到的困境——政府主导的"赶超型"发展战略导致经济发展的结构性问题日益突出，经济、社会、生态效益失衡，给生态危机治理中的政府策略选择带来严重影响。张春颜（2012）对这一问题也进行了较为详细的论述，指出生态型政府构建过程中面临环境管理体制落后、公民环保意识不足、生态法律可行性不够、绩效评估缺乏处罚等问题。

第四节　生态型政府的构建路径

国内学者关于构建路径的研究成果也比较多，从不同角度提出了建设生态型政府的措施。影响较大的有：高小平（2004）借鉴生态管理理论，结合政府管理特点，运用行政学原理，以科学发展观作指导，对生态行政管理的法制、政策、原则、职能、机构等方面进行考察，提出了完善生态行政管理的具体措施，为生态型政府的构建搭建起了一个基本框架。另一代表性人物黄爱宝，他通过其一系列论文，从发展生态非政府组织、培育生态市场和生态企业、壮大生态公民社会、提升公民生态意识等角度出发，较为全面地总结了构建生态型政府的不同路径，奠定了生态型政府的理论基础。孙卓华（2005）从制度层面分析了构建生态型政府的办法。王彬彬、吴国清、朱益芳（2008）从技术和理论研究方面出发，提出通过生态科技研发、专家参与决策、理论研究发展，构建生态型政府。莫光财等（2008）从代际公平角度出发，提出通过修正行政目标、修订环保法制等措施，加强政府生态管理。曾正滋和庄穆（2008）以公共治理为入口，提出构建生态型政府的对策——转变行政理念，培育生态公民，落实公民权利，发展社会组织，完善制度设计。姚志友、刘祖云等（2008）从意识形态出发，通过引入生态型思维，重塑政府生态责任意识，建立生态治理理念。柴秀波（2011）从思维方式角度，提出通过创新行政理念、保障制度和管理方式，构建生态型政府。从不同的构建层面大致梳理如下：

一　观念确立方面

黄爱宝（2006）认为，与传统增长型政府相比，生态型政府就是致力于追求实现人与自然的自然性和谐的政府。或者说，是以保护与恢复自然生态平衡为根本目标与基本职能的政府。其首要特征是以生态优先作为其根本价值观，在价值取向上是趋于生态效益还是经济效益是区分生态型政府与非生态型政府的一个基本标志。因此，生态型政府构建的首要任务是要树立生态优先的根本价值观。①

崔玉丽（2006）认为，欠发达地区的政府长期受"追赶"理念的驱使，往往会不计生态和资源的代价，单方面追求 GDP 增长。在经济建设中，容易重总量扩张、轻结构优化和质量提高，结果导致速度加快、效益下滑。因此，欠发达地区政府应转变发展理念，必须把握时代要求，把握客观规律，把握现实条件，克服"官本位""政府本位"的观念、政府管制的理念，树立生态观念、系统观念、整体观念，注重政府行为与行政生态环境的互动。②

徐汝华（2009）认为，现代政府的价值目标主要表现为既要追求经济效益，又要追求社会效益，还要追求生态效益或环境效益。因此，现代政府既是不直接参与经济的特殊经济主体，又是生态环境保护的最主要责任者，其价值取向从根本上趋于后者还是趋于前者是区分生态型政府与非生态型政府的一个基本标志。只有不断地创造条件，努力坚持生态环境效益优先的政府，才是一个具有远大目光与高度人文关怀精神的政府，是一个真正以人为本的政府。③

王彬彬等（2008）认为，传统发展观的缺陷就在于不注重环境和资源的潜在价值，"生态优先"应当成为政府的根本价值取向。只有坚持生态环境效益优先的政府，才是一个具有远大目光与高度人文关怀精神的政府。④

朱和磊和胡赟（2008）认为，生态政府的构建，首先要求政府要树立生态优先观念，强化生态意识。在长株潭一体化建设中，政府不应只看到近期的经济效应，而应用全面和长远的眼光来看待，追求经济、社会和生态效应的协调发展。在招商引资中，在确定本

---

① 黄爱宝：《"生态型政府"初探》，《南京社会科学》2006 年第 1 期。
② 崔玉丽：《欠发达地区建设生态型政府的必要性及路径探析》，《湖南行政学院学报》2006 年第 6 期
③ 徐汝华：《生态型政府的模式选择与推进策略》，《行政论坛》2009 年第 2 期。
④ 王彬彬、吴国清、朱益芳：《论"生态型政府"之建构》，《云南社会科学》2008 年第 2 期。

地区支柱产业时，应以不污染环境为前提，以生态保护和可持续发展为着力点，把本地区长远利益和眼前利益、经济效益和生态效益、现实利益和潜在利益有机地结合起来。①

杨平（2013）认为，生态意识就是以科学的生态价值观为指导的社会意识。这种意识以倡导人与自然的和谐发展为中心内容。生态价值观就是生态文明的价值观，它以生态合理性为核心。推进生态型政府建设，要求我们树立生态优先观念，强化生态意识，明确政府对自然、市场和公众的生态责任。②

二　治理主体方面

黄爱宝（2006）认为，生态型政府构建呼唤生态善治的理想目标。生态善治目标下生态型政府构建，必须以生态环境利益最大化为根本出发点，以善治的基本要素为标准，实现政府与生态市场、政府与生态企业、政府与生态公民、政府与社会等良性互动的合作生态管理过程。③

范俊玉（2012）认为，生态型政府的构建突出强调了政府的生态责任，但这并不意味着政府是唯一的治理主体。恰恰相反，生态型政府是非常善于创造条件和机制让公民社会发挥积极作用的政府。他认为，当今的生态环境问题更具有复杂性、广泛性和人为性，而政府虽然拥有其他社会治理主体所不具备的治理能力和庞大资源，但单一的政府治理在获取专业性知识、技术及资金等方面还是会具有很大的局限性。因此，政府要构建生态善治的治理网络，动员、引领、促进多元主体的参与、协商与合作，以便获得共同的收益。生态善治的治理网络不仅包括政府与企业、环境非政府组织、公民个体之间的合作，还包括政府之间的合作。政府之间的合作既包括纵向的中央与地方政府之间的合作，也包括横向的同

---

① 朱和磊、胡赟：《长株潭一体化建设下的生态政府构建》，《湖南社会科学》2008年第2期。

② 杨平：《加快推进生态型政府建设》，《辽宁行政学院学报》2013年第8期。

③ 黄爱宝：《生态善治目标下的生态型政府构建》，《理论探讨》2006年第4期。

级地方政府之间的合作，以及政府各职能部门之间的合作。只有构建了一个多维的生态善治网络，生态型政府的职能才能得以更好实现。①

汤燕（2011）认为，由于生态环境与公民的利益息息相关，构建生态型政府，实现人与自然的和谐，不仅要靠政府，更要靠广泛的公众参与。而公众自觉地广泛参与，需要政府的积极引导和大力培育。因此，要重视生态文化的传播，鼓励民众生态生活，并积极参与生态政治，实现生态善治的目标。②

三 制度创新方面

范俊玉（2012）认为，生态型政府的构建离不开生态制度的规约与保障。生态型政府的建设不能停留在理念上，它必须设计、创新、完善各种生态制度，以保证对政府及社会各主体的生态行为能进行有效的激励或规制。由于政府的生态行为至关重要，构建生态型政府更关键的是需要针对政府的行为进行生态制度创新。他认为，目前在构建生态型政府方面除需要对现有的生态影响评价制度、生态保护"三同时"制度、生态补偿制度、生态资源产权制度、生态资源税收制度和排污权交易制度等基本制度进行完善外，还需要建立健全环保绩效考核制度、生态问责制度、生态管理制度、生态行政权力监督制度以及各种与公众参与生态保护相关的制度。另外，还要进一步制定有利于生态保护的经济发展政策，实现生态保护和经济发展目标的统一。③

崔玉丽（2006）强调了欠发达地区完善政府绩效考核机制的重要性。她认为，在原有的单纯追求经济增长的发展观中，GDP指标可以说是当地政府的主要政绩所在。建设生态型政府，必须用科学的政绩观评价政府绩效，不仅要关注经济发展指标，更要关注经

---

① 范俊玉：《生态型政府构建的现实依据及其路径》，《中州学刊》2012年第6期。
② 汤燕：《我国构建生态型政府的路径选择研究》，硕士学位论文，南京师范大学，2011年。
③ 范俊玉：《生态型政府构建的现实依据及其路径》，《中州学刊》2012年第6期。

济、社会发展、生态环境等综合指标。①

王彬彬等（2008）认为，要构建生态型政府就要落实部门责任制，加强监督评估，确保生态管理的科学化。首先，要通过完善地方性法规和行政规章等方式，尽快制定机关资源消耗定额和考核办法，并建立健全资源节约奖惩制度，建设生态型机关。其次，要建立和完善环境与发展综合决策制度，使各种短期行为和机会主义行为真正受到约束。最后，进一步完善决策制度，政府部门在制定和执行各项政策时，应充分考虑生态环境的承载能力和生态保护的需要，组织科学的监督、论证和评估，避免因重大决策失误而造成严重的生态事故。②

朱和磊和胡赟（2008）认为，生态政府的构建过程也是政府生态管理制度建立健全的过程。为此，政府必须对生态、环境领域的工作及其绩效做出具体的制度安排，包括评估制度、可持续利用开发公示报告制度、当地生态环境总体水平发展纲要、生态环境监督制度等，尤其是对当地重大项目的生态环境评估公开及听证制度、对政府官员在生态环境方面的责任及奖惩等，并结合经济社会发展的各种需要，制定出完善的生态管理法律法规和建立协调的政府生态管理体制机制等；同时，政府应自觉接受法律法规的约束，在经济发展的同时做到人与自然、社会的和谐发展。③

张晓忠（2010）从城镇化视角研究了苏南地区生态型政府的构建问题。他认为，当前我国地方政府环境治理能力弱化，并且地方政府环境治理能力的提升已陷入路径依赖困境，这将成为环境友好型社会构建的"瓶颈"。因此，生态型政府构建中提升地方政府环境治理能力需要突破路径依赖，寻求制度创新的现实可能性。从城

---

① 崔玉丽：《欠发达地区建设生态型政府的必要性及路径探析》，《湖南行政学院学报》2006 年第 6 期。

② 王彬彬、吴国清、朱益芳：《论"生态型政府"之建构》，《云南社会科学》2008年第 2 期。

③ 朱和磊、胡赟：《长株潭一体化建设下的生态政府构建》，《湖南社会科学》2008年第 2 期。

镇化进程中苏南各地政府的职能转变上看，治理城镇化进程中的生态问题，需要进行以下三个方面的制度创新：一是指导原则的制度创新；二是区域合作的制度创新；三是推进区域一体化的进程创新。具体来讲，城镇化进程中生态型政府建设的制度创新又应该包括六个方面，即政府生态建设的诱致性制度创新和强制制度创新相结合、正式制度创新与非正式制度创新并重、中央制度创新与地方制度创新并行、核心制度创新与配套制度创新相结合、自创式制度创新与借鉴式制度创新兼顾以及构建多元主体的制度创新结构。[1]

张业蕾、胡于凝（2010）认为，生态型政府在当代中国面临着严格的逻辑困境，这种困境首先由生产技术约束引起，并且由于制度约束而加剧。在当代中国构建生态型政府将面临的制度约束包括经济体制、行政体制以及这些显性制度安排背后的国际压力、社会要求等。其中，市场经济体制是当代中国生态型政府构建的主要和根本的制度约束；中国特色的行政体制是影响构建生态型政府的直接因素；国际和国内两种压力是生态型政府构建所面临的更深厚的隐性约束。这些制度约束使个体和组织在做出行为选择时与生态型政府构建背道而驰。因此，构建生态型政府的关键似乎是突破制度约束。但制度约束的突破较之技术约束的突破更为艰难，因此，除由制度下的强势群体——政府发起和主导外，可以尝试张扬公民权，让社会中的多数人即公众决定重大决策问题和制度走向。目前，在经济发达、生活富裕的地区，社会公众有参与生态保护和建设的动力，但是，在经济落后地区，社会公众的动力和行动显然不足，甚至与此背道而驰。[2]

杨平（2013）认为，生态型政府构建过程也是政府生态管理制度建立和健全的过程。构建生态型政府过程中要健全法律规范，完

---

[1] 张晓忠：《论苏南地区城镇化进程中生态型政府职能转变与制度创新》，《江苏技术师范学院学报》2010 年第 2 期。

[2] 张业蕾、胡于凝：《论生态型政府的逻辑困境与出路——基于技术约束和制度约束的分析》，《云南行政学院学报》2010 年第 1 期。

善政府生态管理制度。一方面，政府必须对生态环境领域的工作及其绩效做出具体的制度安排，包括评估制度、可持续开发报告制度、生态环境监督制度等，尤其是当地重大项目的生态环境评估公开及听证制度、对政府官员在生态环境方面的责任及惩罚制度等。另一方面，政府还应建立相应的自律机制。在经济发展中，要自觉接受法律法规的约束，严格遵守国家相关环境、生态的法律法规，不得为了局部利益和眼前利益而违反法律。[①]

四 职能强化方面

黄爱宝（2008）认为，生态文明建设的关键在于首先要建设好生态型政府，而生态型政府的重要特征之一就是将生态管理作为自己的基本职能，即必须做到对政府管理的全域、全程和全部环节进行"生态化"，必须能够运用行政、经济、法律、技术和教育等各种有效手段实现生态管理。他进一步提出，在生态文明建设中，要进一步明确与确立适合我国国情的政府生态管理职能的特色性质与发展方向，应当构建具有中国特色的引导型政府生态管理职能模式或政府的引导型生态管理职能方式，即指政府应能够自觉地把握与运用自然生态及其管理规律，坚持以主动预防生态环境问题为主要特征的管理原则，走生态环境保护与经济社会发展相统一的道路，建立健全完整的生态环境保护法律政策体系，构建与完善多元治理主体的生态环境合作治理模式，并引导社会不断走向生态环境自治的职责和功能。[②]

徐汝华（2008）认为，由于传统政府追求的是经济效益最大化，因此，其职能主要定位在管理和发展经济上，政府的职能设置和行政实践活动整体上是不考虑生态因素的，未按照生态规律办事的。在经济社会相对发达的背景下，面对资源环境的恶化和社会不公平的扩大化，生态型政府应该将生态管理作为政府的主要职能，

---

① 杨平：《加快推进生态型政府建设》，《辽宁行政学院学报》2013 年第 8 期。

② 黄爱宝：《生态文明建设与政府生态管理职能》，《南京林业大学学报》（人文社会科学版）2008 年第 2 期。

从自然生态系统各种要素的整体性出发，整合不同政府部门的管理职能，协调生态管理部门与经济社会管理部门之间的关系，增强政府的生态管理职能，这是推行生态行政的根本。[1]

王彬彬等（2008）认为，"生态型政府"意味着既要实现政府对社会公共事务管理的生态化，又要追求政府行政发展的生态化，因此，要促进政府职能向"生态管理"的转变，提高政府生态行政服务能力。首先，政府应做好自身的定位，立足于公共服务、市场监督，把生态标准纳入政府机关的考核项目中，促进政府政治行为的生态化。其次，要深化并细化政府生态服务性职能，逐步完善政府新型职能体系。[2]

张晓忠（2010）认为，在苏南地区生态型政府构建过程中，地方政府扮演着重要角色，承担着主要的社会责任。生态型政府构建必须在原有部分政府生态职能的基础上，继续构建并强化政府生态行政管理的基本职能，包括生态信息建设与管理职能、生态发展统筹与规划职能、生态环境治理与保护职能、生态公共投资与建设职能、生态安全监管与保障职能和生态区域协调与合作职能六大职能。[3]

五 产业发展方面

崔玉丽（2006）认为，作为欠发达地区要构建生态型政府，就必须在经济发展与生态建设之间找准平衡点，坚定地走科学发展观所要求的可持续发展路子，在发展中保护，在保护中发展，实现既要快速发展，又要青山绿水的"双赢"效果。[4]

郑小叶（2009）认为，构建生态型政府就是要大力发展生态经

---

[1] 徐汝华：《生态型政府的模式选择与推进策略》，《行政论坛》2009 年第 2 期。

[2] 王彬彬、吴国清、朱益芳：《论"生态型政府"之建构》，《云南社会科学》2008 年第 2 期。

[3] 张晓忠：《论苏南地区城镇化进程中生态型政府职能转变与制度创新》，《江苏技术师范学院学报》2010 年第 2 期。

[4] 崔玉丽：《欠发达地区建设生态型政府的必要性及路径探析》，《湖南行政学院学报》2006 年第 6 期。

济。要在国家发展战略指导下，大力发展生态经济和生态优势项目，限制对环境构成威胁的产业，尤其要限制环境污染的产业发展。按照生态化的要求，通过合理布局，沟通产业内部和产业之间材料、能源、信息的联系，以实现整体上的经济效益。对有些植被损坏严重的地区，采取退耕还林、退耕还草等生态建设活动，并通过建设生态农业与发展旅游业等第三产业相结合，以生态为重点，将环保产业作为支柱产业带动整个地区经济发展。[①]

杨平（2013）认为，推进生态型政府建设应加大对生态旅游业的发展扶持。这是因为，生态旅游业要求在发展旅游业的同时处理好人与自然的关系，实现旅游、生态和经济社会的协调发展。实现生态旅游业的发展，政府应坚持高起点、高标准、有特色的原则与"可持续发展"的方针，积极规范并整合各地的旅游资源，极力打造区域内的精品旅游路线，大力支持红色旅游的开发，注意发挥政府宏观调控的优势，实施"走出去"战略，全力推介区域内的旅游景点。在发展生态旅游的同时，需要融合各地优秀传统，积极导入文化因素，注重在餐饮、住宿、游览、商品、表演等方面促进生态旅游与文化的一体化。[②]

宋美鸽（2014）认为，要构建生态型政府就要调整产业结构，大力推进产业转型升级。针对我国目前现阶段社会经济发展过程中的粗放式发展模式，高消耗、低产出、高污染、低回报以及经济产业结构不平衡等问题，应大力推进经济结构的战略性调整，推动发展方式从主要依靠物质资源消耗向主要依靠科技创新、人才素质提升和管理进步的转变。在构建生态型政府和实现产业转型升级过程中，制造业是重中之重，必须提高制造业生产效率，以摆脱我国长期以来的资源依赖型以及初级生产国的地位。同时，要在以制造业为支撑的基础上，推进服务业发展，优化产业结构体系，提升产业

---

① 郑小叶：《生态文明目标下的生态型政府建设研究》，硕士学位论文，燕山大学，2009 年。

② 杨平：《加快推进生态型政府建设》，《辽宁行政学院学报》2013 年第 8 期。

的整体素质和竞争力。最后，还要加快节能环保、新一代信息技术、生物技术、高端装备制造、新能源、新材料等战略性新兴产业的开发，以便在未来国际竞争中立于不败之地。①

六 科技支撑方面

张业蕾、胡于凝（2010）认为，生态型政府在当代中国面临着严格的逻辑困境，而这种困境首先由生产技术约束引起。她们认为，当代中国构建生态型政府面临的技术约束包含两层含义：一是技术上是否有能力解决生态恶化问题；二是新技术如何在旧的生产体系中应用。因此，必须以科技进步为先导，为生态型政府构建开辟技术可能的道路。张业蕾、胡于凝进一步提出，从技术发展角度看，实现无污染生产过程是可能的，然而，要以降低生产率为代价，同时也会大大增加生产成本，从而最终降低产品的市场竞争力。因此，生态型政府构建的技术约束从理论上说是可以突破的，但在现实中却会遇到制度约束的限制。②

王彬彬等（2008）认为，长期以来，国家和环保部门"重管理、轻科技，重科研、轻应用"的问题十分突出。科技意识淡薄，对环保新技术的应用认识不足、组织不力，也影响了科技成果的推广应用。因此，政府部门要加大生态科技研发投入，为构建"生态型政府"提供技术支撑。一方面要用新技术来改造和发展传统产业，使其获得新的生命力；另一方面要有重点、有选择地发展高新技术及其产业群，占领高新技术领域的制高点，形成资源消耗少、资源和能源利用效率高的高新科技产业。与此同时，政府部门还应鼓励环境科技创新，将相关科技成果融合国际先进成果，争取形成具有市场竞争力的产品或产业。③

---

① 宋美鸽：《生态文明视域下生态型政府的建设》，硕士学位论文，陕西师范大学，2014 年。
② 张业蕾、胡于凝：《论生态型政府的逻辑困境与出路——基于技术约束和制度约束的分析》，《云南行政学院学报》2010 年第 1 期。
③ 王彬彬、吴国清、朱益芳：《论"生态型政府"之建构》，《云南社会科学》2008 年第 2 期。

　　王艳（2008）认为，构建生态型政府，要加大对环保科技的研究投入，把科技创新作为生态型政府的助推器。政府部门要加大对环保科技研究的投入，建立科学技术的自主创新体系，以企业为基础，立足于人与自然的和谐，形成资源消耗少、资源和能源利用效率高的新型高科技产业。与此同时，政府部门还应鼓励环境科技创新，鼓励一部分科研人员大胆探索，并给予科研人员一定的时间与自由度，将相关科技成果或技术融合国际先进科学技术，争取形成具有市场竞争力的产品或产业部门。①

七　经济转型方面

　　朱和磊和胡赟（2008）认为，环长株潭一体化下的生态型政府构建应加大对生态经济的引导与管理。长株潭一体化建设就应该定位于追求生态经济的发展，坚持在生态环境可承受的限度内发展经济，在保证自然再生产的前提下扩大经济的再生产，从而实现经济发展和生态保护的"双赢"，建立经济、自然良性循环的复合型生态系统。②

　　杨平（2013）认为，要构建生态型政府，就要追求循环经济效益。从远期目标上，要积极发展高新技术产业和生产性服务业，实现产业的根本转型；从近期阶段入手，着力改造高消耗、高污染的企业，对重化工业进行传统技术改造和升级。他以长株潭区域发展为例，阐释了依据循环经济发展模式、生态型政府建设的特征，生态型政府建设可形成一体化模式的观点。认为可以将长株潭区域生态系统作为总系统，再根据不同区域的功能类型和发展重点具体细分为湘潭生态人居、株洲生态产业和长沙生态景观三个子系统。他认为，只有建立了统一模式，明确了具体分工和协作，各区域社

---

　　① 王艳：《生态文明背景下的生态型政府构建》，《四川职业技术学院学报》2008 年第 1 期。
　　② 朱和磊、胡赟：《长株潭一体化建设下的生态政府构建》，《湖南社会科学》2008 年第 2 期。

会、经济、生态才能和谐发展，长株潭城市群才能健康持续发展。[①]

汤燕（2011）认为，构建生态型政府不仅要追求经济效益，还要讲求生态效益，实现人与自然的和谐。循环经济坚持"减量化、再利用、资源化"的原则，通过发展循环经济，倡导资源的循环利用可以把经济活动对生态环境的破坏降低到最小限度，为我国节省大量的资源，以尽可能小的资源消耗和生态成本，获得尽可能大的经济和社会效益，这对于解决资源对经济发展的"瓶颈"制约具有迫切的现实意义。因此，政府要积极发挥表率作用，规范和引导循环经济的运行。[②]

宋美鸽（2014）认为，要构建生态型政府，就必须变革经济增长模式，深入发展循环经济。为此，政府应通过加快科技革新、调整产业机构、大力推进产业转型升级和完备与循环经济有关的法律法规体系等途径，为循环经济发展提供良好的环境和技术支持，促进循环经济发展。[③]

---

① 杨平：《加快推进生态型政府建设》，《辽宁行政学院学报》2013 年第 8 期。

② 汤燕：《我国构建生态型政府的路径选择研究》，硕士学位论文，南京师范大学，2011 年。

③ 宋美鸽：《生态文明视域下生态型政府的建设》，硕士学位论文，陕西师范大学，2014 年。

第八章 甘肃省生态型政府构建的模式选择与推进策略探析

第一节 甘肃省生态型政府的模式选择

党的十七大首次明确把"建设生态文明"写入报告，这是继物质文明、精神文明和政治文明之后，党提出的又一重大战略思想。生态文明的提出，既是发展理念的升华和创新，又是全面建成小康社会的全新要求和现实任务，更是中国未来科学发展的必然选择和必由之路。

对于政府而言，生态文明建设要求构建生态型政府。同时，政府又是政治体系的核心，因此，构建生态型政府，既是政治文明建设的基本需求，也是政治文明与生态文明契合发展的必然要求。构建生态型政府，要求政府适应新的行政环境，推进公共行政范式创新。

一 生态型政府的构建原则

（一）全面性原则

生态型政府构建的全面性原则主要体现在以下三个方面：

第一，作为生态型政府的客体，生态是指"生物受环境的影响而与其形成的结构以及这种结构所表现出的各种功能的关系"。生态系统内部各种要素之间互相联系、相互制约，所以，在应对生态问题时，政府需要以人类活动对环境的影响为主，充分考虑到各种生物要素之间，以及生物要素与其生存环境之间的关系。

第二，生态型政府构建是一个涉及各个层面的系统工程，构建生态型政府需要从价值观、基本职能、核心能力、管理体制、保障机制多方面实施改革，才能满足政府有效解决生态问题的需求，完成政府的生态化嬗变。

第三，生态型政府构建"不能只局限于生态城市的建设或只注重于经济发达地区的生态环境改善。由于城市向农村、经济发达地区向经济相对落后地区的污染转移，环境二元化趋势逐渐成为甘肃省可持续发展中面临的新矛盾。因此，生态型政府一定要把改善生态、保护环境的工作在城乡之间全面铺开。

（二）持续性原则

生态保护是一件立足长远、需要持续给予重视并为之付出努力的大事，而为其服务的生态型政府同样如此。生态型政府的构建，是为了在科学发展观的指导下实现可持续发展，而由政府主导的对人与自然关系所进行的一种调节。所以，为了避免让生态型政府的建设半途而废或流于形式，制定和实施具有连续性、长期性、稳定性的政策以为可持续发展服务必须成为其构建原则之一。为此，政府在进行生态、环境保护和资源的可持续开发利用时，"要提供稳定可靠的制度，使政府对生态、环境的管理由监督性向日常性、制度性过渡"做引导。

（三）有效性原则

生态型政府的构建需要一套有关生态环境保护的法律法规、政策制度为其支撑，而有效性原则应当成为其立法与政策制定需要遵循的首要原则。首先，立法与行政机关在制定此类法规制度时，要确保其具有很强的可操作性，从对国外经验的借鉴可以发现，这一点是环境执法得以有效实施的保障。其次，为生态型政府的构建所新订立的法规文件等要符合与时俱进的原则，以确保其能为当前经济发展与生态保护之间的主要矛盾提供有效的解决途径，从而满足甘肃省生态型政府建设的现实性需求。

（四）公众参与原则

提高公众在生态环境保护事业中的参与程度，不但有助于政策、规划、决策科学性的提高，参与本身也能够提高公民的环保意识、环境知识以及对社会主义民主的切身感受，而通过公众参与使公民与政府、企业之间进行沟通，也有利于各方在环境问题上达成共识，从而对缓和我国环境纠纷数量增长的局面起到极为重要的作用。然而，从目前来看，公众参与却成为甘肃省环保事业"木桶"中的"短板"之一，这不仅体现在公众参与程度较低，同时其参与的有效性也往往得不到保证。

对此，生态型政府要将公众参与作为其建构的指导思想与工作原则之一，将公众参与放在突出位置，引导公民积极、理性、有序地参与到环境保护事业中去。首先，在生态公民的养成上，黄爱宝认为，生态教育是生态公民养成的根本基础，政府必须推广生态教育，使民众的生态意识深入骨髓。其次，生态市场机制也有利于促成生态公民的养成。再次，要完善生态法制建设，以此来规范公民形成，为生态公民养成奠定法律保障。最后，还要通过生态行政指令的方式，创造生态公民养成的政策环境。

与此同时，生态公民的养成，反过来也能够进一步促进生态型政府的建设。首先，在实践中，他们的言行举止能够适应职能转变后的生态型政府的政策环境。其次，公民所从事的生态经济活动能够配合生态型政府构建的经济战略。再次，他们自发或自觉的文化传播也能够服务生态型政府构建的文化目标。最后，他们以生态政治参与的方式，监督生态型政府的构建，最终确保生态型政府构建的健康发展。

二　甘肃省生态型政府的模式选择

（一）开发、集约、循环型的生态型政府模式选择

基于甘肃省以农业为主、工业产业化水平低的经济结构和发展现状，工农业产品科技附加值低，产业链短，市场化程度低，产业体系尚需开发和完善，但传统的粗放经济导致了资源的浪费和环境的恶化，甘肃省生态环境建设是全国生态环境建设的重要组成部

分，也是全国重要的生态屏障，建立甘肃省生态安全体系，确保其可持续发展战略的顺利实施，对实现西部地区社会进步、经济发达、生态环境的良性循环具有重要的意义。结合第三章对甘肃省生态型政府建设评价指标体系和考核指标体系的分析与总结，以及西方国家生态型政府的经验启示，还有国内理论和实践的探索，甘肃省应该致力于建立一种以生态善治为目标的，开发、集约、循环型的生态型政府模式。政府应该继续努力优化产业结构，延伸产业链，做大做强优势产业，生态文明建设并不意味着经济发展的萎缩，而是应该在资源循环利用、产业结构升级上通过规划、设计、投资、研发、产业、市场、服务等向城市建设、产业开发提供集成解决方案，并使这一方案真正实现统筹规划、多能互补、因地制宜、注重实效、综合应用的开发、集约、循环生态建设原则。

（二）开发、集约、循环型的生态型政府模式的内涵

构建开发、集约、循环型的生态型政府模式需要对过去经济增长型政府模式进行转变和超越，在这个转变中，不仅仅是理念的认知，而是一个系统工程，需要政府从理念、主体、制度、职能等方面进行全方位的塑造。政府的公共行政模式必须适应生态管理和生态行政管理的需要，进行创新，其公共行政模式创新与选择包括可持续发展、内生态化目标、统筹协调的基本职能、生态网络治理。

1. 可持续发展是是政府的价值取向

所谓政府的价值取向，是指政府在追求众多目标时所坚持的价值观和指导思想。传统的外生态型政府坚持的是一种生态优先的价值观和指导思想，这主要取决于其"外生态"建设的目标。而本书研究的内生态型政府则把可持续发展作为其构建的价值观和指导思想，这是源于其"内生态"建设的目标。由于传统的政府如管制型政府和经济增长型政府因为没有坚持可持续发展的价值观和指导思想而沦为短视的政府，最终不得不重塑和再造；管制型政府由于没有正视政府主体和政府客体之间的关系而被服务型政府所取代，经济增长型政府由于没有正视经济增长和生态保护之间的关系而被绿

色政府所诟病。正如戴维·奥斯本和特德·盖布勒在《改革政府：企业精神如何改革着公营部门》一书所说的："政府是我们使用的一种工具，一旦这个工具过时了，重新发明的过程就开始了。"在本书研究中，重新发明的过程最重要的就是选择正确、合理的价值观和指导思想。我们之所以把可持续发展作为指导思想，是因为：首先，可持续发展与"生态学"所追求的关系和谐的哲学价值观相一致；其次，可持续发展是一种科学价值观和哲学思想，它倡导发展要坚持公平性、持续性和共同性原则；最后，可持续发展的内容比较丰富，它的实施不仅包括生态环境的可持续发展，还包括政治、经济、文化、社会一系列方面的可持续发展，这遵循了系统性的原则。生态型政府可持续发展是指既满足当代人的需要，又不损害后代人满足需要的能力的发展。可持续发展强调健康经济发展应建立在生态可持续能力、社会公正和人民积极参与自身发展决策的基础上。它追求既要使人类的各种需求得到满足，又要保护资源和生态环境，从而不对后代人的生存和发展构成威胁。它特别关注各种经济活动的生态合理性，主张用社会、经济、文化、环境等多项指标来衡量发展而非单纯地把国内生产总值作为衡量发展的唯一指标。由此可见，可持续发展实质上就是生态型发展，可持续发展的能力本质上就是生态型发展能力。对于生态型政府而言，政府发展的最根本内容是提升可持续发展的能力。

2. 内生态化是政府建构的根本目标

什么样的结构取决于什么样的目标，同样地，要实现某种目标，相应的部门结构就要进行调整与之相适应。政府的目标取向是指政府在自己追求的众多目标之中进行权衡与抉择。目标取向是政府活动的出发点和归宿，它具有层次性、多样性、从属性和优先性等特征。外生态型政府把生态治理、生态改善和生态环境的可持续发展作为自己的战略目标，我们认为，仅仅把生态型政府的目标理解为人与自然的和谐是不够的。更加彻底的内生态型政府不应该仅仅是对"绿色政府""资源节约型政府"和"环境友好型政府"的简单延续，而应该和"学习型政府""市场型政府""法治型政府"等一样，属于政府自身改革的一部分，应该是行政学范式发展的一个阶段。因此，内生态型政府的建设应该更加重视其内在的建设，而不仅仅关注对象如何，只有治理主体生态化了，才能带动客体的生态化。具体而言，内生态型政府既要实现政府对社会公共事务管理的生态化，又要实现政府对内部事务管理的生态化；既要追求政府发展行政的生态化，又要追求政府行政发展的生态化，即要追求实现对一个政府的目标、法律、政策、职能、体制、机构、能力、文化等诸方面的生态化。其中，要实现政府自身的生态化最重要的是实现政府职能的生态化，即实现政府"五位一体"职能的生态化和可持续发展。政府整治职能的生态化主要体现为公权与私权关系的良性运行和可持续发展；政府经济职能的生态化主要体现为宏观经济与微观经济关系的良性运行和可持续发展；政府社会职能的生态化主要体现为社会公平与社会效率关系的良性运行和可持续发展；政府文化职能的生态化主要表现为精英文化与大众文化关系的良性运行和可持续发展；政府生态环境职能的生态化主要表现为人类社会与自然世界关系的良性运行和可持续发展。

3. 统筹协调是公共行政的基本职能

生态管理既要考虑人类的自身各种需求，又要考虑自然生态系统的完整、稳定与健康的管理。生态型政府必须做到对政府管理的全域和全部环节进行"生态化"，必须能够运用各种手段实现生态管理。因此，生态型政府必须将此提升为政府的基本职能，并且生态管理又是政府管理职能中最为基础和最为核心的内容。从一定意义上说，生态管理本质上意味着人与自然关系的协调与和谐，而实现人与自然关系的和谐是实现人与社会、人与人关系和谐的前提。所以，人与自然关系是管理协调最核心的内容。

4. 选择政府生态化的网络治理模式

内生态型政府的构建突出强调了政府的治理责任，政府是自身生态化中最主要、最关键的主体，起着主导性的作用。但是，这并不意味着政府是唯一的治理主体。恰恰相反，内生态型政府既是一种分权式的政府，又是一种善于创造条件和机制让公民社会发挥积极作用的政府。传统的治理理论认为，政府是国家唯一的权力中心，而现代治理理论主张权力中心的多元化，认为在公共管理领域，政府部门、私营部门、第三部门和公民个人共同组成了公共治理网络体系。之所以选择这种网络治理模式，主要取决于以下三个方面：①构建内生态型政府就是政府不断走向善治的过程，而善治的过程就是政府与其他治理主体对公共生活的良好合作管理以使公共利益最大化的过程。善治体现了“政治国家与公民社会的一种新型关系，是国家或政府的权力向社会的回归，是两者的最佳状态”。②构建内生态型政府是一项复杂而艰巨的系统工程，它所面临的问题将更具有多样性、复杂性和广泛性的特征。在这种情况下，政府虽然拥有其他社会治理所不具有的治理能力和强大的资源整合能力，但是，单一的政府治理仍具有很大的局限性。而多元主体的治理网络可以利用自身社会资本的优势，提高公民参与的积极性和互信度。③政府自身能力的有限性，也迫切要求采用网络治理模式。总之，只有构建了一个多维的政府生态化网络，内生态型政府的职能才能得到更好的实现。

三　治理模式

（一）模式与治理模式

要了解治理模式，我们首先应该理解模式的含义。各领域都经常使用“模式”一词，但何为模式？《汉语大辞典》对“模式”一词的释义是：对现实事件的内在机制和事件之间关系的直观、简洁的描述；并能够向人们表明事物结构或过程的主要组成部分及其相互关系。模式是理论的一种简化形式。《高级汉语词典》将模式定义为“事物的标准样式”（发展模式），即可以使人照着做的标准样式。本书认为，模式既是一种可供参考的标准形式，同时也是一种思维方式和体系，把解决某一问题的方法提至理论高度，上升成为一种方法论。

习近平总书记在党的十八届三中全会上指出："全面深化改革的总目标是完善和发展中国特色社会主义制度，推进国家治理体系和治理能力现代化。"推进国家治理体系和治理能力的现代化，要求我们进一步深化治理体制改革、完善治理体系、增强治理能力。而治理一直是近年来学术界关注的焦点，涌现出了一大批研究文献，但至今仍未出现统一的定义。全球治理委员会的观点较具权威性和代表性，它把治理定义为各种公共或私人的个人和机构管理其共同事务的诸多方式的总和。本书认为，治理是公共部门和私人部门通过持续的互动、协调，处理公共事务、解决公共问题的过程。治理模式就是为实现治理目标而建构的一种可供参考的标准样式，是为解决公共问题而形成的一种方法论。

（二）治理模式构成要素

治理模式主要由理论依据、治理主体、治理目标、主体职责和保障体系构成。其中，理论依据能为人们提供科学的思维方式和价值规范，指导人们在治理过程中该做什么、该怎么做，治理实践离不开理论的支持、引导；治理主体具有较强的认识和实践能力，治理需要多元主体参与，需要各主体充分发挥自身作用；治理目标能为治理模式提供发展方向和行动指南，使治理实践更具指向性；主体职责是各主体在治理过程中应尽的责任和需要完成的任务，明确的职权划分是治理模式顺利运行的前提；保障体系的构建则是治理模式的重要内容，是推进治理实践、实现治理目标必不可少的条件。

四　生态型政府治理模式的主体构成

尽管关于治理的定义，学者的观点不一，但大都认可治理主体的多元性，以及多元主体共同参与公共事务的管理。生态型政府治理模式的主体也是多元的，主要包括政府、非政府组织、企业和公众。构建生态型政府，各主体都不可或缺。

（一）生态型政府治理模式多元主体

1. 政府

良好的生态环境是最公平的公共物品。1954 年，萨缪尔森首次对公共物品进行了界定，认为"任何一个个人的消费不会减少其他个人对这类物品的消费"，具有非竞争性和非排他性特征。公共物品的两个特性决定了其无法在个人用户之间分割，不能阻止没有出钱的人享受它带来的好处，从而出现"搭便车"现象。因此，以追求利润最大化为目标的市场不愿提供公共物品，导致公共物品供给不足。为了弥补市场的缺陷，政府介入成为必要。

作为公共权力运行机构和管理区域内资源的驾驭部门，政府具有其他部门所不具备的广大权力，政府追求的是公共利益，是满足全体社会成员的公共需求。由政府出面组织提供公共物品是必要的。生态环境是公共物品，生态治理属于公共事务，保持生态平衡是公共需求，政府参与生态治理义不容辞。另外，由于外部性的存在，市场机制在配置环境资源这一公共产品时会出现失灵现象，此时，政府应积极履行监管职责，通过实施经济、法律、行政等措施，以消除外部负效应，保护生态环境。因此，政府是生态型政府治理模式的核心主体。

2. 非政府组织

非政府组织是指那些不按照政府协议成立的组织，这些组织一般都有合法的地位、公开的组织章程和透明的财务管理，具有非营利性、组织性、民间性、自治性、志愿性和公益性的特征。自20世纪末期以来，全球非政府组织数量迅速增加，成员规模不断壮大，经费来源日趋多样化，聚集了许多不同领域的专业人士。

非政府组织是生态型政府治理模式的主体之一，在推动环保事业发展进程中作用显著。特别是逐渐发展起来的生态型非政府组织，它能充分利用自身的特点和优势，动员公众广泛参与环保活动，利用慈善捐助和政府补助，发挥生态及其相关领域专家的作用，为解决环境问题提供专业、权威的分析、指导，为生态环境保护事业提供了充足的人员、物资和科技支持。如自然之友、北京地球村、绿色家园志愿者、中国小动物保护协会、中华环保基金会、北京环保基金会、中国野生动物保护协会、北京野生动物保护协会、中国绿化基金会、中国环保产业学会、北京环保产业协会、中国植物学会、中国自然资源学会、中国环境科学学会、大学生绿色营和绿色大学生论坛、清华大学绿色协会、北京大学绿色生命协会、北京林业大学山诺会、上海市青少年环境爱好者协会、污染受害者法律帮助中心等都是著名的环境保护非政府组织。

除此之外，非政府组织还能促进环保意识的普及，加快环保产品的推广，加强国际环保经验的交流，这些都是政府难以替代的。因此，非政府组织是构建生态型政府治理模式必不可少的主体之一。

3. 企业

企业是社会生产力发展到一定阶段的成果，是商品生产与商品交换的产物。企业是市场经济活动的主要参加者，其生产和经营活动直接关系着整个市场经济的发展。企业以追求利润最大化为目标，当其他利益与经济利益发生冲突时，企业往往做出经济效益优先的选择。

不可否认，企业推动了经济和社会的发展，但对公益事业基本不管不问，缺乏提供公共产品的意识，也较少考虑环境保护，经常将利润建立在破坏和污染环境的基础之上。这种以能源消耗和环境破坏为代价的发展，带来的只是暂时的经济数字的提高，留下的却是严重隐患，使经济与生态环境处于不可调和的矛盾状态，给自然环境造成灾难性的影响。实践证明，企业对自然环境的污染和消耗起了主要的作用，成为最大的生态环境破坏者。

自20世纪80年代以来，企业开始关注环境保护，逐渐承担起保护生态、维护和谐的责任，将企业发展与资源节约结合起来，着眼未来、着眼全局，贯彻科学发展观，转变增长方式，优化产业结构，切实推动了经济社会又好又快发展。因此，企业也是生态管理的主体，要在日常发展中，主动承担环境保护责任，加快环保技术的开发与普及。增添企业、市场的力量，环保才能不再是政府拿着鞭子赶，而是导入内生的动力机制，并催生出新的生态经济。

4. 公民

为让人民生活得更加幸福、更有尊严，让社会更加公正、更加和谐，政府要切实推动科学发展、保障改善民生、完善利民政策。政策通常是以政府为代表的公共权力系统为解决公共问题而制定的行为准则。只有那些被纳入政策议程的公共问题，才能正式提起政策讨论、引起政策制定。而要想进入政策议程，问题必须充分暴露且表现得非常严重，引发社会公众和政府组织的高度关注。特别是通过公民自发行动引起政府关注、进入政策议程的公共问题，由于目标诉求明确，能够照顾到各方的利益和诉求，更容易达成一致的解决方案。

近年来，面对环境不断恶化的趋势，公民环境意识迅速觉醒，对环境保护给予越来越高的关注。公民个人力量是不可估量的，在当前环保大环境中，公民利用个人力量给社会带来改变的事例随处可见。2011 年，南京的"绿丝带行动"可以说完全发起于民间，壮大于民间，通过引起政府关注，再由政府释放给公民部分话语权，变由上至下的解决路径为先由下至上、再由上至下，能推动事件良性发展。

公民力量在环保事业中迸发，促使政府出台一系列环境政策，推动了我国生态文明建设的进程。因此，构建生态型政府，公民也是必不可少的主体。

（二）各主体间关系

生态型政府治理模式的主体是多元的，多元主体之间是一种合作的伙伴关系，其中政府处于核心主体地位。

1. 多元主体分工合作

伴随经济全球化、利益多元化、社会主体多样化进程的加快，政府传统统治型管理模式弊端很多，不利于经济社会和谐、稳定发展。为实现政治参与、经济有效、社会公正、文化多样和生态持续的目标，治理理论和实践迅速发展。关于治理，学术界至今未形成统一的概念。其中，较具权威的是联合国全球治理委员会（CDD）

关于治理内涵的界定：治理是指各种公共的或私人的个人和机构管理其共同事务的诸多方法的总和，使相互冲突的或不同利益得以调和，并采取联合行动的持续过程。因此，治理既包括公共机构，又涉及私人机构，既有政府，又有非政府组织、私营企业和社会公众。

不同于统治，治理中的政府不再是唯一的权力中心，也不能完全行使一切合法权力；非政府组织、私营企业和社会公众都将凭借自身的资源和优势，处理公共事务，解决公共问题，参与社会管理，维持社会秩序。各主体之间都对人类社会的持续发展起重要作用，应建立起良好的协商、互助、合作的伙伴关系。

解决环境问题，建设生态文明，多元主体应共同参与生态事务的管理，为实现生态利益最大化，充分发挥各自优势。其中，政府作为公共行政权力的象征，可以通过制定和实施环境政策、法律，为生态发展营造一个良好的政治、法律环境，实现绿色治理；非政府组织利用丰富的人力、物力、财力、科技等资源，为构建生态型政府提供可靠保障；企业一方面要转变传统发展理念，实行绿色生产；另一方面还要大力发展生态企业，为公众创造更多就业和收入机会。而公众则是政府和社会互动的桥梁，是构建生态型政府的基础力量，公民生态意识和责任意识的觉醒必将推动环保事业的整体前进。

2. 政府仍处于核心地位

尽管多元主体之间是协商、互助、合作的伙伴关系，政府不应也不能包揽一切生态管理事务，但政府在生态型政府治理模式中仍处于核心主体地位。这是因为：由于外部性影响，市场机制在配置环境这一公共产品时会出现失灵现象，此时必须政府介入，依靠政府力量，通过相关经济、法律、行政、社会政策的制定、实施，解决生态环境问题。另外，环境问题不同于一般性社会问题，它的影响往往是普遍而深刻、跨地区甚至是跨国界的，应对生态危机，单凭社会团体、私营企业或社会公众是不够的，必须借助政府的权威，有效地整合各方资源，加强生态管理，解决环境问题，维护公共利益。

生态治理的主体是多元的，多元主体相互依存、互助合作，政府不必大包大揽，非政府组织、企业和公众应凭借各自优势参与到生态管理中来。但是，多元主体的出现并不能取代政府，特别是当前我国公民社会和多元治理机制尚未形成的情况下，其他主体参与生态治理仍存在许多障碍。主了有效地解决生态问题，政府仍须履行核心职责，发挥不可替代的作用。

五　生态型政府治理模式的职责体系

为实现保护生态环境、发展生态经济、培育生态公民的目标，多元主体必须践行自身职责，积极行动，推动生态管理工作有序进行。不同主体，其性质不同、利益不同、掌握的资源优势不同，职责分工也不同。作为生态型政府治理模式的核心主体，政府要履行贯彻生态文明观念、强化生态管理职能、完善生态行政机制等职责。

（一）贯彻生态文明观念

生态文明是工业文明之后形成的，以人、自然和社会的全面、协调、可持续发展为基本原则的文明形态，包括人们在人与自然和谐发展这一规律指导下，为保护生态环境而取得的物质和精神上的成果。生态文明是人类社会进步的象征，贯穿于政治、经济、文化、社会建设全过程。

生态文明理念是全面建成小康社会、实现经济可持续发展和人与自然和谐的重要保障。生态文明不同于农业文明和工业文明，它主张在发展物质经济的同时，维护生态环境利益，重视资源有限性、稀缺性，强化经济、政治、文化、社会与生态环境协调发展的新观念。

生态文明与发展并行不悖。发展是硬道理，只有不断发展，才能增强国力，才能在与他国的合作竞争中谋求最高的国家利益，才能保障社会的安宁稳定。发展离不开生态环境，生态文明能为发展提供良好的自然基础，在改造自然的过程中，促进生产力的提高，改善人们生活质量，推动小康社会建设进程。

可持续是发展的重要原则。满足当代人的发展需求不能以牺牲后代人利益为代价，要立足长远发展。为改善生态环境恶化、自然资源短缺现状，生态文明要求人们树立尊重自然、保护自然的理念，在发展经济的同时兼顾各方利益，转变增长方式，推动经济、社会和生态环境协调发展，实现人与自然和谐共处。

贯彻生态文明理念是生态型政府的重要职责。推进生态文明建设，关键靠政府。实现经济、人、自然协调发展，生态型政府，首先应加强生态文明教育，强化人们的生态保护意识和责任感；其次要转变发展方式，深入贯彻科学发展观，推动循环经济快速发展；最后是完善相关政策法规，运用法律手段，整治生态环境，把生态文明建设纳入法治轨道。

（二）强化生态管理职能

20 世纪四五十年代，由于环境污染的加剧，发达国家爆发了八次轰动世界的公害事件，造成短期内人群大量发病和死亡，公众强烈要求政府参与环境管理。在这一背景下，政府开始关注生态环境问题，并直接介入生态管理，治理环境污染。

生态管理是指运用经济学和生态学等学科原理，结合现代科学技术，管理人类行动对生态环境的影响。它力图在保护生态环境资源的同时，维持适度的人类使用和谋生选择，从而构建人、自然、社会关系和谐的复合系统。在生态管理中，由于生态环境的公共物品特性和外部性影响，导致市场在供给时必然会出现失灵现象。因此，必须把生态管理纳入政府的职能范畴，让政府参与环境污染的治理。

构建生态型政府治理模式，实现人与自然的和谐，必须强化政府的生态管理职能。近年来，根据国家和社会发展的需要，我国政府职能发生了很大的转变，推进了行政管理体制的改革，在政治、经济、文化、社会等方面都取得了一定的成效，但却忽视了对生态环境的管理。在政府职能的设置上，生态管理职能被忽视，"缺位"现象严重；在职能的实施中，落实生态管理的政府部门数量少、力量薄弱，而且在管理过程中过多依靠行政审批等微观管理手段。此外，不同地区、不同部门的生态管理行为条块分割，不能对整体性强的生态系统进行有效保护。

鉴于此，生态型政府应积极采取相应措施，不断强化、完善政府的生态管理职能。首先，政府要强化生态优先意识，树立生态管理理念，把握、运用生态环境知识，大力支持生态科学研究的发展，真正依靠科技进步把节约的具体工作落到实处；其次，政府要在弹性原则的指导下，遵照生态管理规律，加大生态环境问题的治理力度，从宏观上引导生态管理实践的发展；再次，政府要切实转换角色，变"统治"为"治理"，加强对多元主体的引导和宣传教育，加大对生态管理的投资，坚持走生态效益与经济效益、社会效益相统一的道路；最后，健全生态环境政策法规，合理配置不同主体的生态管理职责，协调不同区域、不同部门的关系，全面指导、推进生态管理体制改革，使政府生态管理制度化、规范化、持久化，从而构建一个完善的生态型政府治理模式，实现经济、社会和生态环境的协调可持续发展。

（三）完善生态行政机制

完善的生态行政机制为保护生态环境、发展生态经济和培育积极公民提供重要的体制和制度保障。体制机制是全局性、根本性的问题。机制是有机体的构造、功能及其相互关系。行政机制是通过行政手段对社会生活各个方面进行管理与服务的机制，表示在一定行政机体内各构成要素之间相互联系和作用的关系及其功能。按运行方式划分，行政机制一般有计划式和服务式两种。其中，计划式行政机制中政府以计划指令和管制为主要行政手段，包揽一切社会事务，政府职能无限膨胀，"越位""缺位"现象严重，政府较少考虑公众意愿和多样化需求；服务式行政机制中政府职能是有限的，应在"民本位、社会本位、权利本位"思想指导下，切实解决环境污染、生态破坏等与群众利益密切相关的问题，真正实现公共利益最大化。

构建生态型政府治理模式，必须建立服务式行政机制。首先，建立多元主体参与机制。生态型政府治理模式的主体是多元的，多元主体之间是合作伙伴关系，各主体应充分利用自身资源和优势，积极参与到生态环境保护等公共事务的管理中。其次，健全环境监管机制。要明确各级政府环境监管范围，确保责任到人；转变监管思维，变事后补救为事先预防；完善监管内容，将生态环境指标详细化、具体化；规范监管程序，使监管工作落到实处；强化外部监督，充分发挥各社会监督主体的作用。

行政机制的建立，一靠体制，二靠制度。中国生态环境保护中存在的一些突出问题，在很大程度上与制度不健全有关。完善生态行政机制，保护生态环境，还必须尊重客观规律，加强制度建设。一是建立环境税收制度，补偿经济发展带来的生态污染和环境破坏；二是完善排污权交易制度，严格控制排污总量，鼓励企业创新生态治理技术；三是健全生态责任保险制度，通过企业向保险公司交纳保险金，降低生态破坏给企业带来的风险，及时补偿利益受损者的物质损失。推进生态文明建设，还应实行最严格的责任追究制度、源头保护制度、损害赔偿制度，利用制度保护生态环境。

（四）细化生态管理措施

生态型政府的构建过程也是政府的各项制度不断健全和完善的过程。

1. 政府必须健全和完善绩效评估机制

政府必须定期对各项生态化职能加以评估和可持续发展分析，全程跟踪和监督各项生态化职能的发展情况，并及时追究和惩罚政府官员的非生态化行为，建立绿色 GDP 核算体系。从核算角度来看，绿色 GDP 核算综合了经济增长和生态环境成本两个方面的指标，其核算方法是在现有的 GDP 总量之上，扣除资源消耗成本和环境破坏成本，核算得到的余额即为绿色 GDP。绿色 GDP 反映了一个国家或地区在一定时期内国民经济增长的社会效益，较好地弥补了传统国民经济核算的缺陷与不足，但是，要完善环境统计工作，绿色 GDP 的核算统计，主要依靠资源核算数据和环境统计数据。当前，我国的环境统计以政府部门的统计为主，这种环境资料的获取主要采取自下而上逐级汇报的方式，环境数据采集的周期较长，容易失真。进行环境统计工作的改革，要求政府把一部分环境统计权交给一些非政府组织，以多元统计主体为基础，结合全面调查与抽样调查的优势，提高统计数据的准确性。还应该广泛运用现代分析方法，如采用回归分析、统计控制等统计学的数量分析方法，对环境统计数据进行动态预测和监控。建立绿色 GDP 核算体系，不仅要关注经济发展指标，更关注经济社会发展、生态环境等综合指标；不仅要关注效率，而且要关注服务对象的满意程度，从根本上看，民众的受益水平和满意程度才是评价一个政府绩效的最根本标准。

2. 促进生态市场的培育

（1）通过生态产权的规制，奠定生态市场发育的前提条件。生态产权是指能够实现生态环境保护即能带来或增强生态效益的生态产品或生态资源的产权，它是生态市场形成与运作的前提条件。生态产权往往难以被完整界定和明晰化，但是，政府可以通过立法、授权以及实施配额、许可证等法律手段建立生态产权，并将部分生态资源转让给不同的产权主体所持有或作私人产权制度安排，以实现市场机制对生态资源的配置和利用。对于公共性与外部性特别明显、产权边界难以界定的生态产品，政府仍然要直接充当其产权的代表者和维护者。对生态产权的规制与维护，是生态型政府职能的内在要求。

（2）通过生态市场制度的建立，提供生态市场运行的制度保障。市场秩序混乱，是交易行为的一种负外部性，只有明确产权，才能消除或降低这种外部性所带来的危害。不能否认，在政府与市场的现代关系中，具有强制力的政府是现代市场制度的最重要提供者。而生态型政府构建过程也是政府对生态管理制度建立健全的过程,即以实现自然生态系统的完整、稳定与健康为根本目标,从自然生态系统本身各种特性出发,并结合经济社会发展的各种需要,制定出完善的生态管理法律、法规和高效的生态管理体制的过程。这里说的生态市场制度是指为适应和维护生态市场有效运行所制定的各种制度,既包括适应生态市场正常交易的内部制度,也包括维护生态市场有效运行的外部制度;既包括生态交易以及交易监督、激励制度,也包括生态产权制度、生态法、生态保护政策和生态监测体系等。从生态市场交易的领域来看,生态市场制度还可具体化为生态补贴与税费制度、生态(环保)产业市场制度、生态(环保)基金市场制度、生态环境责任保险市场制度等。从制度所包含的内容来看,生态市场制度的内容又可分为生态市场有效运行所依据的价值原则、法律法规、方针政策、道德规范以及体制机制、机构设置等各种规则与设施。生态市场制度建立健全的重点应该是相应的生态环境法律制度的制定与实施,而生态市场制度建立健全的难点则是生态环境治理中政府与私人市场平衡关系的调整和确定。一般而言,对于纯粹公共产品类的生态产品,应当主要由政府提供资金和组织生产;对于准公共产品类的生态产品,应当主要由政府提供资金,由私人市场组织生产,或在政府管理下由私人市场提供资金并组织生产。

3. 加强地区环保合作

生态环境治理离不开地区之间的交流与合作。生态环境保护是一个地域性问题,更是一个全球性问题,因此,不是仅靠一个地区独立完成的任务。面对环境问题带来的挑战,政府一般采取两个方面的行动:一方面,在省内实施各种环境保护政策;另一方面,在全国甚至全球展开环境外交活动,寻求环境保护多方合作。当今全球环境问题的凸显使当今国际合作的基础由"共同发展"转变为"环境与发展",只有改善全球生态环境,才能实现各国、各地区经济可持续发展的目标。甘肃省应该与周边省份如青海、宁夏、新疆等地进行省际综合环境治理,才能保障环境治理的有效运行。

第二节　甘肃省生态型政府构建的推进策略

政府生态管理涉及的范围和领域十分广泛，不能仅仅把它归入部门行政的范畴，而是应该考虑到生态行政系统与自然环境、社会环境、其他行政系统的关系，从全面的角度考虑行政过程中遇到的问题。就政府与公民的关系而言，政府行政管理体制改革的方向是建立服务型政府，但就人类与自然的关系而言，改革的方向是建设生态型政府。

"生态"问题已经引起了很多人的广泛关注，全国现在很多地区都在搞生态省、生态县，这个势头很好，说明生态问题已经引起了政府部门的高度重视。在积极推动生态型政府的构建过程中，课题组在借鉴前人研究成果的基础上，对甘肃生态型政府的构建提出四个方面的建议：

一　重塑政府的"生态"意识

回顾人类社会的发展历史，在早期，人类改造自然的能力比较低，要解决的问题主要是生存问题，与自然环境的矛盾处于次要地位。但是，随着生产力水平的提高，人类对自然的干预能力越来越强，与自然之间的关系越来越紧张，人类的社会管理和政府管理都进入到了一个"非生态化"阶段，这种情况持续下去势必会造成资源的枯竭、环境的破坏。因此，我们必须对现代社会管理尤其是政府管理的现状进行反思，重塑政府的"生态"意识，寻求一条良性的发展道路。

（一）重塑政府的生态安全意识

所谓生态安全，高小平是这样定义的："生态安全是人类在一定的生物圈空间生存时的相对可靠性、稳定性和可持续性的状态。生态安全不同于一般的安全观，其具有基础性、全球性、整体性、不可逆性、恢复的长期性、战略性和受益的外溢性的特点。"在新中国成立初期，政府将国防安全放在了首位，之后随着国际局势的稳定我们又将重点放在了经济安全上，直到现在，经济的快速发展使我们基本上满足了人民的温饱并逐步带领大家走上幸福生活的轨道，但是，一个新的问题由于历史的积聚终于爆发了出来，那就是生态安全，这也是当前甘肃省政府应集中考虑和解决的问题。

1. 应该明确甘肃省生态安全所处的战略地位

生态安全问题是关系到所有中国人、全球人类甚至后代子孙都在内的人的利益，应该摆在一切安全的首位，没有生态安全，其他领域的安全便无从谈起。甘肃省是我国唯一占有三大自然区的省份，省域内黄土高原和陇南山地属东部季风区，河西走廊和阿拉善高原属西北干旱区，甘南和祁连山地属青藏高原区，这种自然地理特性使甘肃省在全国的生态环境建设中占有重要地位。甘肃省黄土高原的大量泥沙流入黄河，陇南地区泥石流多发，加大了长江泥沙含量，河西地区的风沙危害十分严重，沙尘暴频发，毁坏农田和建筑，由河西和阿拉善高原刮起的沙尘已影响到整个华北甚至江淮地区。甘肃省在水土流失、荒漠化等生态环境方面存在的这些问题，不仅严重制约了甘肃省的经济发展和社会进步，也给黄河、长江的中下游地区留下了一系列生态经济隐患。

2. 清楚生态环境的不可逆性

生态环境有自身的承载限度，一旦人类的掠夺超过某个阈值就会造成不可逆转的后果。例如，珍奇的野生动物一旦灭绝，人类便无法恢复，又如水土流失的加剧使部分地区出现了荒漠化、石漠化，这一现状也很难改变。所以，我们应该树立生态安全意识，明确生态环境的不可逆性，积极地保护珍稀物种和生态环境，不要等到无法弥补时再来后悔。

3. 了解生态恢复是一个长期的过程

许多生态问题一旦形成便很难恢复，即使可以恢复，那也需要在付出高昂经济代价的同时，依靠一代人甚至是几代人的努力才有可能达成。如为了防止我国沙漠化的蔓延并使部分沙漠化土地得到恢复,需要付出数千亿乃至上万亿元的投入才有可能,而且仅靠一个国家也难以成功,需要周边国家甚至是全世界的共同努力才能实现。

（二）重塑政府的生态经济意识

重塑政府的生态经济意识,转变传统的经济发展方式,是实现生态安全的根本措施。生态经济是一种尊重生态原理和经济规律的经济类型,它强调把经济系统与生态系统的多种组成要素联系起来进行综合考虑与实施,其核心是经济与生态的协调,在两者发生冲突时,坚持生态效益优先,包括以下五个方面的内容:

1. 新的生产观

新的生产观就是坚持清洁生产、环保生产,既要节约资源,又要提高自然资源的利用效率。从生产的源头和全过程充分利用资源,使每个企业在生产过程中少投入、少排放、高利用,达到废弃物最小化、资源化、无害化,形成高度集约化的循环产业链。制定一系列优惠政策,扶持与发展绿色产业,地方政府要扩大对经济发达地区的招商引资,特别是可再生资源产业,推动地方科技研究项目来促进生产,鼓励科研机构与企业联合进行再生产品的研发,开发节能、节水、无污染的产品,政府应积极弥补市场不足,培育绿色市场,如在大型市场建立有机蔬菜或绿色蔬菜专柜,对种植农户进行补贴,实行统一价格,不断扩大绿色产品的市场份额。

2. 新的消费观

提倡绿色消费,实现与自然相平衡的消费,建立节约型、低消耗消费观。如一次性筷子、塑料袋等都应该取消使用,可以以循环利用的环保袋作替代。对居民的生活环境进行绿色改造,广泛地进行绿色消费教育,包括环境保护、绿色食品和绿色交通,培养人们的绿色消费意识与绿色消费需求,引导人们科学购物,增进循环利用意识,如家用自来水的反复利用、电能的节约方式以及废旧电池的处理。

3. 新的经济观

新的经济观是指所有的经济活动都要在资源环境可以承载的范围内进行，不对资源进行超负载的掠夺，否则会造成资源环境的恶化。政府要带头做好导向和示范作用，在制订采购计划时，将再生材料的产品、通过清洁生产审计、通过环境质量认证的产品或通过ISO14000 认证企业的产品列入优先采购计划中，引导生产部门生产可循环使用的产品以及节水、节能、无污染绿色产品，大范围推广"无纸化办公"。

4. 新的价值观

新的价值观以绿色环保为生产投产和公共物品的投放前提，在考虑自然资源时，不仅要利用资源，而且需要维持良性循环的生态系统。对于新发明、新技术的推广运用，既考虑到其对资源环境的利用效率，也要考虑其对自然资源的承受能力。

5. 新的系统观

新的系统观要求人们在进行生产和消费活动时要将自己作为这个大系统中的一部分予以考虑，不能将自己脱离出去，要从整体、系统的各个方面来衡量自己的行为是否会对资源环境造成破坏。对于省内各流域治理，要通盘考虑，经济基础决定上层建筑，生态经济是经济发展的方向，只有把握住这条主线，才能将经济持续地发展下去，也才能谈其他领域的发展。

（三）重塑政府的生态责任意识

政府在行政的过程中应该学会为自己的行为负责，尤其是当行政行为破坏了生态环境时，更应该勇于承担起这个责任。而对于重塑政府生态责任意识的途径则需要从以下两个方面入手：

1. 法治途径

近代西方国家法治政府被认为是比较理想的政府模式，一方面，国家机关及其工作人员可以根据宪法和法律赋予的职责权限行事，在法律允许的范围内，对公共事务进行管理；另一方面，社会公众也可以通过法律制度和程序对国家行政人员的行为进行监督。我们要想树立政府公务人员的生态责任意识，就必须在立法中加以明确规定，在赋予其权力的同时，也要清楚地规定所要承担的责任。

2. 德治途径

除法治途径外，还有另一种途径，就是德治。通过对政府行政人员推行德治教化，使其从思想上认识到生态责任意识的重要性。只有这样，才能使其在生态意识的驱动下自觉地规范自己的行为，而不是迫于硬性的法律规定敷衍了事。一手抓法治，一手抓德治，两手都要硬，才能更好地规范行政人员的行为，促进生态责任意识的形成，同时也能对社会公众起到良好的示范作用。

二　完善生态行政的保障机制

制度就是人类在相互交往过程中为维护以信任为目标的社会秩序而禁止不可预见行为和机会主义行为的规则。各种制度建设是政府实现生态化和可持续发展的重要保障，所以，内生态型政府的构建过程也就是政府的各项制度不断健全和完善的过程。另外，政府必须健全和完善法律机制。目前，我国正在逐渐由人治社会走向法治社会，为生态型政府的构建创造了一个有利的外部环境。构建生态型政府治理模式，必须建立系统完善的生态法律及制度体系，用法制保护生态环境，推动生态文明建设进程。

（一）完善生态行政的决策机制

行政决策是行政机关为发挥行政管理职能做出的处理国家公共事务的决定，行政决策的正确与否，影响到行政活动能否取得预期效果，政府的发展、生态环境的变化往往取决于行政决策。因此，完善生态行政的决策机制对整个行政过程而言都是至关重要的。

1. 重视生态管理信息系统的建立

目前，生态管理所依托的信息系统主要包括生态评估体系、环境监测体系、生态信息报告（披露）制度、生态预报体系和生态统计体系，现代生态管理信息系统始于生态评估体系，要进行生态行政的决策，首先要获得准确的生态环境信息，建立合理的生态评估指标，对环境进行定期的监察，适时披露相关信息，定期发布环境评估报告，这样，既可以使政府对生态环境的现状和变化了如指掌，也可以起到向大众宣传环保思想的作用。

2. 加强内部培训，提高决策者的生态素质

决策者只有自身树立了生态环境意识，才能将其体现在实际的决策当中，否则很容易忽视生态利益，造成对生态环境的破坏。甘肃省在发展早期，只片面地关注经济的发展，有的决策忽视了生态因素的考虑，如围湖造田、毁林开荒、恣意开发矿产等决策都是不符合生态发展的，一方面，造成了人力、物力等资源的浪费；另一方面，给这些过度开发地区造成了很多不可逆的影响，很多经济结构单一的资源型城市后发潜力弱，经济转型困难，产业结构升级缺乏动力。因此，决策者的生态理念很大程度上影响了当地的发展方向。

3. 健全咨询机构，建立专家决策机制

建立专家决策机制是提高决策的科学性、专业性的必要途径，通过集思广益的专业信息平台，可以使生态治理得到更加专业性的指导。因此，政府应该建立专业的咨询机构，加强与高校和相关科研机构的联系，设立专职环境咨询专家和兼职顾问，对环境生态评估做定期的考察。

（二）完善生态行政的执行机制

所谓行政执行，是指以国家行政机关为主体的多元社会组织为了落实和实施国家意志、国家目标，依法贯彻法律、法规、公共政策的诸活动的总称。行政执行，作为公共行政过程中的重要环节，是行政决策过程中诸多矛盾的展开和继续，也是检验公共政策质量的重要标准，执行的力度直接决定着制定的政策能否落到实处，发挥实际作用。

1. 完善环境管理的机构设置

政府机构的有效设置是行政执行的依托，只有在完备的机构设置中，各部门职责明确，各司其职，才能起到最好的整合作用。相反，如果各自为政，职责规范不清，机构冗杂，则会削弱执行的力

度，不利于执行目标的达成。因此，要完善生态管理组织建设，在我国传统的生态管理体制下，组织部门条块分割，环境部门统御全局的能力弱，无法进行部门的横向和纵向管理，鉴于第六章对西方国家生态组织建设的研究，我国应该提高生态管理部门的超然地位，建立直属于国家领导人之下的独立于其他行政系统之外的环境管理部门，在环境生态管理中，能协同各部门力量进行统一管理。另外，目前，在政府职能部门中，应该设立由省级政府垂直领导的环境监管部门，便于对其他部门进行统筹协调。

2. 增强执行人员的工作能力

在政府机关内部，都会定期对公务员进行培训，目的是增强工作人员的素质和工作水平。在生态问题凸显的现状下，应该在培训中加入生态保护的内容，要求决策者在制定政策时考虑环境因素，执行者在政策执行过程中也要具备依法行政和生态行政的意识。尤其是基层工作者，其行为一方面直接影响着政策执行的效果，另一方面也代表着国家政府的形象，一旦执行人员所表现出的行为与政府主流意识形态或政策不符，很容易破坏党和政府在人民群众心目中的形象。

（三）完善生态行政的监督机制

行政监督，一般是指政党、国家权力机关、司法机关、公民和社会团体依法对行政机关和行政人员的行政管理活动进行的监察和督导。加强公民对国家行政机关及行政人员的监督工作，一方面有利于规范行政人员的行为，使其依法行政；另一方面也有利于提高公民的政治参与热情，彰显主人翁的身份。

1. 完善行政系统内部的监督机制

加强生态环境管理部门与其他部门的沟通、协调与监督，环境管理部门由于具有相对其他部门更为专业的队伍，使其在政策制定、执行时对生态效益的考虑更为精准和全面，因此，应该加强环境部门对其他行政系统的监督，保证各部门在制定政策时都将环境因素考虑在内。此外，审计部门也应该积极发挥自身的作用，对用于环境保护方面的资金进行审计，对那些打着环保旗号滥用资金的行为予以严厉的处罚。

2. 完善法制监督和社会监督

法律是确保政府生态化建设和可持续发展的最重要的制度保障，因为不受制约的政治权力乃是世界上最具动力的、最肆无忌惮的力量之一，而且滥用这种权力的危险也是始终存在的。缺少法律保障的职能生态化建设必将导致职能履行的非生态化甚至反生态化。因此，在构建内生态型政府过程中，必须健全和完善行政、经济、文化、社会和生态环境各方面的相关法律。从法制建设方面看，政府应该加强环境保护领域专项法律的建设，切实发挥法律规范在环保方面的作用；从社会监督方面看，我们应该尽一切力量调动起社会大众的积极性，通过社会舆论、公民批评、公民投票、压力集团等方式切实发挥好社会对行政的监督作用。

（四）政府必须完善生态网络治理机制

内生态型政府的构建，首先需要政府内部各要素协同互动，只有这样，才能保证政府决策的科学性和有效性。进而，将整个社会多元主体纳入一个统一的有机整体来统一管理，构建多元主体共同参与的生态治理机制。所谓多元主体，包括政府部门、企业、非政府组织以及社区公众等。这样，不但能降低单一主体治理的局限和成本，也能提高生态治理的效率，有利于正确处理经济利益与生态利益、近期利益与长远利益、局部利益与整体利益的冲突和矛盾，实现对生态利益的长效维护。因此，政府的管理应该由传统的以部门管理为主转变为以综合协调为主，创造社会自治的条件，建立有效的诱导机制，鼓励和激发广大社会成员自我治理的热情，政府在生态环境治理中，扮演引导和监督的角色。

三 健全生态法制建设

构建生态型政府治理模式，必须建立系统完善的生态法律及制度体系，用法制保护生态环境，推动生态文明建设进程。完善的公众环境利益诉求机制是实现公众环境知情权和参与权的基础及前提。目前，针对环境利益问题，我国实行的是政府行政管理的单轨保护体制。然而，这种体制普遍存在行政体制混乱、行政监督不力、地方保护主义盛行等问题，使政府处理环境利益问题通常较为简单粗暴。我国现有的公众环境利益诉求机制主要包括环境信息公开制度、环境诉讼制度、环境调解制度等。然而，根据上文可知，环境信息公开制度不健全，无法给公众提供准确详细的环境信息，影响公众知情权的表达。此外，环境诉讼制度中，环境公益诉讼这一形式仅规定特定社会组织才能提起公益诉讼，无法实现"任何个人可以通过起诉来终止任何违反环境法的政府行为"这一目标。因此，公众在环境诉讼中经常处于不利的诉讼地位，公众利益在受到严重的环境污染或生态破坏行为侵犯时，未能通过法律途径予以有效保护，从而公众环境利益的诉求得不到很好的满足。最后，环境调解制度因为缺乏强制力的保障，也无法很好地保障公众环境利益。正因为上述诉求机制不健全或失灵，导致公众频繁地采取上访、暴力抗法等不良行为方式，实现和维护自身的环境利益，给社会、管理秩序造成了一定的负面影响。由此看来，我国公众环境利益诉求尚未建立一个科学严密的体系，公众环境利益诉求机制尚不健全，从而导致环境群体性事件频发，是政府环境责任履行不到位的又一重要体现。

（一）完善生态立法和政策调节

应对生态环境保护问题，必须不断降低环境污染的犯罪入罪门槛，实行严格的法制，一旦逾越雷池，必将受到严厉惩罚。也只有这样，才能真正为生态文明建设提供可靠保障。法律是由国家强制力保证实施的社会规范，能触动人们的思想观念和利益格局，具有普遍约束力。通过发挥法律的明示、矫正、预防作用，可以有效地推进各项社会事业的发展，生态环保也不例外。目前，我国已颁布实施《环境保护法》《海洋环境保护法》《节约能源法》《环境影响评价法》《循环经济促进法》《排污费征收使用管理条例》《规划环境影响评价条例》《资源税暂行条例》等百余部生态环境法律法规，初步打下了生态法治的基础。但是，生态立法仍有不足之处，如已有法律法规相互之间协调性低、规定与时代要求脱节、内容可操作性不强等。为此，应及时采取相关措施，改善我国立法现状。

第一，增强法律法规的协调性。中央立法机关要立足全局，制定全国性、宏观性法律法规，将影响较大的生态环境事项纳入法制化轨道，并明确相关责任单位及其职权，严格规范政府行为。但是，中央不能搞"一揽子"式立法，要让地方从自身实际出发，在不抵触上位法的原则下，制定符合实际情况和群众利益的地方法律法规，逐渐弥补法律空白。另外，充分考虑生态系统的统一整体性特征，在保护当地环境资源的同时，顾全相邻地区的生态利益。用联系发展的观点指导生态管理实践，切实打破地方保护主义，增强地区之间生态行政的协调性。

第二，提高法律法规的适应性。我国一部分现行的生态环境保护法制定于 20 世纪八九十年代，受当时计划经济体制的深刻影响，这些法律过于注重政府干预，相关内容已不适合当前国情，在实践中难以执行。因此，立法机关要在发展中不断调整、完善已有法律法规，提高法条的时代适应性，切实让立法工作与时俱进。2012 年以来，《环境保护法》广泛征求社会意见，通过三次审议，做了针对性修改，并将继续听取各方意见；为推进生态文明法制建设，国家发改委将会同和配合有关部门全面清理现行法律法规与生态文明建设不相适应的内容，进一步完善土地、矿产、森林、草原、生物多样性等管理的法律制度，加强资源节约和生态环境保护。这些举措都有助于提高我国生态法规的时代适应性，能切实推动生态法制建设。

第三，提升法律法规的可行性。法律的生命力在于实施，法律实施是法治建设的关键。从我国生态环境法制现状来看，关于生态环境的法律数量不少，但内容稍显宏观，可操作性不强，实施效果不尽如人意。因此，给已有法律法规制定可行的具体操作方案和实施细则，使法律法规切实得以落实意义重大。2013 年 6 月出台的

《最高人民法院、最高人民检察院关于办理环境污染刑事案件适用法律若干问题的解释》，针对环境污染刑事案件办理时取证难、鉴定难、认定难等问题做出了新规定。变过去污染环境定罪量刑需要"造成重大环境污染事故，致使公私财产遭受重大损失或者人身伤亡的严重后果"这一要件，为无论是否造成人身伤亡、财产损失，只要对环境造成了严重污染，就可判定污染环境罪，降低了入罪门槛，提高了法律的现实可行性。

同时，必须认真宣传和贯彻落实《土地管理法》《农业法》《水法》《水土保持法》《森林法》《草原法》《环境保护法》《野生动植物保护法》以及省上颁布的有关法规条例。通过普法宣传，教育广大群众学法、懂法、守法、依法行事。健全基层执法机构，提高执法人员素质，依法严惩各种违法行为，切实加强现有林草植被的保护利用，各种经济开发计划和建设项目要充分考虑对周围生态环境的影响，进行环境评价。在沙化严重、草地退化严重、森林破坏严重的地区，都要实行封山封沙、封育结合，以恢复植被，遏制水土流失和荒漠化的发展。

1. 进一步加强土地生态环境补偿制度的建设

第一，完善防沙治沙相关的法律制度。应当在《防沙治沙法》中明确规定补偿资金的来源、补偿主体、补偿标准、补偿对象等。甘肃省应当结合实际情况，出台相应的补偿管理办法，并且补偿金应当预留合理的利润空间，作为对防沙治沙主体行为的激励性补偿。

第二，进一步完善退耕还林的政策。应当尽快重新确定生态补偿标准，建议将甘肃省的造林苗木补偿标准提高至100—150元/亩，以保证造林质量和造林者的利益。同时，应当将生态林的补助年限在现有基础上再延长3—5年。在补助期满后，将退耕还林营造的生态林纳入森林分类经营范围，进行森林生态效益补偿。

2. 完善现有制度，促进森林生态补偿基金制度的规范化、法制化

第一，制定科学合理的补偿标准。补偿标准的确定是生态效益

补偿政策实施的关键，应当改变不学理的补偿标准。具体来说，可以采取以下两种方法，确定补偿标准。

其一，对生态效益进行价值评估，按照实现效益的货币价值进行补偿。这种方法实际上是以生态公益林的资产价值、现行林业生产定额和维持生态公益林的正常经营为补偿的基础，以林权所有者能获得社会平均利润为标准，分类别确定相应的补偿标准。

其二，生态购买法。这种方法主要以经营者和所有者在商品林转为公益林过程中的实际损失为标准，对于生态公益林进行估价，并以此作为原生态公益林所有者的补偿依据。笔者认为，在现阶段国家财力有限、不可能大面积普遍实施生态购买的情况下，可以对于重点生态公益林逐步进行试点，同时不断拓宽资金来源，逐渐普遍开展生态公益林的这种经营模式。

第二，增加森林生态效益补偿基金的来源渠道。在目前国家资金有限的情况下，应当在筹集生态补偿基金时，广开渠道，多方筹集。结合目前一些地方的做法，可以从相关行政事业单位收取的费用中提取一定的比例纳入补偿基金当中。比如，福建省从以森林景观为主要旅游资源的景区门票收入中提取 3% 的森林生态效益补偿基金。还可以将生态补偿逐步市场化，让排污企业承担部分补偿。

第三，进一步完善法律体系的构建，协调矛盾和冲突。可以考虑将有关公益林生态效益补偿的政策法规统一起来，在许多学者认为有必要制定的《生态补偿法》尚未出台之前，先通过地方性法规，结合甘肃省的省情，对本省境内的森林生态效益补偿进行统一具体的规定。

3. 建立和完善生物多样性生态效益补偿的建议

第一，进一步加强资源管理。坚持"谁开发，谁保护；谁受益，谁补偿"的原则，可以征收生态税，以增加生态资源的开采和利用成本，刺激其保护生态环境减少环境污染，还可以提高生态资源的实际利用率。比如，甘肃省从 2007 年 12 月 7 日起，率先在全国试行征收草原植被恢复费制度。规定向在省境内草原上从事地质勘查、修路、探矿、影视拍摄等活动，以及采挖野生植物的企业或个人，将收取植被恢复费。这就意味着企业、社会团体和个人将为履行生态环境的社会责任承担其所必需的成本。

第二，扩大生物多样性的保护范围。应当扩大生物多样性的保护范围，把普通物种也引入保护机制当中。可以有重点地分类进行保护，对于使用人和受益人而言，也须按照使用和开发物种的实际价值给予相应的补偿。

第三，加强法律制度的完善。应当尽快制定一部适合省情的生态补偿法规，将生态系统各个方面的补偿纳入法律层面的规范，增强规定的法律约束力和可操作性。作为地方，甘肃省也应当尽快根据现实情况，出台专门的生态补偿管理办法，对于生物多样性以及生态系统的其他组成要素进行具体细化的规定。

4. 建立完善甘肃省流域生态环境补偿法律制度构想

流域生态补偿法律制度的框架应当包括补偿主体与受偿主体、补偿资金的筹集、流域生态补偿管理机构以及补偿资金的支付等内容。

第一，流域生态补偿主体与受偿主体。作为本辖区内公共利益的代表，地方政府代表具体受益者和贡献者成为补偿主体与受偿主体就具有相对合理性。因此，对于甘肃省流域生态环境补偿法律制度的补偿主体与受偿主体，应当以甘肃省人民政府为宜，实行横向补偿为主、纵向补偿为辅。

第二，流域生态补偿的资金筹集。对于甘肃省这样一个经济社会发展欠发达的西部省份，中央政府应提供更多、更稳定的财政资金。另外，国家应该在财政转移支付的专项项目中，增加生态补偿项目，用于国家级自然保护区的国家收购、国家级生态功能区的建设补偿以及对西部生态退化严重区域恢复补偿等。此外，也应该加大环境非政府组织对甘肃省流域生态补偿的关注与支持。

第三，流域生态补偿的支付。甘肃省政府作为补偿主体，应当依法征收水资源费，按照流域人口、GDP、财政规模等确定的比例向流域管理机构缴纳，形成流域生态补偿基金，一部分用于培育上游的生态恢复和增值功能，另一部分拨付给受偿主体。生态补偿的支付应以相关地区进行环境保护所投入的成本和经济损失量为依据，经济损失量应从经济结构调整所引起的损失、人员失业的损失、放弃使用资源所产生的机会成本等方面加以计算和汇总。

5. 甘肃省草原生态环境补偿法律制度的构建

甘肃省应建立相应的草原生态环境价值补偿制度，并通过法律法规形式确定下来，使草原生态建设者牺牲的经济损失控制在其能够承受的范围内。

第一，通过立法确立草原资源生态补偿制度。要根据甘肃省草原区域的实际情况，进行相应立法，制定地方性法规和政策。此外，地方各级政府应制定具体的规定，主要明确草原资源生态补偿标准。补偿标准的制定应该下放到各级地方政府，由各地方政府根据当地的实际情况，实事求是地进行科学量化。

第二，明晰产权，避免"公地悲剧"，确保建立生态补偿长效机制。政府在立法中要明确规定草原生态环境产权，使那些为保护草原生态环境而牺牲其经济利益的人的损失得到补偿，从而刺激草原保护者在经济利益的驱使下由被动变主动，自发自愿地保护草原生态环境，进而可以抑制草原生态环境破坏者对生态环境的破坏程度，实现道德约束与利益追求的和谐、经济利益与生态利益的"双赢"。

第三，建立生态补偿金筹措和管理体系。实施草原生态环境价值补偿制度的主要途径就是要征收草原生态环境价值补偿费。草原生态环境价值补偿费是指为恢复和保持草原生态环境系统功能，使外部经济内在化，而对生态环境污染者和破坏者征收的补偿性质的税费。必须在法律中明确规定："草原资源生态补偿金只能用于草原资源保护和治理，不能挪作他用。"

6. 甘肃省湿地生态环境补偿法律制度的完善

当前，甘肃省湿地生态环境补偿法律制度建设还需要依托国家上位法的进一步完善，从而完成甘肃省的相关法制建设。目前，我国生态补偿机制还存在补偿范围不明确、补偿标准不科学、补偿模式比较单一、资金来源缺乏、政策法规体系建设滞后等问题，通过立法明确实施生态环境补偿的基本原则、主要领域、补偿办法，确定相关利益主体之间的权利义务和保障措施，并以此为依据，进一步细化流域、森林、草原、湿地、矿产资源等各领域的实施细则。

按照社会主义市场经济的要求，制定和完善激励机制，调动多方面的力量来治理荒漠化和水土流失，开发利用农业资源。加快"四荒"地的租赁、拍卖，实行谁购买，谁治理，谁受益；可继承、可转让，50年不变的政策。允许城镇的企事业单位、居民和外地农民承包"四荒"地，让他们投劳出资治理，鼓励组建股份合作组织，从事治理开发活动，依法保护经营者的治理成果不受侵害。国家或地方投资治理好的水利水保工程、林草面积，可以有价转让于集体、合作、股份制经济组织和个人，让他们经营管理和受益。转让获得的资金可投入新地区的治理，形成滚动治理的机制。

（二）严格生态执法

徒法不足以自行，法律得不到有效执行，只能是一纸空文。我国生态环境法治存在缺陷，除立法欠缺外，有法不依、执法不严也是重要原因。把法律法规落到实处，保障生态型政府建设，必须严格生态执法。

1. 加强执法机构和执法队伍建设

第一，健全机构，信息公开。各地区在地方政府统一领导下成立环境考核评价工作领导小组，并设立省级至县级考核评价工作领导小组，负责考核评价的组织实施、分类管理和综合协调等工作。同时，定期在公众平台上向社会公布每期的考评结果，将考核频率适当缩小，让公众实时了解政府行动，并将考评结果作为公务员考核、任用、晋升、奖惩的重要依据。此外，加大对执法部门的投入。执法行为离不开权力支持和物资保障。执法机构职责模糊，执法队伍权限单一，执法装备达标率低，执法任务繁重等问题，严重影响我国生态执法。鉴于此，中央要设置全国的统一、专业的生态环境保护机构，并不断优化职能体系，明确各级政府、各部门的生态管理职责，确保生态保护工作全面、有序、协调开展；各级财政要加大对生态执法机关的人力、物力、财力支持，改进执法装备，充实执法力量，改善执法水平。赋予执法机关一定的行政强制权，改变"事后罚款""以罚代管"的执法局面，提高罚款额度，提升违法成本，彻底将污染破坏行为遏制在初始阶段。

第二，执法队伍素质的高低直接决定执法水平和时效。规范生态执法行为，提高执法水平，必须打造一支高素质的生态执法队伍。培训是提高队伍素质的重要手段。在培训内容设置上，应秉持实用原则，依据执法人员的工作性质、岗位设置和任务职责，安排与工作要求密切相关的相关法律法规，以及执法中遇到的热点、难点问题作为重点学习内容，提高培训工作的针对性和有效性。在培训方式选择上，要积极探索、灵活应变。行政执法机关日常事务繁忙，工作人员可参加培训的时间短、任务重，单凭脱产培训效果不足。为全面提高队伍的法律意识和执法水平，执法机关要机动地从专业培训、上级调训、议案代训、经验交流、技术比武等方式中，选择最适合本机关实际的培训方法，不断完善培训机制，力促培训工作常态化、制度化。

第三，加重对违法行为的惩处。税收是财政收入的主要来源，企业作为纳税大户，极易受到地方政府的保护。一些地方为了扩大局部利益，甚至不惜违背中央政策、法规，消极或滥用行政权力，为违反环保法律法规的企业提供"保护伞"。这种地方保护主义严重干扰了生态法制建设进程和生态执法。构建生态型政府治理模式的法律保障体系，必须加大执法力度，定期、不定期地对企业开展拉网式检查，分片包干，对不执行生态保护基本制度的企业进行披露，并责令其限期整改存在的问题。对整改不到位、顶风作案、违法排污的企业，从严从重依法处理，打破"守法成本高，违法成本低"的不利局面。严厉惩处执法人员不作为、徇私舞弊的行为，切实整顿执法环境，提高执法实效。

2. 完善地方政府农民参与评估的制度规范建设

农民是农业的生产者，他们能切身体会生产的良性发展态势，发挥生产的可持续潜能，地方政府应该建立农民信息反馈平台和互动机构，加强政府与农民的意见交流和讨论，提高农民对政府政策制度制定的参与度。

当然，提高农民对政府农业绩效的评价能力，是实现这一途径的关键。农民的综合素质和当地的农业技术服务水平是其中的关键。然而，甘肃省农村地区社会发展落后，市场化程度低，农民生态思想意识落后，对可持续的循环农业经济的意识淡薄，加之循环农业的经济效益短期成效不明显，农民往往只关注眼前效益，对清洁生产带来的长期经济效益缺乏认识。因此，要培养农民的市场理性和长远意识，要提高农民对新的生产方式的接受能力，树立可持续发展的价值观。政府要对广大农民进行系统性教育培训，加强对发展循环经济、资源忧患意识和环保意识的宣传教育，从思想上转变农民的传统生产经营观念，建立农业科技服务站，普及循环经济知识，进行典型事例讲座，逐步培养农民节约型、生态型的生产和生活方式，引导农村经济的可持续发展。

3. 强化公众评估的导向和规范作用

社会监督虽不具强制性，但当个别议论引起人们普遍关注、分散力量聚集在一起时，同样会对社会生活产生重要影响。通过监督，公众可以更加了解公共事务，及时发现问题，督促问题解决，促使各项事业沿着法制方向运作，为发展提供强有力的社会保障。完善生态法制，要进一步加强生态执法监督，及时发现和纠正违法行为，以解决执法中存在的问题，保障生态环境法律法规的贯彻实施，增加执法透明度，推动执法理念更新，提高执法水平。

第一，培育社会监督员。在社会上选取监督员，监督生态立法、执法、司法情况，通过参加执法部门会议、执法检查活动，评议执法情况，提出解决意见和建议。执法部门则应加强与社会监督员的日常联系，及时通报有关情况，帮助他们解决监督工作中的困难，积极配合和支持社会监督员的监督活动；对监督员提出的意见、建议，要正确对待、认真听取、仔细研究处理，切实抓好改进和落实工作，回复处理结果，不断提高执法水平。

第二，保障公众评估主体地位的法律基础，体现"以民为本"的政府绩效评价的价值导向，把评价聚焦于"公民期望的结果"，并使之成为推进现代政府建设的重要机制。目前，我国各级政府的绩效评价，大多以自主或半自主的经验式评估模式为主，统一化、标准化的政府绩效评估模式尚未建立，各级政府评估模式大致雷同，评价体系的管理机构各行其是，评价缺乏清晰度，指标体系缺乏科学性，缺乏对地方政府的针对性，评价主体混乱，被评对象也无所适从。因此，用法律手段保障公众的评估主体地位和评估程序，是解决评估体系最有效的手段之一。

第三，建立外部评价机制，尤其是第三方机构评价机制。如社会机构和学术团体，可以通过网络平台收集公众意见，不断扩大社会各界对政府评估工作的参与度。另外，加强新闻媒体监督。目前，环境污染日益严重，公众的环保意识也在不断增强。媒体应根据社会发展需要，选择公众普遍关心的问题、现象，提供充足的情况、事实，并给出客观、公正、坦率的理性评论，吸引社会的广泛关注和参与。

总之，地方政府应该以满足公众的需求，体现公众的满意度为政府工作的终极目标。

四　建立健全生态绩效考核机制

绩效是指从过程、产品和服务中得到的输出结果，并能用来进行评估和与目标、标准、过去结果以及其他组织的情况进行比较。把绩效用于对政府行为效果的衡量，反映的就是政府绩效，它是指政府在社会经济管理活动中的结果、效益、效能，是政府在行使其功能、实现其意志过程中体现出的管理效力。政府绩效评估是通过评估指标来体现的，构建生态型政府治理模式绩效评估体系，首先应优化评估指标。目前，甘肃政府的绩效考核中大多关注经济绩效、政治绩效、社会绩效等，还未把生态绩效作为重要的考核指标列入衡量政府人员行为得当的标准当中。但是，随着生态问题的越发严重，我们不得不开始重视生态绩效的考核。

（一）经济上走"绿色"发展道路，将绿色GDP作为生态绩效的重要指标

在考核模式上，应该首先贯彻科学发展理念，充分发挥评价的"指挥棒"作用，充分体现尊重自然规律、谋求长远发展的科学发展理念，改变过去单纯追求GDP评价的做法。其次是功能分区，分类考核。党的十七大以来，逐步推行的主体功能区建设打破了以往按照行政区制定区域政策的思路，采用了多元化的评价指标来衡量区域发展的指标设计，除了传统的经济指标，还增加了社会指标和生态指标。西北地区生态和地理条件相似，应该作为一个整体进行功能划分，各省份政府进行生态区域划分的横向联合，才能充分发挥西部的"屏障"作用。在生态治理中，加大技术投入，提高技术含量。甘肃的种草植树已经实施近20年，但耕地面积仍在增加，土地沙化面积不断加大，森林覆盖率没有实际增长，形成了"年年种、年年死"的现象。其根本原因就在于工程建设和验收过程中，技术标准不明确，评估监控体系不完善。因此，应当加大在林木建设过程中的技术投入，积极培育和引入优质种苗，在评估过程中，制定完整明确的评估标准，多进行现场调查。

（二）评估指标全面化，指标设置合理化

构建生态型政府，必须改变过去盲目推崇GDP指标的政府绩效评估，切实把生态效益、产能过剩、环境损害、资源消耗等指标，纳入政府绩效评估和经济社会发展评价体系，切实建立能反映生态文明的评估办法和奖惩机制。

关于政府绩效评估指标，并没有统一规定。目前，国际上比较认可的指标，主要有经济指标、效率、效果、公正、行政能力。《中国政府绩效评估研究》使用三大类33个具体指标，对我国评估

指标体系进行了规定。这一评估指标体系从政治、经济、社会、文化和党建等不同方面对部门工作进行了分析、评价，涵盖面比较广。但是，在实际评估工作中，只关注经济指标、片面追求经济绩效的倾向严重。

作为衡量经济状况的最佳指标，GDP 反映了一个国家的经济表现、国力与财富。它包括某一国家或地区经济中所生产出的全部最终产品和劳务的价值，被称为国民经济发展的"晴雨表"。然而，当前某些地方盲目追求 GDP，几乎把其视为衡量政府绩效的唯一指标，与公务员考核、升迁紧密挂钩。只有不断提高 GDP，政绩才能更加显著，才有升迁的可能。但是，GDP 只是一个经济发展数字，它不是利润，不计成本，不考虑损耗，不反映生态环境与经济发展的关系。有些部门为提高政绩，不惜以牺牲生态环境和民生福祉为代价，投入大量资源进行经济项目建设。这种竭泽而渔式的开发、粗放型的增长，导致资源枯竭、污染加剧，反过来又会阻碍 GDP 的增长，不利于经济社会可持续发展。盲目崇拜 GDP 还会导致"胖子经济""数字经济"的出现。这种统计数据注水，人为拔高经济发展水平，虚造政绩以获得升迁的现象，不仅不利于正确把握经济发展形势、制订适当发展方案，还会严重损害政府形象和公信力。GDP 不是万能的，尽管推动经济增长并没有错，可一味地做大经济总量，盲目崇拜 GDP 绝对值的增长，忽视环境成本、社会福利、文化发展等因素就有失偏颇。政府绩效也不等同于经济发展。除了经济指标，政府绩效评估还应参照生态、政治、社会、文化等标准，全方位考察政府活动。

生态型政府的评估指标体系应切实兼顾经济发展与生态保护，兼顾绩效结果与管理过程，兼顾当下利益与长远影响，涵盖地方新增绿地面积、新增重大节能项目、主要污染物削减量及环境影响评价执行率等，推动经济、生态、社会及人与自然的协调发展。

评估指标体系，不仅要全面，还要设置合理、有针对性，要依据具体情况，确定各个指标的权重。

第一，依据部门实际设置评估指标。政绩评估指标体系要全面化，涵盖经济、生态、政治、社会、文化等各方面内容，但不同地区地方政府应结合当地实际，丰富、细化评估内容。2009年，四川省政府确定的绩效评价指标体系，除各部门按规定应履行的职能职责外，还把效能建设、成本效益、应急管理、服务群众、接受监督、协作配合等引入指标体系，用以应对灾后重建特殊背景下部门实绩的评估，独具四川特色。2011年，长沙市政府把湘江长沙综合枢纽建设、两桥一隧过江通道建设、港霞凝港区三期建设和轨道交通建设，确定为政府年度评估重要指标。结合本地现状，制定有针对性的评估指标，能推动政府职能的贯彻落实，使工作取得明显成效。

同样，同一地区不同部门的具体指标设计也要有针对性，要密切结合自身情况，采用具有部门特色的政绩指标，进行分类考核。对一般性政府部门，采取通用指标进行评估；对专业性较强的部门，则要依据部门性质、工作内容，设计特殊指标。

第二，各指标权重合理。《中国政府绩效评估研究》设计的评估指标体系，由三大类33个具体指标组成，涵盖了经济、社会、人口与环境、廉洁状况各个方面，指标逐渐全面化。但是，许多地方政府的指标体系权重设置的随意性较大。很多城市政府把招商引资的标准和经济增长列为重点。随着机构改革和行政审批制度改革的推进，只关注反映经济增长的指标体系，已不适宜衡量政府绩效。构建生态型政府绩效评估指标体系不仅要全面化，全方位考察政府的经济增长、生态建设、民生福利、社会进步和党组建设，还应综合考虑指标间的平衡，合理配置各指标的权重，不能过于侧重经济效率。要结合当前经济社会全面转型关键时期生态环境日益恶化的现状，不断提高生态环境、民生福利等在评估指标体系中的比例，推动经济增长与环境保护、人与自然关系的统筹发展，实现经济、社会、资源、环境的共赢。

（三）改进政府绩效评估方式，规范政府绩效评估程序

构建生态型政府绩效评估体系，应在传统评估方式的基础上，

积极引入听证会、电话随机访问、入户调查、发放问卷等开放透明的方式，更广泛地吸收民意，充分发挥社会智慧。

我国对政府绩效进行评估，基本以政府为主体，采用上评下或互评的方式，以上级对下级的评估居多。这一评估体制存在很多弊端：一是以政府评估为主的方式，过程多是封闭的、不公开的，主观性较强，缺乏对民意的考虑，缺乏社会监督。这就导致某些责任心、事业心不强的官员，抱着得过且过的心态，忽视群众的需求和期待，麻木不仁，碌碌无为。而那些不干实事、只想升迁的官员，则大搞"面子工程""形象工程""政绩工程"，浪费资源，劳民伤财。二是基本依靠自上而下的评估，容易使政府部门只关注上级领导的看法，始终保持"眼睛朝上"的姿态，唯上级命令是从。有的甚至不惜以贿赂等违法手段，换取上级"好评"，为腐败滋生提供温床。三是行政过程中缺乏民意考虑，不关注基层问题、内部问题，只有当某一问题引起强烈的社会反应时，才被迫采取行动加以整改，严重影响政府形象，阻碍构建和谐社会的进程。因此，政府必须提高绩效评估开放度，鼓励社会公众积极参与，提高公众满意度，实现治理目标。

政府绩效好坏、公共管理计划与目标是否实现，人民群众最有发言权。计划经济时期，政府被万能化，包揽一切社会事务，履行所有管理职能。公共管理危机的出现充分说明，仅凭政府的治理已不能有效整合、配置资源。为弥补政府失灵，多元主体参与的公共治理应运而生。人民是治理的重要主体，享有生存权、发展权、知情权、参与权和环境权，让人民参与政府绩效评估，是落实公民权利的必然要求。人民作为治理成果的享受者，作为政府的服务对象，作为最大的公共利益相关者，对政府各项工作最有发言权。改进政府自评的评估方式，把民众发动起来，通过召开听证会、问卷调查、电话访谈等方式，以人民为中心，充分考虑公众满意度，对政府建设物质文明、精神文明和生态文明的工作进行评价，真正做到"对人民负责、请人民监督、让人民满意"，切实把人民对生态、对生存发展的需求作为政府改进工作的目标，推动生态型政府治理模式的构建。

民评官的评估方式作为政府绩效评估的核心，必须经常化、法制化、秩序化。各级政府要认真筛选，依据素质优、工作熟、责任强、代表广的原则，确定参评人员，制定相关政策法规，逐步扩大公众参与范围，提高评估质量，实现评估目标。

程序规范与否密切影响政府绩效评估质量。为保证评估工作的公平、公正、全面，必须建立程序化的评估体系，有计划、有步骤地展开评估。完善生态型政府绩效评估体系，离不开评估程序的有序、规范。我国对政府绩效进行评估主要经准备、实施和结果运用三阶段完成。

准备阶段的主要任务是确定评估主体和客体，制定评估目标，建构评估指标，选择评估方式。其中，评估主体既可以是政府自身，也可以是社会组织、公众；评估客体即能力、活动及其效果要被评估的政府组织；评估目标多种多样，概括而言，主要是提高政府绩效，明确政府责任，实现增收节支；评估指标的设计要全面、合理，不盲目推崇经济发展标准，不搞 GDP 崇拜；评估方式选择要坚持自评、互评和民评的统一，充分考虑民意。

实施阶段的主要任务是结合绩效目标、评估指标，认真收集评估客体的信息，进行严密核实、筛选、分析和汇总。在掌握相关信息后，评估主体就可以依据既定评估指标，通过检查、测评、会议、访谈等方式，对信息进行分析、对比、评价，给出客观、公平、公正的评估结论。认真撰写评估报告，明确政府工作各环节的优、缺点。同时认真受理评估申诉，及时复核评估结果，纠正评估中可能出现的偏差。在政府绩效评估实施过程中，要注意听取人民群众和专业咨询机构的意见。

结果运用阶段的主要任务是合理、有效地运用评估结果，不断地改进政府管理。受理好评估申诉、撰写完评估报告并不意味着评估工作的结束，根据评估结果，调整政府管理模式，才是政府绩效评估的目的所在。对政府绩效进行评估就是为了寻找差距，总结经验，弥补不足，提高绩效，而不是为了评估而评估，更不是为了应付上级、社会的检查监督。评估结果得不到有效运用，只会造成更多的资源浪费。因此，政府要切实依据评估结果，制定严格的奖惩措施，给予综合成绩优异的部门、工作人员物质上或精神上的表扬，通过工作奖励、预算激励、权力鼓励和典型强化，提高公职人员的积极性，改善政府工作绩效；而对于那些没有履行好既定职责、损害人民利益、评估成绩差、给政府造成不良影响的评估客体，严肃追究主管责任，并依法加以惩处。通过将评估结果与人员奖惩、选拔任用、职务升迁、政府预算、组织优化的密切结合，正确引导政府决策和管理行为，提高部门绩效和公众满意度。

科学的政府绩效评估体系是转变粗放型管理方式、优化生态等公共资源配置、密切与群众联系、保障科学发展观贯彻落实的重要保障制度，是生态型政府治理模式保障体系的关键。为有效地解决经济发展和环境保护间的问题，实现人与自然和谐相处，必须构建生态型政府绩效评估体系。

（四）生态绩效考核作为影响公务员升迁的长效机制

建立和推行一项成功的官员政绩考核机制，应该是科学全面的，不能只关注某一方面，而忽视另一方面，尤其是对生态问题这一影响长远的衡量指标更应该引起政府官员的重视。传统的政绩考核大多以经济发展、政治稳定作为主要的衡量标准，对于生态效益的考核很不够，我们应该积极改进考核方式，构建多维度的考核网络。把内部评价、组织评价、基层群众评价以及社会评价相结合，把绩效公示制度、民主测评制度、重点访谈制度整合起来，多层次、多渠道、多角度地了解评价领导干部在推进生态文明建设中的实绩。尤其是可以考虑强化环保组织等独立的社会团体在生态考核评价体系中的重要作用。

在公务员升迁考核过程中，将生态绩效考核与公务员的升迁联系在一起，建立生态绩效问责制。这样，既有利于公务员树立生态意识，并将这种意识切实贯彻到行政过程中，做出实际的效果与效益。也表现出了政府对生态问题治理的决心和信心，通过这一现实举措鼓励社会大众都积极地投入环保队伍中来。

在生态型政府建设中，就主体来说，不仅仅是政府的力量，还需要社会公众、各种社会组织的共同参与。就区域来说，不仅仅是甘肃省内的局部调整和治理，还需要国家在全局化的指导下进行统筹协调，系统治理；生态文明的建设也不能仅仅局限于一个国家或地区，在全球环境下，对于全球环境问题的解决，应该发动全球多元的环境主体的共同参与，政府、民众、社会团体等都是环保的参与者和主人翁。建立全球环境合作机制，为环保提供一个良好的平台。生态环境治理离不开国际的交流与合作。生态环境保护不仅是一个地域性问题，更是一个全球性问题，"与国际关系的其他领域相比较，国际环境关系更多地涉及人类的共同利益，因此，也更具有国际合作的基础"。当今全球环境问题的凸显使国际合作的基础由"共同发展"转变为"环境与发展"，只有改善全球生态环境，才能实现各国特别是发展中国家经济可持续发展的目标。同时，生态型政府必须支持、引导、推动全球环境治理中的非政府主体成长和参与，以及合作性规制的制定与实施。

甘肃省生态型政府的建设经验，不但能在政治管理成效中惠及甘肃省经济社会可持续发展，更能惠及长江中下游的生态安全，也能为其他欠发达地区生态型政府建设提供经验。在今后20年内，是甘肃省经济发展的关键时期，政府部门必须始终把科技发展作为长足动力，加大对生态专业人才的培养，对环保产业加大研发投资力度，使甘肃省生态政府的构建早日实现。

参考文献

［1］［英］阿弗里德·马歇尔：《经济学原理》，廉运杰译，华夏出版社 2005 年版。

［2］薄贵利：《政府管理创新前沿问题研究》，人民出版社 2008 年版。

［3］鲍晓英：《关于环境法运行中的问题与对策》，《环境卫生工程》2010 年第 1 期。

［4］陈振明：《公共管理学：一种不同于传统行政学的研究途径》（第二版），中国人民大学出版社 2003 年版。

［5］楚明锟：《公共管理导论》，华中科技大学出版社 2011 年版。

［6］崔玉丽：《欠发达地区建设生态型政府的必要性及路径探析》，《湖南行政学院学报》2006 年第 6 期。

［7］［美］丹尼尔·A. 科尔曼：《生态政治：建设一个绿色社会》，梅俊杰译，上海世纪出版集团 2005 年版。

［8］《德国制定环保新举措——谁生产谁回收》，《城市管理与科技》2001 年第 1 期。

［9］杜莉、李华：《典型环境政策的经济分析及中国的政策选择》，《经济问题》2001 年第 11 期。

［10］樊根耀：《我国环境治理制度创新的基本取向》，《求索》2004 年第 2 期。

［11］［美］佛雷德·W. 里格斯：《行政生态学》，金耀基译，（台北）商务印书馆 1984 年版。

［12］高鸿业：《西方经济学》（微观部分），中国人民大学出版社

2011 年版。

[13] 高小平：《落实科学发展观加强生态行政管理》，《中国行政管理》2004 年第 5 期。

[14] 高小平：《政府行政管理》，中国社会科学出版社 2007 年版。

[15] 郭冬生、高志强：《生态学概论》，湖南科学技术出版社 2007 年版。

[16] 洪富燕：《构建生态型政府的理论探讨》，《长春市委党校学报》2009 年第 4 期。

[17] 黄爱宝：《建设资源节约型和环境友好型政府的理论资源》，《南京工业大学学报》（社会科学版）2010 年第 3 期。

[18] 黄爱宝：《行政生态学与生态行政学：内涵比较分析》，《学海》2005 年第 6 期。

[19] 黄爱宝：《生态行政学构建刍议》，《中共南京市委党校南京市行政学院学报》2005 年第 2 期。

[20] 黄爱宝：《生态善治目标下的生态型政府构建》，《理论探讨》2006 年第 4 期。

[21] 黄爱宝：《生态型政府初探》，《南京社会科学》2006 年第 1 期。

[22] 黄爱宝：《生态型政府理念与政治文明发展》，《深圳大学学报》（人文社会科学版）2006 年第 2 期。

[23] 黄爱宝：《走向后工业社会的环境合作治理》，《社会科学》2009 年第 3 期。

[24] 黄爱宝、陈万明：《生态型政府构建与生态 NGO 发展的互动分析》，《探索》2007 年第 1 期。

[25] 江华锋、任晓鸿、祁晓岩：《日本改善生态环境和实施可持续发展战略的经验启示》，《西北人口》2006 年第 5 期。

[26] 江涛、魏昕：《浅谈生态行政理论对我国行政制度改革的启示》，《法制与社会》2008 年第 8 期。

[27] 金菊、洪富艳：《构建生态型政府：理论体系与实践路径研

究》，《中国农业经济》2009 年第 3 期。

[28] 李成言、郭丽岩：《政府权能的行政生态学探讨》，《北京大学学报》（哲学社会科学版）2002 年第 6 期。

[29] 李龙熙：《对可持续发展理论的诠释和解析》，《行政与法》2005 年第 1 期。

[30] 李永峰：《可持续发展概论》，哈尔滨工业大学出版社 2013 年版。

[31] 李振基：《生态学》（第三版），科学出版社 2007 年版。

[32] 里格斯：《行政生态学》，（台北）商务出版社 1978 年版。

[33] 刘斌：《德国生态工业政策对环保产业发展的影响》，硕士学位论文，对外经济贸易大学，2009 年。

[34] 刘昌黎：《现代日本经济概论》，东北财经大学出版社 2002 年版。

[35] 刘青松：《可持续发展简论》，中国环境科学出版社 2003 年版。

[36] 刘少才：《德国环保见闻》，《环境教育》2009 年第 2 期。

[37] 刘树清：《中国环境法制建设之我见》，《中山大学学报论丛》2003 年第 2 期。

[38] 刘祖云：《当代中国公共行政之反思》，《南京农业大学学报》（社会科学版）2006 年第 1 期。

[39] 刘祖云：《生态型政府：形式与内容的三重统合》，《江苏行政学院学报》2008 年第 5 期。

[40] 刘祖云：《政府与自然关系的伦理建构》，《社会科学研究》2005 年第 3 期。

[41] 刘祖云、姚志友：《生态行政学：一个新的交叉学科的提出》，《南京师范大学学报》（社会科学版）2010 年第 4 期。

[42] 卢现祥、朱巧玲：《新制度经济学》，北京大学出版社 2012 年版。

[43] 罗姗姗：《可持续发展视角下的生态型政府构建》，《企业研

究》2011 年第 7 期。

[44] ［德］马尔库塞：《工业社会与新左派》，商务印书馆 1982 年版。

[45] 马军惠：《中国政府环境保护管理体制的改革与完善》，硕士学位论文，西北大学，2008 年。

[46] ［德］马克思、恩格斯：《马克思恩格斯全集》（第 42 卷），人民出版社 1979 年版。

[47] 马世骏等：《中国生态学发展战略研究》（第 1 集），中国经济出版社 1991 年版。

[48] 莫光财、张东豫：《缺失与斧正：从行政生态到生态行政》，《当代社科视野》2008 年第 3 期。

[49] 彭文贤：《行政生态学》，（台北）三民书局 1988 年版。

[50] 任春：《德国的环保》，《德国研究》2004 年第 3 期。

[51] 萨础日那：《生态行政浅析》，《中国环境管理干部学院学报》2008 年第 9 期。

[52] 单宝：《欧洲、美国、日本实施标准化战略的新动向及启示》，《中国科技论坛》2007 年第 6 期。

[53] 史玉成：《环境公益诉讼制度构建若干问题探析》，《现代法学》2004 年第 3 期。

[54] 世界环境与资源委员会：《我们共同的未来》，王之佳、柯金良译，夏堃堡校，吉林人民出版社 1997 年版。

[55] 宋明磊、宋光磊：《环境经济政策的国际经验及启示借鉴》，《经济论坛》2008 年第 1 期。

[56] 孙柏瑛、李卓青：《政策网络治理：公共治理的新途径》，《中国行政管理》2008 年第 5 期。

[57] 唐敏：《外国政府绿色采购制度及其对我国的启示》，《商场现代化》2008 年第 9 期。

[58] 田千山：《近三年来国内生态型政府研究综述》，《云南行政学院学报》2011 年第 4 期。

[59] 田千山：《欠发达地区构建生态型政府的困境和出路》，《中国山西省委党校学报》2011 年第 5 期。

[60] 王国栋：《生态行政管理的保障机制探析》，硕士学位论文，南京林业大学，2009 年。

[61] 王沪宁：《行政生态分析》，复旦大学出版社 1989 年版。

[62] 王习元：《我国绿色政府模式研究》，《生态经济》2005 年第 6 期。

[63] 王习元、陆根法、袁增伟：《我国绿色政府模式研究》，《生态经济》2005 年第 6 期。

[64] 王晓芳：《论我国环境公益诉讼与环保民间组织》，硕士学位论文，兰州大学，2008 年。

[65] 王秀兰、李闯农：《中外环境信息公开制度比较》，《法制与社会》2008 年第 10 期。

[66] 王义学：《基于绿色政府理念的我国政府绩效评估研究》，硕士学位论文，南京理工大学，2008 年。

[67] 夏雪：《生态型政府：我国政府模式转变的新视角》，《山东行政学院山东省经济管理干部学院学报》2007 年第 1 期。

[68] 谢军安、郝东恒：《我国发展低碳经济的思路与对策》，《当代经济管理》2008 年第 12 期。

[69] 邢华等：《德国的工业危险废物管理》，《环境污染与防治》2003 年第 4 期。

[70] 徐汝华：《生态型政府的模式选择与推进策略》，《行政论坛》2009 年第 4 期。

[71] 徐世刚、王琦：《论日本政府在环境保护中的作用及其对我国的启示》，《当代经济研究》2006 年第 7 期。

[72] 许艺豪：《两型社会背景下的生态型政府构建》，硕士学位论文，湖北大学，2010 年。

[73] 杨华锋、刘祖云：《生态行政学：理论源流、分化及其困顿》，《社会科学》2010 年第 8 期。

［74］ 杨明：《环境问题与环境意识》，华夏出版社 2002 年版。

［75］ 尹来武：《环境保护税收政策的国际实践及借鉴》，《税务与经济》2007 年第 5 期。

［76］ 尤晓云：《绩效优异评估标准》，中国标准出版社 2002 年版。

［77］ 游中川：《环境保护公众参与法律制度研究》，硕士学位论文，西南政法大学，2006 年。

［78］ 于润冰、茶娜：《不同学科下可持续发展理论研究特点》，《中国人口·环境与资源》2011 年第 12 期。

［79］ 俞金香、谢虹：《循环经济法之生态学理论基础阐释》，《华北水利水电学院学报》（社会科学版）2012 年第 4 期。

［80］ 俞可平：《治理与善治》，社会科学文献出版社 2000 年版。

［81］ 约翰·M. 高斯：《公共行政学的思考》，亚拉巴马大学出版社 1958 年版。

［82］ 张国庆：《公共行政学》，北京大学出版社 2007 年版。

［83］ 张开平：《当代中国生态型政府构建研究》，硕士学位论文，南京师范大学，2010 年。

［84］ 张康之：《关于服务型政府的几点原则性构想》，《城市管理职业技术学院学报》2007 年第 4 期。

［85］ 张康之、程倩：《网络治理理论及其实践》，《新视野》2010 年第 6 期。

［86］ 张康之、李传军：《公共行政学》，北京大学出版社 2007 年版。

［87］ 赵映诚：《论生态行政与生态行政建设》，《浙江大学学报》2006 年第 4 期。

［88］ 珍妮特·V. 登哈特、罗伯特·B. 丹哈特：《新公共服务：服务而不是掌舵》，中国人民大学出版社 2004 年版。

［89］ 郑慧英：《"二战"后德国社会民主党执政史研究——德国社会民主党关于生态问题的理论与政策》，博士学位论文，南开大学，2007 年。

［90］ 郑易生：《中国环境与发展综论：从部门模式走向综合模式》，
社会科学文献出版社 2001 年版。

［91］ 周晓丽、毛寿龙：《服务型政府：现实内涵、理论阐释及其实
现》，《天府新论》2009 年第 1 期。

［92］ 诸大建主编：《生态文明与绿色发展》，上海人民出版社 2008
年版。